weltweit

Neuer Verlag der Leipziger Mission

Leipziger Beiträge zur Interkulturellen Theologie
Herausgegeben im Auftrag des Evangelisch-Lutherischen Missionswerkes Leipzig e.V.
Band 2

Christel und Arnold Kiel, Ravinder Salooja (Hg.)

Als Sachse zu den Chagga

Texte zum 50. Todestag von Missionar Bruno Gutmann

Erweiterte Dokumentation eines Symposiums vom
16.-17. Dezember 2016 im Evangelisch-Lutherischen Missionswerk Leipzig

weltweit
Neuer Verlag der Leipziger Mission

Bibliographische Information der Deutschen Nationalbibliothek:
Die Deutsche Nationalbibliothek verzeichnet diese Publikation in der Deutschen Nationalbibliographie; detaillierte bibliographische Daten sind im Internet über http://dnb.dnb.de abrufbar.

© 2023 by weltweit. Neuer Verlag der Leipziger Mission, Leipzig
zugleich: Luviri-Press, Mzuzu, in identischer Fassung, ISBN: 978-99960-66-72-6

Herstellung: BoD – Books on Demand, Norderstedt

Satz: Ravinder Salooja, Evangelisch-Lutherisches Missionswerk Leipzig e.V.
Lektorat: Dr. Christel und Arnold Kiel, Ravinder Salooja
Covergestaltung: Antje Lanzendorf, Evangelisch-Lutherisches Missionswerk Leipzig e.V.
Coverbild: „Gehöft in Moschi (D. Gutmann)", Foto aus dem Historischen Bildarchiv des Leipziger Missionswerkes, Fotograf*in unbekannt, IMP-LPZ-DVMB-Vf-049

ISBN: 978-3-949016-04-2 | E-Book: 978-3-949016-05-9

www.leipziger-missionswerk.de | www.weltweit-verlag.de

Inhaltsverzeichnis

Fredrick Shoo – A Word of Appreciation

It is a privilege and honour to have been given an opportunity to write a word of appreciation to the contributors who wrote articles to fulfil the requirement of the symposium on Rev. Dr. Bruno Gutmann. I humbly receive this opportunity in gratitude. I congratulate all contributors that through their time, skill and experience have enabled this book to appear in its present form.

Rev. Dr. Bruno Gutmann is a prolific figure in the mission field. His reputation is highly esteemed among the Chagga people and indeed, the Evangelical Lutheran Church in Tanzania Northern Diocese.

The first group of four missionaries from Leipzig Mission Germany arrived here in 1893 namely, Emil Mueller, Robert Fassmann, Gerhardt Althaus and Albin Boehme. These were stationed around the slopes of mountain Kilimanjaro stretching from Machame to Marangu. Fassmann who was stationed at Kidia Old Moshi got sick after 7 years. Bruno Gutmann arrived in 1902 to replace Fassmann. His mission approach became a threat to the senior ones. Somehow the western world counted everything which was done by Africans as heathen and barbaric. This implies that they were supposed to throw away their heritage and adhere to Western civilization. Gutmann contended that Missionaries have to differentiate between "Christianity and civilization". They have to respect peoples' culture for the Gospel message to be relevant. Eventually he managed to preserve Chagga dance (Mtingo). Gutmann emphasized that if the Gospel does not touch the roots of a people it will be like planting a tree in the bottle. He worked hard to learn the language and Chagga customs. In Old Moshi he studied their customs and traditions which eventually lead him to have high command on Chagga language. He was honoured as "The Grandfather of Wamochi". Secondly, he was stern to colonialism. He was warned several times to avoid criticizing the German authority. He hated how colonizers introduced forced-labor through taxation. It is interesting to notice that one day he took to court one Mr. Sauerbrunn who exploited two Africans by not paying their wage. Together with another pastor in Meru, they sent a note to the king of Germany on behalf of the African families who were forced to work in big farms. At last the King decided to elevate the burden by forbidding women to work in those farms.

Lastly, Gutmann credited the African social ties. He discovered that there was no vacuum in the society. Every widow, orphan or a person in need was attended through a clan, neighbourhood or age-mate. So to him this qualifies the second part of the Decalogue as far as the word of God is concerned. Gutmann teaches that Jesus summarized the Biblical teaching in two sentences: to love God by heart and to love your neighbour. Therefore, Chagga life style embodied more traits of Christianity than it was in his home land. The several volumes he wrote had an intention of teaching the missionaries of all ages to be careful when we are evangelizing in foreign land.

To commemorate the life of this missionary is like asking big questions in our ministry today: Why is the Church in Africa and Asia syncretistic and superstitious? Is materialism and individualism a Christian way of life? What kind of colonialism we have today? How successful has enculturation and contextualization been?

May the life of this servant of the Lord awaken us all as we labour in God's vine yard.

Rt. Rev. Dr. Fredrick O. Shoo, Presiding Bishop ELCT
and Head of Evangelical Lutheran Church in Tanzania, Northern Diocese

Daniel Keiling – Ein Wort zum Gruß

Bruno Gutmann ist einer der bekanntesten und zugleich einer der umstrittensten Missionare der Leipziger Mission, dessen Tätigkeit vor 100 Jahren unter den Wachagga am Kilimanjaro in Tansania bis heute nachwirkt. Anlässlich seines 50. Todestages fand am 16./17. Dezember 2016 im Leipziger Missionswerk ein Symposium zu seinem Leben und Wirken statt. Aus sehr verschiedenen Perspektiven wurde Gutmanns Wirken in Ostafrika und darüber hinaus sein ganzes Leben neu in den Blick genommen. In diesem Band sind die Vorträge des Symposiums, weitere Aufsätze über Gutmann und auch ein Original-Text von Bruno Gutmann versammelt. Als Tansania-Referent, der erst im Jahr 2020 seinen Dienst im Leipziger Missionswerk begonnen hat, habe ich die Beiträge mit großem Interesse gelesen.

Im Namen des Leipziger Missionswerkes möchte ich allen herzlich danken, die am Symposium im Jahr 2016 teilgenommen, Vorträge gehalten und uns anschließend ihre Vorträge oder Aufsätze für diese Veröffentlichung zur Verfügung gestellt haben! Ich freue mich ganz besonders, dass durch die Beiträge von Prof. Godson S. Maanga (von der Fachhochschule der ELCT-Nord-Diözese für Bibel und Theologie in Mwika) und Prof. Dr. Joseph W. Parsalaw (Rektor der Tumaini-Universität in Makumira) zwei explizit tansanische Stimmen aus der heutigen Zeit zu Wort kommen, durch welche die hohe Wertschätzung, die Bruno Gutmann an seiner ehemaligen Wirkungsstätte im Norden Tansanias bis heute besitzt, deutlich zum Ausdruck kommt.

Ruth Prüfer und Tillmann Prüfer, die uns als direkte Nachfahren Bruno Gutmanns Zugang zu seinem Nachlass ermöglicht haben, sowie weitere Angehörige der Familie Gutmann haben dem Symposium wiederum eine ganz eigene persönliche Note verliehen, die für das Gelingen der Tagung von großem Wert war.

Ein besonderer Dank gilt auch Pfarrerin i.R. Dr. Christel Kiel und Pfarrer i.R. Arnold Kiel, ohne deren Engagement die Herausgabe dieses Tagungsbandes nicht möglich gewesen wäre. Beide waren in den 1970er Jahren für die Leipziger Mission in Tansania tätig. Als Teilnehmer und kritische Zuhörer während des Symposiums haben sie nicht nur „offene Fragen, die in die Zukunft weisen" formuliert, sondern im Nachgang zum Symposium auch die Beiträge für diese Veröffentlichung gesammelt und redigiert. Direktor Ravinder Salooja, der im Sommer 2016 seinen Dienst im Missionswerk aufgenommen hatte, gebührt großer Dank für die Organisation des Symposiums und die sorgfältige Redaktion dieses Bandes.

Daniel Keiling, Tansania-Referent im Leipziger Missionswerk

Ravinder Salooja – Einführung

„Unter der Fülle der Personalakten im Archiv unserer Gesellschaft verdient ein Schriftstück besondere Beachtung. Es ist das vom Juni 1894 stammende Aufnahmegesuch, das der damals 18jährige Kopist bei der Gemeindeverwaltung zu Pieschen bei Dresden Bruno Albrecht Gutmann an die Missionsanstalt zu Leipzig richtete."[1] – so beginnt die Würdigung, mit der die Leipziger Mission Bruno Gutmann zu dessen 75. Geburtstag 1951 ehrt, und schreibt weiter: „In einer kalligraphisch vorbildlichen Handschrift, die seiner damaligen Berufsausbildung alle Ehre macht, trägt er die Bitte vor, bei der Eröffnung der nächsten Klasse in das Missionsseminar eintreten zu dürfen."[2] Leider verhindern es die „gegenwärtigen spannungsvollen Führungen Gottes im Werke der Leipziger Mission, [...] erkennbar an den nach Indien weit offenen Türen und der kleinen Kraft der heimischen Missionsgemeinde"[3], dass die Leipziger Mission 1951 eine größere Publikation zu Ehren Gutmanns auflegt: Die Teilung Deutschlands wirft ihre Schatten voraus.

2016 hatte sich diese Situation verändert: Nach Wende, Wiedervereinigung und Neuaufnahme des operativen Geschäfts der Leipziger Mission im Konzert der anderen Missionswerke in Deutschland, die nun nicht mehr ideell als West-Statthalter im Namen der Leipziger Mission tätig sein mussten, war es möglich geworden, Bruno Gutmann mit einem Symposium zu seinem 50. Todestag zu ehren. Die hier vorliegende Publikation dokumentiert die am 16./17. Dezember 2016 auf Einladung des Evang.-Luth. Missionswerks Leipzig gehaltenen Beiträge. „Als Sachse zu den Chagga" war die Veranstaltung betitelt, und so erstreckten sich die Beiträge auf die Zeit, die Bruno Gutmann in beiden Ländern verbrachte, Deutschland und Tansania, sowie auf das, was dazwischen liegt. Ergänzt wird der Symposiums-Band durch Perspektiven, die 2016 nicht zur Sprache kamen.

Rückblickend betrachtet ist man versucht, die Wirkung, die Bruno Gutmann entfaltete, bereits in den frühen Selbstaussagen zu finden. Die Festschrift zum 75. Geburtstag zitiert nach Nennung einiger äußerer Daten wie Tag und Ort von Geburt, Taufe und Konfirmation weiter aus dem Bewerbungsschreiben. Gutmann schrieb, dass der Hausmann des Gemeindeamtes „gar bald [erkannte], dass in mir ein Disputiergeist lebe, der durch Widerspruch in Feuer und Flamme geriete."[4] Die Leipziger Mission hat sich durch diesen selbst attestierten Widerspruchsgeist nicht abschrecken lassen. Vielmehr kommentiert die Festschrift das so: „Wie hat er damals schon an sich gearbeitet, seine reichen Anlagen zu entfalten!"[5], und fährt dann fort: „Intensives und methodisches Lernen setzt

---

1 Küchler, Gutmann, S. 4.
2 a.a.O.
3 Ebd., S. 3.
4 a.a.O.
5 a.a.O.

dann von Ostern 1895 auf dem Missionsseminar ein, das er zu sechsjährigem Studiengang bezieht."[6]

Die Entscheidung der ursprünglich Dresdner Mission unter ihrem Direktor Karl Graul zum Umzug der Missionsgesellschaft in die Universitätsstadt Leipzig 1848 verhilft ihr zum Anschluss an die wissenschaftlichen Diskurse ihrer Zeit. Das prägt die Leipziger Mission ebenso wie ihre Mitarbeiter*innen. Denn anders als die Handwerker-Missionare etwa der Gossner-, der Hermannsburger und auch der altehrwürdigen Basler Mission sind die Leipziger Missionare akademisch exzellent gebildet, und das Missionsseminar in der Karolinenstraße, der heutigen Paul-List-Straße, ermöglicht bei Bedarf auch die nötige Vorbildung für die weitere akademische Qualifizierung. Diesen Weg geht auch Bruno Gutmann, der aus verarmten Verhältnissen stammend die für die Universität notwendigen Vorqualifikationen nicht mitbringt, als er ins Missionsseminar aufgenommen wird.

1902 wird Gutmann zusammen mit anderen Absolventen des Missionsseminars nach Mamba am Ostkilimanjaro entsandt und nach einer zweijährigen Einführungszeit nach Machame am Westkilimanjaro versetzt. Nach einem Heimaturlaub 1908-09 und kurzzeitiger Rückkehr nach Machame kommt er noch im selben Jahr nach Alt-Moshi. „Fortan ist sein Lebenswerk aufs engste mit Alt-Moshi verknüpft, und noch heute sehen die Moshileute in ihm ihren geistlichen Vater, Apostel und Missionar",[7] schreibt Ernst Jäschke in der Einführung zu den gesammelten Aufsätzen.

Während des Heimaturlaubs 1909 erscheint in Leipzig Gutmanns erstes Werk „Dichten und Denken der Dschagganeger". Spätestens hier wird deutlich, dass Gutmann interdisziplinär ausgerichtet ist, und das darf man wohl auch zu Recht als ein Ergebnis der Ausbildung im Leipziger Missionsseminar und an der Leipziger Universität bezeichnen, ist hier doch die Verbindung zur Ethnologie bzw. Anthropologie gegeben. Natürlich sind in jedem Missionsseminar die Absolventen auch mit Blick auf Sprache und Kultur des Ziellandes ausgebildet worden – die Ausstellung „Mission: Um Gottes willen!" im Untergeschoss des Leipziger Missionshauses zeigt exemplarisch anhand von Indien bzw. Tamil Nadu, welches Anschauungsmaterial den Zöglingen seinerzeit zur Verfügung stand. Mit den Forschungsinstituten für Psychologie, Universalgeschichte und Völkerkunde (mit denen die Namen von Wilhelm Wundt, Karl Lamprecht und Karl Weule verbunden sind) nahm Leipzig jedoch eine führende Rolle[8] ein und bot den Missionaren, die sich hier bildeten, einen großen wissenschaftlichen Rahmen. Das gilt

---

6   a.a.O.
7   Jäschke, Leben, S. 17.
8   Streck, Geschichte.

auch für Bruno Gutmann, der seine soziologischen und ethnologischen Kennt-
nisse und Methoden aus den Studienjahren in der Zeit des Heimaturlaubs 1908-
1909 weiter ausbaut.[9]

Ab 1909 setzt Bruno Gutmann in dem aufgrund der Bahnstation Moshi zu Alt-
Moshi gewordenen Kidia „sein inzwischen entwickeltes Konzept des Gemeindeaufbaus systematisch in die Tat um"[10]. Grundlage dafür sind seine Anerkennung der vorhandenen sozialen Strukturen und seine Hochschätzung der Kultur
der Chagga, verbunden mit dem Gefühl einer Verantwortung für die Bewahrung
dieser ihrer Kultur[11] vor der heranziehenden, von Gutmann sehr kritisch beur-
teilten westlichen Zivilisation. Nötig dafür ist seitens Gutmann, wie Bochinger
schreibt, ein „tiefes, liebevolles Einfühlen in die ‚Volksseele'"[12]. Gutmann gelingt
dieses: Er fühlt sich hinein in die Volksseele bzw. lässt sich hineinfühlen durch
den Lehrältesten Mlasan Njau, der ihn über Jahre hinweg frühmorgens in die
Lehren der Chagga mit hineinnimmt: „Ganz früh am Morgen, noch vor dem Mor-
gengrauen, betrat er jeweils Gutmanns Studierzimmer, ging zunächst zum Fenster, dann zur Tür und vergewisserte sich, daß kein Zuhörer und Zeuge da sei.
Dann erst hockte er sich hin, in seine Decke eingehüllt, und diktierte Wort für
Wort"[13], berichtet Ernst Jäschke. Dem Hineinfühlen in die Kultur der Chagga ent-
spricht auf der Seite der deutschen Sprache eine sprachschöpferische Tätigkeit
die für Gutmann notwendig ist, um das Gemeinte umfänglich auszudrücken.[14]
Der Frage, ob und wie dieses Einfühlen Gutmanns gelungen ist, widmen sich verschiedene Beiträge in diesem Band.

Bruno Gutmanns Tätigkeit am Kilimanjaro ist im gesamten Kontext der Anfänge der Leipziger Missionsarbeit im Gebiet der heutigen Staaten Kenia und
Tansania zu sehen. Das Zögern der Leipziger Missionsgesellschaft mit Blick auf
eine kolonialmissionarische Tätigkeit führt zunächst zur Gründung der eigenständigen Hersbrucker Wakamba-Mission – etwas, das in Leipzig auch als Affront

---

9   Bochinger, Ganzheit, S. 18. Jäschke, Gemeindeaufbau, bezeichnet Wilhelm Wundt sogar als
    „seinen [Gutmanns] verehrten Lehrer" (S. 34).
10 Bochinger, Ganzheit, S. 18.
11 Bochinger, Ganzheit, S. 18;19ff.
12 Bochinger, Ganzheit. S. 20.
13 Jäschke, Gemeindeaufbau, S. 47.
14 Jäschke, Gemeindeaufbau, überliefert, dass „ein Germanistik Professor einmal gesagt haben
    [soll], dass seit den Gebrüdern Grimm Mitte des 19. Jahrhunderts, die sich besonders um das
    deutsche Sprachgut verdient gemacht haben, Bruno Gutmann der erste Deutsche gewesen sei,
    der wieder sprachschöpferisch tätig war." (S. 51). So auch Bochinger, Ganzheit: „Gutmann be-
    nutzt eine eigentümliche Sprache. Er hat zahlreiche Wortverbindungen selbst geprägt und
    verwendet Begriffe in einem spezifischen, sonst nicht gebräuchlichen Sinn. Auch fehlt es nicht
    an Äquivokationen und sprachlichen Ungenauigkeiten, die zu Mißverständnissen führten." (S.
    23).

verstanden wird.[15] Erst der Leitungswechsel in der Leipziger Mission von Julius Hardeland zu Karl von Schwartz[16] 1891 führt 1892 zur Entscheidung Leipzigs, in der damaligen Kolonie Deutsch-Ostafrika ein zweites Gebiet für die Missionstätigkeit anzugehen.

Bis 1938 bleibt Gutmann in Moshi, unterbrochen von der Repatriierung von 1920-1925 durch die Regelungen des Versailler Vertrags und einem Heimaturlaub 1930/31. Die Rückkehr aus einem weiteren Heimaturlaub 1939 wird durch den Beginn des Zweiten Weltkriegs verhindert.[17] So landet Bruno Gutmann im fränkischen Ehingen am Hesselberg. Briefe Bruno Gutmanns – sowie einer von Elisabeth Gutmann, der den oft unterschätzten Beitrag der Ehefrauen der Missionare für die Arbeit ihrer Ehemänner deutlich sichtbar werden lässt – an die Kinder in Deutschland haben bereits den Teilnehmer*innen des Symposiums einen Einblick in eine privat-persönliche Sphäre gewährt, die auch sonst erst langsam in der missionswissenschaftlichen Forschung erschlossen wird. Das war nur möglich dadurch, dass Ruth Prüfer, eine Enkelin Gutmanns, uns nicht nur die Briefe für das Symposium zur Verfügung gestellt, sondern diese auch aus der Handschrift des Großvaters in ein praktisches Computerdokument übertragen hat. Deshalb sei ihr und der weiten Familie Gutmann an dieser Stelle ein großer Dank ausgesprochen. – Tillmann Prüfer, der Urenkel Bruno Gutmanns, ließ die Anwesenden des Symposiums mit einer Lesung aus seinem Buch „Der Heilige Bruno" Anteil nehmen an der Bedeutung, die der unbekannt-berühmte Vorfahre für ihn gewann. Dem Rowohlt-Verlag danken wir für die Abdruckgenehmigung von Auszügen aus diesem Buch.

Immer wieder wird erwähnt und betont, dass Gutmanns zivilisationskritische Sicht biografisch verortet sei: die Wirtschaftsdepression der 1870er Jahre, die das kleine Familienunternehmen der ursprünglich ländlichen Familie in den Bankrott führte; der das Überleben sichernde Familienzusammenhalt; die aus der Landflucht resultierenden Slums der überforderten Städte mit medizinisch und schulisch unterversorgten Bewohnern usw.[18] Das ist sicherlich nicht falsch, aber zeichnet noch nicht das ganze Bild. Denn Gutmann war auch Teil einer Geistesströmung, die mit den Gedanken und Worten von Spenglers „Untergang des Abendlands" die Moderne des 20. Jahrhunderts als Zerstörung des „eigentlichen", „wahren" Lebens wahrnahm. In den von dieser Moderne noch nicht oder

---

15   Fleisch, Hundert Jahre, S. 247.
16   Salooja, Arusha, S. 82.
17   Küchler, Gutmann, S. 13; Bochinger, Ganzheit, S. 19.
18   So z.B. Wrogemann, Interkulturelle Theologie, S. 265f, mit Bezug auf die Publikationen von Fiedler, Bochinger und Hoekendijk.

erst ganz am Rande erreichten Chagga fand Gutmann die verlorene Vergangenheit seiner eigenen Welt.

Diese Dokumentation des Symposiums ist eine wie man heute sagt *extended version*. Wir sind dankbar, dass mit Godson S. Maanga und Joseph W. Parsalaw zwei anerkannte Experten aus Tansania Perspektiven beigetragen haben, die zeigen, wie sehr das Ansehen und Erbe von Bruno Gutmann bis heute geschätzt wird. Joseph W. Parsalaw beschreibt die Bedeutung Gutmanns im Kontext der Leipziger Missionsarbeit in Nordtansania und auch dessen partiellen Widerstand gegen Kollegen; Godson S. Maanga bietet als Schriftsteller und als Chagga Einblicke in einen mehr emotionalen Zugang zu Bruno Gutmann. Deutlich wird, dass das, was Gutmann von ihrer Tradition schriftlich festgehalten hat, für die Chagga unersetzbar und deshalb heute unschätzbar wertvoll ist. Karolin Wetjen konnte 2016 leider nicht am Symposium teilnehmen; deshalb sind wir besonders erfreut, dass wir mit freundlicher Genehmigung des Franz Steiner Verlags den Abschnitt über Bruno Gutmann aus ihrer Arbeit „Mission als theologisches Labor" abdrucken dürfen. Petra Albert war am Symposium als Teilnehmerin eines Podiumsgesprächs beteiligt. Es freut uns sehr, dass wir im Zuge dieser erweiterten Dokumentation des Symposiums einen Abschnitt aus ihrer wichtigen Arbeit über Bruno Gutmann aus dem Jahr 1996 wiedergeben können.

Die Annäherung an Gutmann heute ist schwierig: Seine Sprache rückt ihn in die Nähe zu deutsch-nationalem und nationalsozialistischem Gedankengut. Nach dem Aufwind rechtspopulistischer, rechtsradikaler und rechtsextremistischer Bewegungen und Parteien in Deutschland seit 2016, dem Attentat auf die Synagoge in Halle 2019 und auf eine Shisha-Bar in Hanau 2020 halten wir es für wichtig, sich erneut mit der Frage zu beschäftigen, wie Gutmann zum Nationalsozialismus stand. Diese Symposiums-Dokumentation kann das leider nicht leisten. Deshalb aber kommt in der Mitte auch Bruno Gutmann selber zu Wort mit dem Vortrag „Die Gottesfrage zwischen Schwarz und Weiß", den er 1942 vor der Brandenburgischen Missionskonferenz gehalten hat. Wir drucken diesen Vortrag in voller Länge ab, weil er Gutmanns Denken gut wiedergibt.

Die Formulierung offener Fragen am Schluss dieses Buches, in der auch Beiträge der Teilnehmer*innen aus dem Abschlussgespräch ihren Ort finden, setzt einen Doppelpunkt zur weiteren Beschäftigung mit Bruno Gutmann. Wir würden uns freuen, wenn die kritische Forschung Gutmann wieder verstärkt in den Blick nimmt. Vielleicht leisten das Symposium von 2016 und dessen hiermit nun vorliegende „Dokumentation plus" dazu einen Beitrag.

Literatur

Bochinger, Christoph, *Ganzheit und Gemeinschaft. Zum Verhältnis von theologischer und anthropologischer Fragestellung im Werk Bruno Gutmanns* (Religionswissenschaft Bd. 3), Frankfurt 1987.

Fleisch, Paul, *Hundert Jahre lutherischer Mission*, Leipzig 1936.

Jäschke, Ernst, *Ein Leben für Afrikaner*, in: Gutmann, Bruno: *Afrikaner – Europäer in nächstenschaftlicher Entsprechung. Gesammelte Aufsätze, anläßlich des 90. Geburtstags von Bruno Gutmann* herausgegeben von Ernst Jäschke, Stuttgart 1966, S. 11-31.

Jäschke, Ernst, *Gemeindeaufbau in Afrika. Die Bedeutung Bruno Gutmanns für das afrikanische Christentum* (Calwer Theologische Monographien, Reihe C: Praktische Theologie und Missionswissenschaft, Bd. 8), Stuttgart 1981.

Küchler, Martin, *D. Dr. Bruno Gutmann. Lebenslauf und Würdigung der Lebensarbeit D. Dr. Bruno Gutmanns*, Erlangen 1951.

Salooja, Ravinder, *Arusha und die Evangelisch-Lutherische Mission zu Leipzig*, in: *Vom Geist bewegt – zu verwandelnder Nachfolge berufen. Zur Weltmissionskonferenz in Tansania*, Hg. EMW – Evangelisches Missionswerk Deutschland e.V., Übers. Christoph Anders, Michael Biehl und Helge Neuschwander-Lutz, Nr. 83, Weltmission heute, Hamburg 2018, S. 82–87.

Streck, Bernhard, *Kurze Geschichte des Instituts für Ethnologie der Universität Leipzig*, 2016, http://www.about-africa.de/kunst-und-kontext/ausgabe-05-2013/655-kurzegeschichte-des-instituts-fuer-ethnologie-der-universitaet-leipzig (abgerufen am 13.12.2016).

Wrogemann, Henning, *Interkulturelle Theologie und Hermeneutik. Grundfragen, aktuelle Beispiele, theoretische Perspektiven* (Lehrbuch Interkulturelle Theologie / Missionswissenschaft Bd. 1), Gütersloh 2012.

I: Gutmann in Afrika

William O. Obaga – Die Anfänge der Arbeit der Hersbruck-Leipziger Mission in Kenia und Bruno Gutmanns missiologische Auswirkungen auf das Chagga-Luthertum

Als kenianischer Lutheraner durch die lange Verbindung zur Mission Hersbruck-Leipzig möchte ich zu Beginn die Generationen von Missionaren seit dem 19. Jahrhundert würdigen, die einen großen Beitrag zum Wachstum des Christentums in Ostafrika geleistet haben. Wenn wir über Bruno Gutmanns Wirken am Kilimanjaro nachdenken, feiern wir auch viele andere, einschließlich der hier Anwesenden, die in der jüngeren Vergangenheit Missionare sind oder waren. Es ist daher passend und etwas sehr Besonderes, dass wir hier in Leipzig zum Symposium über Bruno Gutmanns Leben und Werk im Norden Tansanias während des frühen 20. Jahrhunderts zusammentreffen. Gutmann gilt noch immer als einer der größten Missionare der Leipziger Mission des frühen 20. Jahrhunderts. Ich zolle der Arbeit der Leipziger Mission seit ihren Anfängen als Mission in Indien im 19. Jahrhundert besondere Anerkennung. Wir erkennen an, dass der Beitrag der Leipziger Mission zur Missionsarbeit im Ausland mehr als bedeutend war. Wir stellen außerdem fest, dass ihre Arbeit in Ostafrika eine nahtlose Fortsetzung der Sondierungsinitiativen war, die die Hersbrucker Mission in Kenia von 1886 bis 1893 durchführte. Vor diesem Hintergrund kommt Bruno Gutmann ins Spiel, dessen Vermächtnis wir heute feiern.

Die Hersbrucker Mission und die Anfänge des Luthertums in Kenia

Der Beginn der lutherischen Kirche in Ostafrika während des späten 19. Jahrhunderts ist verbunden mit den Vorarbeiten der *Church Missionary Society* (CMS) in den 1840er und 1850er Jahren unter der Leitung des deutschen Pioniermissionar Johann Ludwig Krapf (1810-1881). Krapf, der lutherische Pastor aus Tübingen, gilt als der Vater der Anglikanischen Kirche in Kenia, die er 1844 im Auftrag der CMS gründete.[1] Der zweite Lutheraner, Johannes Rebmann (1820-1876), ebenfalls aus Württemberg, kam 1846 in Kenia an.[2] Während Rebmann später die Entwicklung der CMS-Mission vorantrieb, die Krapf begonnen hatte, unternahmen beide beträchtliche Anstrengungen, um eine anglikanische Kirche in Nordtansania zu gründen. Dies ebnete den Weg für die Arbeit der lutherischen Missionen im späteren 19.Jahrhundert. Die Arbeit dieser beiden lutherischen Missionare war der Beginn des modernen Christentums in Ostafrika. Daher würden die lutherischen Missionen schließlich in die Fußstapfen dieser beiden großen Pioniere treten.

---

1   J. L. Krapf, Travels, *Researches, and Missionary Labours, During an Eighteen Years' Residence in Eastern Africa. Together with Journeys to Jagga, Usambara, Ukambani*, London 1860, S. 126-29. See also, ACK, „Anglican Church of Kenya," ACK, http://www.ackenya.org/ack/history.html
2   Ebd., S. 152.

Krapf und Rebmann waren die ersten Europäer, die das Innere Ostafrikas erreichten, wo sie, Hunderte von Kilometern von der ostafrikanischen Küste entfernt, in Kontakt mit vielen Gemeinschaften kamen. 1846 begannen sie mit der Entwicklung der ersten Missionsstation Ostafrikas in Rabai bei Mombasa. Diese Station wurde später zum Sprungbrett für eine Reihe von missionarischen Aktivitäten, die sich nach Krapfs Tod 1881 intensivierten. Krapf und Rebmann gründeten die heutige anglikanische Kirche Kenias, die sich später in ganz Ostafrika ausbreitete. Krapfs Tagebücher, die 1860 als Buch veröffentlicht wurden,[3] enthüllten der europäischen Welt die Natur der Menschen, Kultur und Landschaft Ostafrikas. Britische Missionsgesellschaften dominierten später diesen protestantischen Anfang, denn Krapf hatte sich vergeblich darum bemüht, deutsche Missionsgesellschaften nach Ostafrika einzuladen.[4]

Rebmann war 1876 in Korntal bei Stuttgart gestorben, aber es war Krapfs Tod an derselben Stelle 1881, der bei deutschen lutherischen Missionsgesellschaften ein plötzliches Interesse weckte. Vor 1881 waren englische Missionsgesellschaften in Ostafrika ebenso aktiv wie schwedische und amerikanische Missionsgesellschaften gegen Ende des Jahrhunderts. Matthias Ittameier (1847-1938) aus Hersbruck ergriff die Initiative und nahm mit der Leipziger Mission Verhandlungen über dieses Ziel auf. Er arbeitete auch mit Pastor Ludwig Doll (1846-1883) aus Neunkirchen am Rhein zusammen, der 1882 die Neunkirchener Missionsgesellschaft gründete, die eine Reformiert-orientierte Glaubensmission war.[5] Die beiden stimmten überein, dass die Neukirchner Mission in die Region des Tana-Flusses (heute Tana-Delta) gehen sollte, um mit den Oromo zu arbeiten, während die Hersbrucker Mission sich in der Ukambani-Region niederließ. Dr. Krapf hatte die beiden Regionen, das Taita-Taveta und das heutige nördliche Tansania, seit den 1840er Jahren für Missionsarbeit priorisiert. In den frühen 1880er Jahren hatte Ittameier erwartet, dass beide Regionen unter das Gebiet von Deutsch-Ostafrika (jetzt Tansania) fallen würden, da sich Deutschland auf den Erwerb kolonialen Territoriums in Ostafrika vorbereitete. Ittameier war davon überzeugt,

---

3   J.L. Krapf, *Reisen in Ostafrika, ausgeführt in den Jahren 1837-1855,* Stuttgart 1858. Vgl. auch *Travels.*
4   Die Berliner Konferenz (1884-85) fand statt, als Deutschland und Großbritannien Ostafrika kolonisieren wollten. Während britische Missionen bereits in der Region aktiv waren, bemühten sich einige deutsche Geistliche, wie Matthias Ittameier, auch deutsche Missionen nach Deutsch-Ostafrika zu bringen. Matthias Ittameier, der Gründer der Hersbrucker Mission, war ein Pionier dieser Bemühungen, während die Leipziger Mission länger wartete, bevor sie sich der Hersbrucker Mission in Ostafrika anschloss. Vgl. Hersbrucker Zeitung 19/20.4.1986 in Mission EineWelt Archiv, Vorl.Ur. 8.4. (Dies wurde einer Kopie entnommen, die in diesem Archiv gefunden wurde).
5   Bernd Brandl, *Die Neukirchener Mission: Ihre Geschichte als erste deutsche Glaubensmission,* Köln 1998, S. 512. Lesen Sie auch im Detail: *Ludwig Doll: Gründer der Neukirchener Mission als erste deutsche Glaubensmission,* Nürnberg 2007.

dass die Missionsarbeit vor der kolonialen Besetzung beginnen sollte. Wie die Leipziger Mission sollte auch Ittameier keine koloniale Rolle spielen, denn er hatte eine innere Suche nach persönlichem Gewissen als Antwort auf Krapfs vorherige Einladungen an deutsche Missionsgesellschaften, sich in Ostafrika zu engagieren, entwickelt.

Es kann auch argumentiert werden, dass als die deutsche Regierung Pläne zur Kolonialisierung Ostafrikas machte, Ittameier mehr Selbstvertrauen und Antrieb für die Überseemission gewann, da Ittameier erwartete, dass Ukambani und Tana River Teil des deutschen Territoriums werden würden. Das passierte nie, doch die Missionsarbeit in einem deutschen Kolonialgebiet glich der Verbindung von Kirche und Staat in Deutschland. Die andere deutsche Missionsgesellschaft, die Neukirchener Mission aus Nordrhein-Westfalen, begann 1887, ein Jahr nach der Ankunft der Hersbrucker Mission in Ukambani. Diese Mission sollte mit den Oromo-Leuten des Tana-Deltas zusammenarbeiten, diente aber stattdessen der benachbarten Pokomo-Gemeinschaft. Für diese Betrachtung beschränken wir uns jedoch auf die Verbindung zwischen Hersbruck und Leipzig in der Anfangszeit der lutherischen Kirche Ostafrikas, die Pfarrer Bruno Gutmann schließlich nach Nord-Tansania bringen würde.

Wir haben erwähnt, dass die Leipziger Mission an Ostafrika interessiert war, aber in den 1880er Jahren aufgrund ihrer missionarischen Verpflichtungen in Indien zu der Zeit noch nicht bereit war. Es war daher noch nicht so schnell, wie es Ittameier gewollt hatte möglich, nach Ostafrika zu ziehen. Ittameiers Ungeduld führte ihn zur Gründung der Hersbrucker Missionsgesellschaft. Hersbruck war der Name der Pfarrei bei Nürnberg, in der er damals als Pfarrer wirkte. Diese junge Missionsgesellschaft begründete 1886 in Ukambani im Südosten Kenias ein Missionsfeld. Als die kolonialen Grenzen 1888 feststanden und 1990 in Kraft traten, befand sich die Hersbrucker Mission auf britischem Territorium (jetzt Kenia). Dennoch war die Arbeit in Ukambani weiterhin erfolgreich. Nach dem Helgoland-Vertrag von 1890, der die derzeitigen Grenzen von Tansania und Kenia verhandelte, war die Leipziger Missionsgesellschaft motiviert, 1893 nach Ostafrika zu ziehen.

Bei ihrer Gründung entsandte die Hersbrucker Missionsgesellschaft zwei junge Missionspfarrer, Johann Bach (1858-1888) und Johannes Hofmann (1866-1946), als Pioniermissionare nach Ukambani. Sie kamen am 25. September 1886 in der CMS-Missionsstation in Rabai an, wo sie drei Tage lang empfangen und beherbergt wurden. Am 28. September 1886 kamen sie in Jimba an, wo sie ihre erste Missionsstation starteten.[6] Es ist anzunehmen, dass diese die früheste lutheri-sche Missionsstation in Ostafrika ist. Bach erlag 1888 der tropischen Malaria, doch Hofmann überlebte die Verheerungen des Klimas und konnte für die nächsten drei Jahrzehnte die Vorhut der Arbeit in Ukambani bilden. Diese Arbeit wurde jedoch während des Ersten Weltkrieges unterbrochen.

Die Gründung der Missionsstation Jimba war ein bedeutender Schritt. Sie lag in der Nähe der alten CMS-Missionsstation in Rabai und der methodistischen Station in Ribe, Ostafrikas ersten beiden Missionsstationen. Die Lutheraner aus Bayern konnten aus den vier Jahrzehnten Erfahrung der Pioniermission viel ler-nen. Außerdem war Jimba der Mittelpunkt zwischen der Küstenregion und Ukambani. Dort empfingen sie viele Wakamba-Leute. Dorthin kamen auch Men-schen von einigen Küstengemeinden und von den integrierten „befreiten Skla-ven", die gemeinhin als „Bombay Africans" bekannt sind. Die Kiswahili-Sprache wurde aufgrund der gemischten Bevölkerung, die nach Jimba kam, als Arbeits-sprache der Gemeinschaft aufgenommen. Die älteren Missionen in Rabai und Ribe benutzten ebenfalls Kiswahili, und die Lutheraner erhielten einige der an-fänglichen Ressourcen, wie Kirchenlieder, von Rabai. Dazu gehörten mehrere deutsche Lieder, die Johannes Rebmann zuvor übersetzt hatte, als er für die Mis-sionsstation in Rabai verantwortlich war. Die Bedeutung von Jimba wird auch durch die allerersten lutherischen Taufen Kenias am Laetare-Sonntag 1890 deut-lich. Dies waren wahrscheinlich die ersten getauften Lutheraner in Ostafrika.[7]

Innerhalb eines Jahres nach der Gründung der Missionsstation Jimba wurde 1887 eine zweite Station in Mbungu unter der Leitung von Johann Bach eröffnet. Diese neue Station war der ultimative Start der Missionsarbeit unter den Wa-kamba. Die nächste Station war Ikutha (1891), die mittig, hin zum nördlichen Ende des Kitui Distrikts lag. Zu diesem Zeitpunkt verhandelten die Hersbrucker Mission und die Leipziger Mission eine Fusion. Diese Fusion trat 1893 in Kraft.[8] Im selben Jahr nahm die Leipziger Missionsgesellschaft ihre Arbeit in der Kili-manjaro-Region im Norden Tansanias auf. Zu diesem Zeitpunkt wurde die Hers-brucker Missionsgesellschaft geschlossen und von der erfahreneren Leipziger Missionsgesellschaft übernommen.

---

6   Carl von Schwartz, *Die evangelisch-lutherische Wakambamission in Ostafrika*, in: *Evangelisch-Luthe-risches Missionsblatt*, Leipzig 1893, S. 27. Leider wurde die Missionsstation Jimba während des Ersten Weltkriegs der anglikanischen Kirche übergeben.

7   Schwartz, *Die evangelisch-lutherische Wakambamission*, 28.

8   Carl von Schwartz, Die Bayerische ev.-luth. Mission in Ostafrika, in: *Evangelisch-Lutherisches Missionsblatt*, Leipzig 1893, S. 9.

Die Leipziger Mission: Kontinuität in Kenia und Anfänge in Nordtansania

Nach einer Phase der Konsolidierung am Kilimanjaro unternahm die Leipziger Missionsgesellschaft eine weitere Expansion in Ukambani nördlich von Kitui. In kurzer Folge wurden neue Missionsstationen in Mulango (1899), Myambani (1901) und Mivukoni (1902) eingerichtet, wobei noch weitere Stationen vorgesehen waren. Jenseits von Ukambani war auch eine Expansion in Richtung Kikuyuland, Embu und andere Gebiete Zentral-Kenias in Richtung Mount Kenya geplant. Mehrere gewichtige Faktoren verlangsamten jedoch diese Vision und brachten die Ambitionen der Leipziger Mission zum Erliegen. Dies wurde im Heimbüro in Leipzig als Entmutigung über die langsame Reaktion der Kamba-Leute auf das Evangelium empfunden. Diese Wahrnehmung wurde durch die vergleichsweise hohe Resonanz im Chaggaland unterstützt. Diese Entmutigung blieb in Leipzig trotz der Anerkennung der kolonialen Regierung im Jahr 1905 als die zweitgrößte Einrichtung in Kenia nach der CMS-Missionsgesellschaft. Leipzigs Bezugspunkt bei vergleichenden Umrechnungszahlen war ein Schlüsselelement niedriger Motivation.

Der zweite entscheidende Faktor war, dass sich die Leipziger Missionsgesellschaft weigerte, an der Tagesordnung der Kikuyu-Missionskonferenz von 1913 teilzunehmen. Diese berühmte Konferenz zielte darauf ab, in Kenia eine einheitliche einheimische Kirche zu schaffen, an der alle protestantischen Missionsgesellschaften des Landes beteiligt waren. Von ihrem konservativen lutherisch-theologischen Standpunkt aus betrachtete die Leipziger Missionsgesellschaft dies als unpraktisch, eine Position, die auch von römisch-katholischen Missionsgesellschaften eingenommen wird. Diese Entwicklung und andere Faktoren brachten die Leipziger Mission dazu zu glauben, dass ihre Zukunft in Kenia zum Scheitern verurteilt wäre. Leider hat sich die von den enthusiastischen protestantischen Kirchen vorgeschlagene Einheitsgemeinde auf Dauer nie verwirklicht. Der dritte und im Endeffekt für die Arbeit der Leipziger Mission in Kenia katastrophale Faktor war der Ausbruch des Ersten Weltkrieges. Ab 1915 lehnten die britischen Kolonialbehörden in Kenia die Rückkehr deutscher Missionare ab. Unterdessen wurden die deutschen Missionare in Kenia im Dezember 1914 von den Briten gefangen genommen und in Indien als Kriegsgefangene interniert.[9]

---

9   Deutsche Missionare der Leipziger und Neukirchener Mission wurden Ende 1914 verhaftet und 1915 als Kriegsgefangene in Indien interniert. Einige Briefe von Ober-Missionar Rev. Johann Hofmann weisen darauf hin, dass er und seine Frau im „Civil Camp, Ahmednagar", Indien interniert waren. Für Einzelheiten siehe Brief an AIM-Direktor Rev. Hurlburt von Kijabe vom 14. Juni 1915, in: Kollegium der evangelisch-lutherischen Mission, „*Besitz der Evangelisch-Lutherischen Mission zu Leipzig in Ukamba, British Ostafrika, dessen Verlust zu befürchten steht,*" (Archiv des Leipziger Missionswerks, Franckesche Stiftungen, Halle, ALMW II.32.80, April 19, 1917).

Die Kolonialbehörden versteigerten die Liegenschaften der Leipziger Mission in Kenia ohne Rücksprache mit dem Heimbüro und übertrugen 1915 das Eigentum der Leipziger Missionsstationen auf andere nicht-lutherische Missionen: Jimba zur CMS und den Rest zur Africa Inland Mission (AIM). Die AIM, eine neuere evangelikale Mission aus den USA, wurde durch diesen Schritt gestärkt. Zu dieser Zeit gab es Missionsstationen in Jimba (gegründet 1886), Ikutha (1891), Mlango (1899), Myambani (1901) und Mivukoni (1902). Die Station in Mbungu (1887) hatte bereits im Jahr 1899 wegen verschiedener Umstände einschließlich des Tods des Pioniers Johann Bach und wegen Bevölkerungsrückgang geschlossen.

Obwohl die Missionsstationen Leipzigs 1915 den amerikanischen und britischen Missionsgesellschaften übergeben wurden, sind die Fußspuren der Mission Hersbruck-Leipzig und der Geist, der die Missionsarbeit in Ukambani inspirierte, im kollektiven mündlichen Gedächtnis der Generationen von Kenianern in Ukambani lebendig geblieben. Darüber hinaus existieren die meisten der von den beiden lutherischen Missionsgesellschaften errichteten Strukturen noch, während die Vergangenheit ihrer lutherischen Anfänge bis heute die mündlichen Erzählungen der Kamba-Menschen prägt. Jenseits der Grenze von Ukambani entwickelte sich die Arbeit Leipzigs in Tansania unter den Chagga um den Berg Kilimanjaro herum weiter, in der Region um den Kilimanjaro sowie den Regionen Meru, Pare, Arusha und Singida.[10] In die zentrale Kilimanjaro-Region Chaggaland wurde 1902 Missionar Bruno Gutmann (1876-1966) entsandt, weniger als zehn Jahre nach Beginn der dortigen Missionsarbeiten. Gutmanns einzigartiger Missionsansatz hat Kirchenhistoriker schon lange fasziniert. Im nächsten Abschnitt wenden wir uns Bruno Gutmanns Arbeit, seiner Missionstheorie und seinen Auswirkungen auf die Kirche und Menschen im Chaggaland zu.

Bruno Gutmann im Chagga-Land: Seine missionarische Auswirkung (1902-1938)

Bruno Gutmann ist einer der bekanntesten Leipziger Pioniermissionare in Ostafrika. Er diente dort zwischen 1902 und 1938. Wenige deutsche Missionare des 19. und 20. Jahrhunderts haben so viel wissenschaftliche Aufmerksamkeit erhalten wie Bruno Gutmann. Er ist besonders berühmt für seine intensiven Studien der Chagga-Religion, Chagga-Gesellschaft und der Bräuche der Chagga, die er christianisieren wollte, um den Glauben der Christen an die Chagga-Gesellschaft zu festigen. Er erreichte Chaggaland im Jahr 1902, nur neun Jahre nach der An-

---

10 Deutsche Missionare in Tansania waren gleichermaßen betroffen, aber während ihrer Dekade lang Abwesenheit wurden deutsche Missionsstationen in Tansania durch den Eingriff des Lutherischen Weltbundes betreut. Weitere Übersee-Agenturen aus Skandinavien und den USA traten ein, um die bereits begonnene Arbeit zu unterstützen. Die deutschen Missionare durften nach 10 Jahren zurückkehren, was in Kenia nicht der Fall war.

kunft der Leipziger Missionsgesellschaft in Ostafrika. Er gehörte daher zu den Pionieren, die zu der Zeit zwischen der Erstarrung der Ukambani-Mission in Kenia durch die Leipziger Missionsgesellschaft und ihrer Pionierarbeit im Norden Tansanias kamen.

So wurde Gutmann vor dem Ausbruch des Ersten Weltkriegs zu einer der stabilisierenden Persönlichkeiten der Leipziger Frühphase im Chaggaland. Darüber hinaus trat mit Bruno der Missionsdienst in das „goldene Zeitalter" der Missionsgesellschaft ein, als das Christentum durch merkliches Wachstum in Ostafrika vielversprechend erschien. Das Chagga-Volk war nicht offen gewesen während der frühen Vorstöße der beiden Pioniermissionare Ostafrikas unter der CMS-Missionsgesellschaft Johannes Rebmann und Johann Ludwig Krapf, welche sie in den 1840er und 50er Jahren besuchten. Die neueren Vorstöße der CMS von 1885 stießen jedoch auf Zustimmung, und eine anglikanische Gemeinde begann sich in Moshi zu entwickeln. Der Kolonialismus in dieser Zeit aber führte ab etwa 1892 zu einem Misstrauen der deutschen Kolonialbehörden gegen den englischen CMS-Missionar in Moshi. Aus diesem Grund verhandelte die CMS in London eine Übernahme durch die Leipziger Mission. Die Übernahme im Jahre 1893 erwies sich als der passendste Schritt, und Bruno Gutmann sollte in Leipzigs Pionierphase nach Moshi ziehen.

Bemerkenswert ist, dass die Gemeinden der zentralen Kilimanjaroregion 1963 ungewöhnlicherweise Gutmann mit dem Ehrentitel „Wasahuye O Wachagga" („Pate der Chagga") würdigen.[11] Dieser ehrenvolle Titel wurde ihm noch zu Lebzeiten verliehen, und er ist bedeutsam auch für dieses Symposium. Gutmann war ein einzigartiger Charakter in seinem beständigen Bemühen, das traditionelle Verwandtschaftssystem der Chagga als Vehikel für die Entwicklung einer Volkskirche in der Chagga-Gesellschaft zu verstehen. Gutmann leistete diese Pionierarbeit zu einer Zeit in der Geschichte Afrikas, als ein solches Konzept nicht nur für die missionarische Welt einzigartig war, sondern auch gegen die etablierten negativen Einstellungen von Missionaren gegenüber der afrikanischen Kultur anging. Gutmann hatte viel Spielraum, um aus der Weisheit zu lernen, die in den bestehenden Missionstheorien, -modellen und -methoden aus fast einem Jahrhundert missionarischer Aktivitäten in Afrika gesammelt worden waren. Der Standardmissionsansatz war das Verbot vieler afrikanischer Traditionen und kultureller Praktiken. Missionare vor Bruno Gutmann hatten die Vorstellung, dass das Christentum in Afrika niemals Fuß fassen würde, ohne für einen völligen Bruch mit uralten Bräuchen, Praktiken und Systemen der Vergangenheit einzutreten. Die Traditionen afrikanischer Gesellschaften, auf die die Missionare

---

11 Martin F. Shao, *Bruno Gutmann's Missionary Method and Its Influence on the Evangelical Lutheran Church in Tanzania, Northern Diocese*, Erlangen 1990, S. 59.

trafen, beinhalteten das Vorherrschen von Hexerei, Ehrfurcht vor den Vorfahren, Übergangsriten wie Beschneidung, religiöse Riten wie Regenmachen oder Opfern und Musik, einschließlich Trommeln und Tanzen. Offenbar dachten einige Missionare, afrikanische Unterkünfte seien auch unmoralisch.[12]

Viele Gutmann-Gelehrte haben häufig seine Methode in Bezug auf Einflüsse der deutschen Romantik betrachtet. Diese Einschätzung trifft zu vor dem Hintergrund seiner Auseinandersetzung mit Ideen von Wilhelm Wundt (1832-1920), Friedrich Naumann (1860-1919), Karl Graul (1814-1864) und Gustav Warneck (1834-1910).[13] Von Wundt hatte Gutmann die Idee der moralischen und psychologischen Faser der „Urgesellschaft" verinnerlicht, wie sie in Sprache, Mythos, Kunst, Gesellschaft, Recht, Kultur und Geschichte wahrgenommen wird. Diese Theorie beeinflusste Gutmanns Interesse am Studium des gesamten Chagga-Systems des „Urlebens", einschließlich der Sprache und der Sitten der Chagga. Von Friedrich Naumann wurde Gutmann durch die Idee des Nationalismus, des Gemeinwesens und der Verbindung von „Blut und Boden" beeinflusst. Obwohl diese Einflüsse nationalistische Auswirkungen auf die deutsche Gesellschaft hatten, ermöglichten sie es Gutmann jedoch, das Evangelium im Gemeinschaftsleben der Chagga zu verwurzeln.

Die Vorstellungen von der Notwendigkeit, die Clan-, Nachbarschafts- und Altersklassensysteme zu erhalten, spiegelten sich in Gutmanns Initiativen unter den Chagga wieder. Anstatt die bestehenden gesellschaftlichen Systeme und Normen, die die traditionelle Chagga-Personalität, -Identität und das Sein als Gemeinschaft definierten, zu zerstören, bemühte sich Gutmann, sie in neue christliche Seins- und Identitätssysteme im Gemeinschaftskontext der Chagga zu verwandeln. Dieses Denken wurde durch Karl Grauls interessante Vorstellung zementiert: „Die Kirche ist der Ort der Reinigung des nationalen Charakters und der Stammesbräuche."[14] Für Graul bestand die Aufgabe der Mission darin, aus den zunächst nichtchristlichen Gesellschaften neue Volkskirchen zu bauen, damit diese im Boden verwurzelt seien (d.h., bodenständig).[15] Wie Graul führte Gutmanns Studium der Sprache und Sitten der Chagga ihn zu der Feststellung, dass die Gemeinde bereit war, als Grundlage einer neuen, tief verwurzelten Gemeinschaft aufzutreten.

---

12 Steven Paas, *Johannes Rebmann: A Servant of God in Africa before the Rise of Western Colonialism*, Nürnberg 2011, S. 195. Steven Paas fängt diese Gedanken aus mehreren Briefen Rebmanns ein, darunter Briefe 21.9.1863, 23.11.1869 und 21.9.1871.

13 Shao, *Bruno Gutmann's Missionary Method*, S. 59-64.

14 Ebd., S. 63.

15 Makumira Tanzania Lutheran Theological College, „Bruno Gutmann's Legacy", *Africa theological journal* 20/3 (1981) S. 166-68. Vgl. auch Ram Desai, *Christianity in Africa as Seen by Africans*, Denver 1962, S. 13.

Darüber hinaus gestaltete Bruno Gutmann seine Vision nach Gustav Warnecks Theorie, die eine Weiterentwicklung von Grauls Konzept der Verwurzelung im Boden war.[16] Gutmann übernahm Gustav Warnecks Ideen, die bereits zur Grundlage der Leipziger Missionsarbeit am Kilimanjaro geworden waren. Zusammengefasst besagte Warnecks Idee, dass das Evangelium in jedem Teil einer Gesellschaft oder Nation (Volk) in den Idiomen der Landessprache (Volkssprache) und durch die nationalen Gebräuche (volkstümlich) so gepredigt werden sollte, dass jede Sphäre des nationalen Lebens unter den Einfluss des christlichen Glaubens kommt. Dies schließt Respekt für die Älteren und Pflege der Familien- und Clanstrukturen, die die natürlichen und fundamentalen Institutionen der Gesellschaft (Volksgemeinschaft) sind, ein. Natürlich lehnte diese Idee die isolierten Wohngemeinschaften für Christen, die in jenen Tagen vorherrschten, und die christliche Konvertiten aus ihrer sozialen Umgebung entwurzelten, ab. Die Art und Weise, wie Gemeinden am Kilimanjaro seit Gutmanns Zeit ihr Selbstverständnis entwickelt haben, spiegelt dieses Denken wider.

Gutmanns anthropologischer Zugang zur Theologie zielte darauf ab zu zeigen, dass die grundlegenden Chagga-Urbindungen dem „nahe kamen, dass Christus seinen Jüngern befohlen hat, einander zu lieben".[17] Gutmann war überzeugt, dass es Aufgabe der Mission sei, die soziale Ordnung zu erhalten, zu stärken oder wiederherzustellen, anstatt die traditionellen Strukturen zu zerstören. Aus dem Vorhergehenden wird klar, dass die Einflüsse der deutschen Romantik auf Gutmann sich aus einer Vielzahl von ergänzenden Standpunkten zusammensetzten und ihn darin beeinflussten, wie er die Chagga-Leute in soziologischer, anthropologischer und theologischer Weise verstand. Diese Einflüsse auf Gutmann waren meines Erachtens nicht gleichbedeutend damit, die Chagga im Sinne der deutschen Romantik zu betrachten, die spezifisch in dem deutschen Kontext verankert war. Einige gegenläufige Punkte kommen mir in den Sinn: In erster Linie war Bruno Gutmann ein Westler, der seine deutschen Traditionen verkörperte, doch seine soziologischen und theologischen Hintergründe zusammen mit den Theorien der deutschen Romantik hatten zudem alle gemeinsam seine Weltanschauung aufgeklärt und ihn auf die Notwendigkeit des Respekts für die sozialen Strukturen der Chagga aufmerksam gemacht.

Zweitens war Gutmann sich der verschiedenen Dynamiken bewusst, mit denen er sich in Bezug auf den von ihm unternommenen Enkulturierungsprozess beschäftigte. So ausgestattet, führte Gutmann eine fundierte Untersuchung der sozialen Systeme der Chagga-Kultur für praktische missionarische Zwecke durch. Drittens führte Gutmanns romantisches Weltbild im Chaggaland nicht zu

---

16 Shao, *Bruno Gutmann's Missionary Method*, S. 64.
17 Ebd., S. 77.

einer Eindeutschung der Chagga-Kultur. Stattdessen führte es ihn zu bewusster Wertschätzung der Daseinsberechtigung und Lebensfähigkeit der Kultur, nicht zu Zwecken der Förderung eines persönlichen oder nationalistischen Gefühls, sondern um eine Grundlage für den Aufbau einer soliden und sich selbst respektierenden christlichen Gemeinschaft zu entwickeln. Tatsächlich wurde Gutmanns Bemühungen, Gemeinden nach diesem Modell zu strukturieren, von seinen Kollegen[18] sowie von afrikanischen christlichen Ältesten kritisiert, die davon überzeugt waren, dass es zu Modernisierung und Fortschritt führen würde, einige Aspekte der Kultur aufzugeben. Mehr noch, in den Augen dieser afrikanischen Ältesten mussten die Veränderungen eine Voraussetzung für die Bekehrung zum Christentum bleiben.

Bruno Gutmann beschloss, ein beständiger Beobachter der Chagga-Traditionen zu sein, des Chagga-Gesetzesystems und seiner Funktionsweise, der Übergangsriten im afrikanischen Lebenszyklus, der Familien- und Clanstrukturen und wie sie in der Chagga-Lebenswelt fungierten, und der tieferen philosophischen Nuancen der Chagga-Gedankenwelt, welche James O. Kombo als afrikanische intellektuelle Kultur bezeichnet hat.[19] Gutmann leitete diese Nuancen der Chagga-Weisheit aus der Rhetorik der einfachen, gewöhnlichen Sprache ab, ebenso wie von den Sprüchen, Sprichwörtern und Metaphern, welche die Weisheit der Chagga verkörpern. Mit dieser Initiative hat Gutmann die bahnbrechende Studie Placide Tempels über die Bantu-Philosophie[20] vorweggenommen, ebenso wie viele zeitgenössische afrikanische Gelehrte der postkolonialen Theorie und die Theologie der Inkulturation.[21] Er identifizierte die wesentlichen Säulen der sozialen Stabilität, die die Identität der Persönlichkeit bestimmten, welche ihren vollsten Ausdruck in den Familien- und Klansystemen des Lebens und Existierens fand. Gutmann war davon überzeugt, dass diese Säulen das Gerüst für den Zusammenhalt christlicher Gemeinschaften bildeten, die aus erhaltenen, aber veränderten uralten sozialen Strukturen bestanden, die das tägliche Leben unterstützen.

Wie Klaus Fiedler unterstreicht, wollte Gutmann „die Bedeutung der Gemeinde hervorheben und die Bedeutung des Individuums im Gegensatz zum Pietismus und zur Wiederbelebungsfrömmigkeit herabsetzen" durch eine spezifische

---

18 J. Missionssenior Raum, „*Christianity and African Purity Rites*", *International Review of Mission* 16 (1927).

19 James Henry Owino Kombo, *The Doctrine of God in African Christian Thought*, Boston 2007, S. xi, 3, 155ff.

20 Placide Tempels, *Bantu Philosophy*, Paris 1969.

21 Diese Gelehrten schliessen ein, sind aber nicht beschränkt auf, J.S. Mbiti, Aylward Shorter, Bolaji Idowu, Alexis Kagame, Laurenti Magesa, Bénézet Bujo, Charles Nyamiti, und viele andere.

Einstellung zur Frage der Adiaphora.[22] Gutmann hat als Säulen der sozialen Integration das Wesen der Verwandtschaftsbeziehungen durch Clans, Nachbarschaften und Altersgruppen richtig erkannt. Dies bedeutete, dass die Identität des Seins und Zugehörens, der Führungsverantwortung, Ethik und verschiedener voneinander abhängiger Begegnungen in der Gesellschaft zu guter Ordnung, harmonischer Existenz, gesunden Beziehungen, gemeinschaftlichem Handeln und sozialer Stabilität führten. Auf verschiedene Weisen sah Gutmann Gemeinschaftsstrukturen als notwendige Modelle für den organisatorischen Aufbau des Gemeindelebens. Die theologische Grundlage für seine anthropologischen Bemühungen war, dass es nicht Aufgabe der Mission oder der Kirche sei, die Clans oder Clansysteme zu stören oder zu zerstören, da es sich um von Gott bestimmte Organismen handelte, die zum Wohl der Gesellschaft geschaffen wurden. Sie zu stören, wäre also eine Bedrohung für den „Leben spendenden Geist Gottes".[23] Ich stimme daher Klaus Fiedler zu, wenn er dieses Argument wie folgt vereinfacht: „Gutmann's approach [...] can be rightly called the ‚cultural approach', because he saw Chagga culture (and any other culture) as a divine gift, not untainted by sin, but still able to provide the ground into which the seed of the gospel could be planted".[24]

Bruno Gutmanns Vermächtnis

Es wurde viel über Bruno Gutmanns einzigartiges Projekt, einige Chagga-Traditionen, wie zum Beispiel einige Aspekte der sozialen Organisation Chagga, in das Christentum zu überführen, geforscht und veröffentlicht. Gelehrte haben sich jedoch nicht mit Gutmanns Vorstellungen von Gottesdienst und den inneren praktischen Aspekten des Gemeindelebens auseinandergesetzt. Die Strukturen, die er entwickelte, indem er die traditionelle Organisation und die Funktionen der Chagga-Clan-Systeme studierte, dominieren die aktuellen Diskurse über seine langfristigen Bemühungen um Inkulturation. Die Auswirkungen davon auf das moderne Leben der Chagga-Kirche wurden reflektiert. Seine Ansichten über den Anbetungsraum haben jedoch noch nicht viel Beachtung gefunden. Die Bedeutung, dies aufzubringen, liegt darin begründet, dass organisatorische Systeme in afrikanischen Gesellschaften, wie der Chagga-Gemeinschaft, authentischer in geeigneten Arten von Räumen funktionierten. Das

---

22   Klaus Fiedler, *The Gospel Takes Roots on Kilimanjaro: A History of the Evangelical Lutheran Church of Old Moshi-Mbokomu, 1885-1940.* Kachere Monographs, Zomba 2006, S. 21.

23   Ebd.

24   „Gutmanns Ansatz ... man kann ihn zu Recht als ‚kulturellen Ansatz' bezeichnen, weil er die Chagga-Kultur (und jede andere Kultur) als ein göttliches Geschenk sah, das zwar durch Sünde verunreinigt war, aber dennoch den Boden für den Samen des Evangeliums schaffen konnte" (a.a.O., S. 15).

Verammeln im Freien, wie zum Beispiel das Sitzen im Kreis oder im Halbkreis unter dem Baum, wurde fast überall in Subsahara-Afrika praktiziert. Wohnstätten waren ebenfalls kreisförmig; diese werden allgemein als Rondavels bezeichnet. Wenn sich Personen drinnen versammelten, war die Struktur, die die Versammlung stützte, in der Form kreisförmig.

Wie zu erwarten war, reduzierte der Halbkreis bei einigen Aktivitäten wie z. B. über Themen beraten, Entscheidungen fällen, Musik oder Tanz die hierarchischen Unterschiede. Der übergeordnete Vorteil des kreis- und halbkreisförmigen Sitzens, um zum Beispiel zu beraten oder zu tanzen, ist die Schaffung von Gemeinschaftsbindungen, die mit der größeren Weltanschauung oder Kosmologie des afrikanischen Volkes im Einklang stehen. Die Gründe für diese Praxis sollten auffallend genug gewesen sein, um Bruno Gutmann dazu zu bringen, sie zu studieren. Insofern hätte er versuchen können, ihre Bedeutung zu verstehen, um die Inkulturation der Organisationssysteme der Chagga-Gemeinschaft im traditionellen Raumkontext in die Praxis umzusetzen. Dies hätte die westliche architektonische Struktur des rechteckigen Kirchengebäudes und die sich daraus ergebenden Nutzungsweisen in Frage gestellt. Ein Rondavel-Kirchenbau hätte unter minimierten hierarchischen Überlegungen zur Schaffung einer Gemeinschaft beigetragen. Die Reduzierung der Hierarchie war für Gutmann wichtig, und die Kirchenarchitektur hätte auch von dieser traditionellen Sichtweise und Nutzung des Raumes beeinflusst werden sollen. Ich argumentiere daher, dass es in der bestehenden Forschung über Bruno Gutmann eine Lücke gibt.

Ich beschäftige mich häufig mit der Hermeneutik der Kirchenmusik, um die Dynamik der Kontinuität und des Wandels des afrikanischen Christentums zu beleuchten, besonders im Bereich der Musik in der Missionsgeschichte. Bei diesem Ansatz interessiert mich, wie Afrikaner den Raum in ihren Traditionen verstehen und welchen Nutzen sie beim Musikmachen sehen. Zweifellos agieren sie anders in der rechteckigen Kirche, die während der Missionszeit eingeführt wurde, als wenn sie in einem Rondavel-Raum auftreten. Als Missionare im 19. Jahrhundert nach Afrika kamen, brachten sie immer die heiligen Schriften und Gesangbücher mit. Das Evangelium aus der Heiligen Schrift war oft konterkulturell, aber Gesangbücher verkörperten die größte potenzielle Kraft für den Kulturwandel. Der Gesang der Kirchenlieder zeichnete das Evangelium in der europäischen Kultur aus, einschließlich des Kirchengebäudes, in dem sie aufgeführt wurden. Darüber hinaus wurden europäische Kirchenlieder aus vierstimmigen Harmonien und in rechteckigen Kirchen mit Kirchenbänken in Afrika eingeführt und gesungen. Die neue Musiktradition hat die afrikanische musikalische, tonale und kommunale Wahrnehmung und Handlung völlig verändert. Zu westlichen Kirchenliedern konnte nicht getanzt werden, und der Tanz selbst war damals verboten. Darüber hinaus gab es keine Bewegungsfreiheit, die Sitzordnung in den Gotteshäusern war linear und im Gottesdienstraum herrschte eine starke Hierarchie. Diese und viele andere Dynamiken, die neben dem Evangelium eingeführt wurden, erzwangen einen Kulturwandel; die Afrikaner, die zu den großen Kirchendenominationen gehörten, hatten keine Wahl bezüglich Raum und Gesang.

Vor diesem Hintergrund wäre es interessant zu fragen, wie sich Bruno Gutmann mit den kosmologischen Fragen von Musik und Raum befasste, die den sozialen Strukturen der Chagga innewohnen. Wie Winston Churchill am 28. Oktober 1943 sagte: „Wir prägen unsere Gebäude, und danach formen unsere Gebäude uns."[25] Wenn wir Churchills Idee anwenden, formt das Kirchengebäude, was darin gesungen wird, wie es gesungen wird, wer es singt und wie das Sänger und die anderen darinnen sich aufeinander beziehen.

Bruno Gutmanns Studium der traditionellen Strukturen und Bräuche scheint bisher nicht zu zeigen, wie er mit diesen Ausdrucksformen in seinen Bemühungen um die Enkulturierung der Chagga-Kultur umgegangen ist. Es scheint sicher zu sein, dass die afrikanische Rondavel-Struktur nicht für Kirchenbauten übernommen wurde, um die Leistung der Gemeinschaftssysteme der sozialen Struktur zu erleichtern, die Gutmann in Chaggaland zu erhalten versuchte. Die wahrscheinliche Erklärung dafür ist, dass die Bedeutung von geeigneten Räumen für das ordnungsgemäße Funktionieren der Gemeinschaft ihm während seiner Zeit nicht in den Sinn kam. Ohne Rücksicht auf diese Frage nach der Architektur fanden die Liederbücher übersetzter deutscher Choräle und rechteckige Gebäude, in denen sie gesungen wurden, seit mehr als einem Jahrhundert ihren Weg in die verschiedenen Teile des Chaggalandes.

Bruno Gutmanns bahnbrechende Enkulturierung erfordert daher eine empirische Untersuchung, um einen besseren Überblick über sein Vermächtnis und die Kontinuitäten und Diskontinuitäten seiner Einflüsse zu erhalten. Dies würde die Dynamik des kulturellen Wandels berücksichtigen, den das Chaggaland in der Zwischenzeit seit Gutmanns Wirken erlebt hat. Es muss jedoch darauf hingewiesen werden, dass die sozialen Einheiten, die Gutmann gerne christianisiert hätte, in Chaggaland fest verankert zu sein scheinen. In ähnlicher Weise sind die sozialen Bindungen, die sich aus dem Konzept der „Verwurzelung im Boden" ableiten, auch unter den Chagga-Lutheranern überall dort zu finden, wo sie in Ostafrika leben. Diese Ansicht wurde in getrennten Gesprächen in der Vergangenheit mit vielen Menschen bestätigt, einschließlich einem Pfarrer von Taveta in Kenia, einem Kirchenmusiker aus Meru in Nordtansania und einem Pfarrer und Gelehrten der Missiologie aus Karagwe im Nordwesten Tansanias. Ihre An-

---

25 Stephan Trüby, *Exit-Architecture: Design between War and Peace*. TRACE, New York 2008, S. 13.

sichten stimmen darin überein, dass überall, wo die sie leben und arbeiten – Nairobi, Dar es Salaam oder Kampala – Chagga-Lutheraner immer eine enge Verbindung zu ihren Heimatgemeinden pflegen. Sie fühlen sich in ihren Heimatgemeinden tief verwurzelt und Rechenschaft schuldig. Neben meinen Gesprächen mit diesen drei Gesprächspartnern hat Phares Kakulima eine Studie zu Gutmanns Einflüssen auf die Chagga-Lutheraner in Tansania und in der Diaspora durchgeführt. In einer kürzlich stattgefundenen Konversation hat Pastor Kakulima mir eine WhatsApp-Zusammenfassung unserer Diskussion wie folgt geschickt:

> *Bruno Gutmanns Einflüsse der Kontextualisierung sind recht auffällig, aber nur in Chaggaland, nicht in anderen Teilen der Evangelical Lutheran Church in Tanzania (ELCT). Die Chagga-Leute sind im ganzen Land verstreut und wo immer sie sind, haben sie ein Gefühl der „Kind Gottes"-Beziehung. Dies scheint ein Einfluss von Bruno Gutmanns Kontextualisierung der Kirche zu sein. Für die Gemeinschaft der Chagga ist Gott so nahe, dass er sein Volk segnet. Dieses Verständnis der Chagga-Lutheraner beeinflusst die meisten ihrer Mitglieder in der Diapora, in den städtischen und ländlichen Gebieten in Tansania, wo sie zu finden sind. Die Auswirkungen der Kontextualisierung werden auch in der Gemeindeleitung beobachtet, d.h., sie sehen eine Gemeinde als einen Clan. Mit diesem Verständnis haben Chagga-Christen in städtischen Gebieten und Städten das Gefühl und die Leidenschaft, ihre ländlichen Heimatgemeinden zu unterstützen, weil sie dort hingehören; das ist ihr Clan.[26]*

Seit dem Ende der Missionszeit in den 1960er Jahren ist viel geschehen. Das afrikanische Christentum hat sich zu einer bemerkenswerten afrikanischen Religion entwickelt, während die Überreste der Orthodoxie aus der Missionszeit im ostafrikanischen Luthertum noch erhalten sind. Ein Überblick über die Entwicklung der Kirchenmusik in Subsahara-Afrika seit dem Beginn der lutherischen Missionen bietet die beste Veranschaulichung der Afrikanisierung durch die natürlichen Prozesse der Enkulturierung in den Gemeinden. Die Aneignung des deutschen Chorals als afrikanisches Lied, zu dem Bruno Gutmann zweifellos beigetragen hat, und die verschiedenen anderen Genres der Kirchenmusik im zeitgenössischen afrikanischen Christentum zeigen die Wirkung früherer Missionen. Wie bereits erwähnt, benötigen Bruno Gutmanns bahnbrechende Inkulturationsbemühungen im zentralen Kilimanjaro-Gebiet weitere empirische Studien, um die Kontinuitäten und Diskontinuitäten, welche die gegenwärtige Dynamik des kulturellen Wandels in Chaggaland prägt, insbesondere in der Zwischenzeit seit Bruno Gutmanns Abgang aus Ostafrika, besser zu beleuchten.

---

26 Zur Zeit der Präsentation dieses Essays wollte Pastor Phares Kakulima seine Studie über Bruno Gutmanns Einfluss auf die Chagga-Gesellschaft abschließen. Im Mai 2017 promovierte Kakulima in „Congregational Mission Leadership" (CML) am Luther Seminary, St. Paul, Minnesota.

Literatur

ACK, „Anglican Church of Kenya." ACK, http://www.ackenya.org/ack/history.html.

Brandl, Bernd, *Die Neukirchener Mission: Ihre Geschichte als erste deutsche Glaubensmission* [in Summary in English.], Köln 1998.

ders. *Ludwig Doll: Gründer der Neukirchener Mission als erste deutsche Glaubensmission,* Nürnberg 2007.

Clarke, Philip Henry Cecil, *A Short History of Tanganyika: The Mainland of Tanzania,* Arusha 1966.

Desai, Ram. *Christianity in Africa as Seen by Africans,* Denver 1962.

Fiedler, Klaus, *The Gospel Takes Roots on Kilimanjaro: A History of the Evangelical Lutheran Church of Old Moshi-Mbokomu, 1885-1940.* Kachere Monographs, Zomba 2006.

Kollegium der Evangelisch-Lutherischen Mission, „*Besitz der Evangelisch-Lutherischen Mission zu Leipzig in Ukamba, British Ostafrika, dessen Verlust zu befürchten steht.*" Archiv des Leipziger Missionswerks, Franckesche Stiftungen, Halle, ALMW II.32.80, April 19, 1917.

Kombo, James Henry Owino, *The Doctrine of God in African Christian Thought,* Boston 2007.

Krapf, Johann Ludwig, *Reisen in Ostafrika, ausgeführt in den Jahren 1837-1855,* Stuttgart 1858.

ders., *Travels, Researches, and Missionary Labours, During an Eighteen Years' Residence in Eastern Africa. Together with Journeys to Jagga, Usambara, Ukambani,* London 1860.

Lutheran Theological College, Makumira Tanzania, „*Bruno Gutmann's Legacy.*", in: Africa Theological Journal 20/3 (1981), S. 166-168.

Paas, Steven, *Johannes Rebmann: A Servant of God in Africa before the Rise of Western Colonialism,* Nürnberg 2011.

Raum, Johannes, „*Christianity and African Purity Rites.*", in: International Review of Mission 16 (1927), S. 581-591.

Schwartz, Carl von, *Die evangelisch-lutherische Wakambamission,* in: Evangelisch-Lutherisches Missionsblatt, Leipzig 1893, S. 25-29.

Schwartz, Carl von, *Die Bayerische ev.-luth. Mission in Ostafrika,* in: Evangelisch-Lutherisches Missionsblatt, Leipzig 1893, S. 9.

Shao, Martin F., *Bruno Gutmann's Missionary Method and Its Influence on the Evangelical Lutheran Church in Tanzania, Northern Diocese,* Erlangen 1990.

Tempels, Placide, *Bantu Philosophy,* Paris 1969.

Trüby, Stephan, *Exit-Architecture: Design between War and Peace.* TRACE, New York 2008.

Adam Jones – Gutmann als Protokollant: Die Ältestenratsprotokolle von Kidia, Masama und Mwika 1926-27

Bei Theologen wird Bruno Gutmann vor allem wegen seiner Vorstellung von Gemeindeaufbau in Erinnerung gehalten (z.B. Jäschke 1981), bei Ethnologen eher als Ethnograph, der einen ungewöhnlichen Beitrag zur Sozialanthropologie mit Fokus auf „urtümliche Bindungen" gemacht hat (z.B. Winter 1979; Streck 2016). Aber beide Aspekte dieses vielseitigen Mannes lassen sich nur im Kontext seiner praktischen Tätigkeit im afrikanischen Missionsfeld verstehen.[1] Gutmann war keineswegs der einzige Ostafrika-Missionar, der sowohl theologische als auch ethnographische Werke geschrieben hat (vgl. Jones 2009), aber bei ihm war der Zusammenhang zwischen Theorie und Praxis ein besonderer. Das lässt sich besonders gut an den Protokollen erkennen, die er im Namen der Ältestenräte von Kidia, Masama und Mwika schrieb.

Im Missionsfeld am Kilimanjaro unterlagen afrikanische Christen in der ersten Hälfte des 20. Jahrhunderts drei verschiedenen Rechtsformen: erstens dem von europäischen Rechtssystemen abgeleiteten kolonialen Recht der Deutschen und ab 1919 der Briten, das von Kolonialbeamten gesprochen wurde (vgl. Deutsch 2002; Richter 2001); zweitens dem sogenannten Gewohnheitsrecht (customary law), das in Wirklichkeit keine Fortsetzung eines unwandelbaren ‚traditionellen' Systems konstituierte, sondern aus zahlreichen Interaktionen zwischen der jeweiligen (männlichen) afrikanischen Obrigkeit und den Kolonialbehörden hervorging, gelegentlich unter Mitwirkung europäischer Ethnographen (vgl. Chanock 1991; Moore 1986); und drittens dem Kirchenrecht. Über die ersten beiden Formen wissen wir ziemlich viel, aber die historische Forschung über Kirchenrecht in Afrika steckt noch in den Kinderschuhen (vgl. Beutter 2015).

Welches Rechtssystem in einem konkreten Fall zur Anwendung kam, hing nicht nur von der Art des vermeintlichen Vergehens ab, sondern musste in vielen Fällen ausgehandelt werden, denn es gab Überlappungen: Diebstahl unterlag z.B. dem kolonialen Recht, aber wer vom Häuptling (chief) oder vom Missionar etwas stahl, hatte auch bei diesen Personen eine Strafe zu befürchten. Die zur Verfügung stehenden Sanktionen waren unterschiedlich: Die Todesstrafe konnte z.B. nur von einem kolonialen Gericht ausgesprochen werden. Obwohl Missionare gelegentlich von einer Prügelstrafe berichteten,[2] gab es für sie im Grunde nur

---

1   Die Kapitel in Klaus Fiedlers Buch (1983) fallen etwas aus der Reihe und behandeln sowohl Gutmanns Ideen als auch seine praktischen Erfahrungen in Ostafrika, aber die damalige Quellenlage war eine andere als heute.

2   Althaus (1992: 73), dessen Buch sich auf die Zeit vor Gründung des Ältestenrates in Mamba bezieht, schreibt von zwei jungen Christen, die das 6. Gebot mehrfach übertreten hatten und „zuerst eine Tracht Prügel [erhielten], eine Strafe, die ich sonst nie bei Arbeitern angewandt

eine mögliche Sanktion: Ausschluss vom Abendmahl, von der Katechumenen-klasse oder unter Umständen sogar von der Christengemeinde. Meist galt dieser Ausschluss („Kirchenzucht") für 6, 12 oder 18 Monate. Danach haben die Betroffenen oft die Wiederaufnahme beantragt. Diese wurde an Bedingungen geknüpft – etwa eine Spende an die Armenkasse.

Schon ein Jahrzehnt nach der Ankunft in Ostafrika fing die Leipziger Mission an, für jede größere Missionsstation einen Ältestenrat zu gründen: ab 1905 in Machame, Mamba und Alt-Moshi (Kidia), etwas später auch in Mwika, Nkoaranga und Masama (Munson 2013 Fig. 6.8). Dieser Rat bestand aus zwei bis sieben getauften Männern (im Gegensatz zu den Berlinern und Herrnhutern gehörten keine Frauen dazu), von denen die meisten eine Schulerziehung gehabt hatten. Trotz der Bezeichnung „Ältesten" lag das Durchschnittsalter nicht sehr hoch: wahrscheinlich – soweit man die Fotografien deuten kann – zwischen 30 und 45 Jahren. Man tagte etwa 3-4mal im Jahr, und der zuständige Missionar schrieb das Protokoll auf Deutsch. Allerdings wurden in der Zeit zwischen 1916 und 1925 einige Protokolle auf Englisch (durch die amerikanischen Augustana-Missionare), andere auf Chagga und Swahili durch Kirchen-Älteste wie Filipo Njau oder Filipo Kiwelu verfasst.

Dass so viele Protokolle uns noch zugänglich sind, obwohl solche Dokumente niemals in die Heimat geschickt wurden, verdanken wir erstens der Arbeit des damaligen Leipziger Missionars Klaus-Peter Kiesel, der in den frühen 1980er Jahren Akten aus mehreren ehemaligen Missionsstationen der Norddiözese nach Moshi brachte, und zweitens einem von der British Library („Endangered Archives Project") geförderten Projekt der Universität Leipzig. Zwischen 2006 und 2011 haben acht Studentinnen des Instituts für Afrikanistik insgesamt 40.000 Seiten Archivmaterial in Moshi digitalisiert und der British Library in digitaler Form überreicht (vgl. Rammelt & Witt 2011).[3] Die Protokolle bilden nur einen kleinen Teil des digitalisierten Materials, aber für Afrikahistoriker sind sie von besonderem Interesse. Zwischen 2012 und 2016 haben etwa hundert Studierende provisorische Transkriptionen von jeweils 5 bis 10 Seiten aus den Ältestenrats-protokollen vorgelegt.

---

habe, soweit meine Erinnerung reicht, außer einer einzigen Ohrfeige, die von dem Betreffen-den, Silanda, als durchaus gerecht empfunden wurde..."

3   Die Dokumente sind auf http://eap.bl.uk/database/collections.a4d unter „EAP 099" zu finden.

Die folgende Tabelle fasst die bisher transkribierten Protokolle zusammen:

	transkribiert	Missionare
Kidia	1904 – 09	Gutmann, Schanz
Machame	1910 – 29	Müller, Raum
Mamba	1906 – 20	Stammberg, Raum, Schöne
Masama	1912 – 29	Thiele, Gutmann, Winkler
Mwika	1909 – 28	Stammberg, Eisenschmidt, Zeilinger, Gutmann
Nkoaranga	1910 – 40	Schachschneider, Blumer, Reusch, Ittameier, Winkler

Leider sind noch keine Protokolle aus Schira (Ashira), Arusha, dem Pare-Gebirge, der Steppenmission oder den Kamba-Stationen im heutigen Kenia gefunden worden, und aus Kidia (Alt-Moshi) kenne ich keine aus der Zeit nach 1925.[4] Es ist übrigens kaum vorstellbar, dass nur die Leipziger Mission solche Dokumente produzierte: Die meisten protestantischen Missionsgesellschaften befanden sich in einer ähnlichen Situation und hatten ähnliche Dokumentationssysteme.

Die Themen dieser Protokolle sind oft dieselben, gleichgültig ob es sich um die Zeit vor oder nach dem 1. Weltkrieg handelte und egal welche Missionsstation betroffen war. Man hat den Eindruck aus den zahlreichen Notizen, dass sich eine Art routinierter Kontrolle etabliert hat. Wir lesen in den Protokollen darüber, wer „beobachtet werden" müsse. Da die Missionare vermutlich nicht genau beobachten konnten, wer mit wem schlief oder wer einen Wahrsager konsultierte, ist davon auszugehen, dass sie auf Auskünfte der Ältesten und anderer Christen angewiesen waren, die ihrerseits auf der Suche nach Beweisen waren.

In einem Aufsatz über *agency* in der anglikanischen Kirche in Zentral-Tanganyika hat Derek Peterson (2006) in diesem Kontext von *morality plays* (vgl. die Moralität ‚Jedermann') geschrieben: Durch eine Art ‚Theater' versuchten afrikanische Christen, Handlungswege für Missionare festzulegen, indem sie lernten, Rollen zu spielen. Das konnte dazu führen, dass ein Missionar, der von einer Sitzung zur nächsten eine komplexe Liebesgeschichte dokumentierte, letztendlich zum fast hilflosen Werkzeug der beteiligten Akteure wurde. Sogar die Rolle eines reuigen Sünders konnte in diesem Kontext Vorteile bringen. Man bat um Vergebung und machte es damit der Gemeinde möglich, wieder zur Tagesordnung überzugehen.

Vieles von dem, was Peterson beschreibt, lässt sich auch auf die Protokolle der Leipziger Mission beziehen. Als Beispiel für die Thematik eines typischen Proto-

---

4   Winter erwähnt eine solche Akte aus den Jahren 1926-27. Klaus Fiedler, der in den 1970er Jahren sehr viele Quellen in Kidia konsultierte, sagt, dass damals alle Akten außer jene für 1920-26 in Kidia vorlagen.

kolls können wir Auszüge aus den vom Missionar Eisenschmidt in den Jahren 1927-28 verfassten Protokollen für die Station Mwika nehmen:

> *„Ndekalio hat sich beim Biergelage mit dem Bruder ihres Mannes vergangen. Sie hat sich ... reumütig gezeigt und bittet, nicht ausgeschlossen zu werden. 6 Monate Kirchenzucht.*

> *Ndeng'aniso hat vor dem Kriege ... 3 Jahre lang Gemeindesteuer nicht gezahlt. Nach d. Ausschluß hat er sich auch noch eine 2. Frau zugelegt.*

> *Lakaria bittet um Wiederaufnahme. Er soll zuerst seine Kebsweiber entlassen.*

> *Anaeli, wegen Trinkgelagen mit Mädchen sowie wegen seiner Frechheit Bruder Gutmann gegenüber ausgeschlossen, bittet um Wiederaufnahme. Er soll zuerst zu Gutmann und ihn um Verzeihung bitten.*

> *Johane ... hat ... ein Beil gestohlen ... die Ältesten haben die Angelegenheit für geordnet gehalten, nachdem der Bestohlene s. Beil wiedererlangt. Ich versuchte, ... den Ältesten es begreiflich zu machen, daß das 7. Gebot nicht weniger gilt als das 6.*

> *Mnene ... hatte sich von einem abgefallenen Christen ... verführen lassen, lebt als dessen 3. Frau bei ihm. Jetzt fragt sie an, ob sie auch als seine 3. Frau, d.h. Kebsweib, wieder in d. Taufunterricht kommen kann?*

> *Lakaria hat seine ehelichen Verhältnisse geordnet. Seine rechtmäßige Frau ... hat sich mit ihm versöhnt [...] Die Sanfteste scheint sie gewiß nicht zu sein, so sind die Fehltritte ihres Mannes einigermaßen verständlich.*

> *Simeon ... bittet um Wiederaufnahme. Da er u. s. Frau gemeinsam gesündigt haben [d.h. während der Verlobung Geschlechtsverkehr hatten], sollen sie auch gemeinsam zurückkommen.*

> *Ein Katechumen aus Mamba [...] verlangt, daß Mikali zu ihm zurückkehre. Sie ist ihm zugelaufen, er hat sie aber dann bald so unglaublich behandelt, daß sie von ihm weg zu ihrem Vater zurückgekehrt ist u. jetzt nicht zu bewegen zu ihm zurückzukehren.*

> *Katechumen Mtokafo fragt, ob es richtig ist [...] daß er seine erste Frau – mit 2 Kindern – entläßt und seine 2. – kinderlose – Frau behält. Die Ältesten erklärten sich damit einverstanden.“* (Protokoll Mwika, 9. Dezember 1927, 10. Februar 1928, 24. Februar 1928)

An erster Stelle standen in fast allen Protokollen Verstöße gegen das 6. Gebot. Eng in Verbindung damit gab es viele Fälle, wo jemand eine zweite Ehefrau („Kebsweib") haben oder seine kinderlose Ehefrau verstoßen wollte. Generell kann man sagen, dass sich die Ältesten während des größten Teils ihrer Beratungen mit Fragen der Sexualmoral und der Ehe beschäftigten. Der Ehebruch und der Geschlechtsverkehr zwischen Personen, die verlobt aber noch nicht verheiratet waren, wurden oft entweder mit „Biergelagen" oder mit der Mobilität junger Männer (z.B. die Wanderarbeit nach Tanga oder Mombasa) in Verbindung gebracht. Beeindruckend sind die Hunderte von Namen, die in den Protokollen vorkommen, oft mit Querverweisen auf frühere Protokolle, in denen Vorwürfe gegen dieselben „unverbesserlichen" Personen schon vorkamen. Im Vergleich dazu waren Hexerei, Sonntagsentheiligung, Diebstahl oder Armut nur relativ selten Thema der Beratungen.

Es stellt sich die Frage, ob wir es hier mit einer Obsession der Missionare zu tun haben. Da die Protokolle meist von dem anwesenden Missionar verfasst wurden, können wir nicht sicher sein, inwieweit sie auch den Standpunkt der Kirchenältesten widerspiegeln, aber es ist wahrscheinlich, dass normalerweise ein Konsens erreicht wurde.[5] Sicherlich klagten die Missionare oft – nicht nur in den Protokollen, sondern auch in ihren Berichten und Schriften – über „unziemliche Anträge" an Schülerinnen, eheliche Untreue, wilde Ehen, sexuelle „Fehltritte" usw. Aber mir scheint die Prominenz solcher Themen eher mit der neu entstandenen Rolle der Ältesten als Hüter der Sexualmoral zusammenzuhängen (vgl. Hasu 1999: 220). Manchmal kam es sogar zur Selbstanzeige durch einen Ältesten. So berichtete Filipo Kiwelu ein Jahr nachdem die deutschen Missionare Ostafrika verlassen hatten:

> „Josefu Shao, Ältester der Kirche / Presbyter sagte selbst, dass er Unzucht getrieben hätte mit einer einheimischen Frau, deren Name Nderimia Kundi ist." (Protokoll Mwika, 2. Dezember 1921)

Es fällt auf, wie unterschiedlich die von Bruno Gutmann verfassten Protokolle sind. Vor dem Ersten Weltkrieg war er als Missionar in Masama und Alt-Moshi tätig, aber die Protokolle aus dieser Zeit sind unauffindbar.[6] Aus den Jahren 1926 bis 1927 liegen hingegen mehrere Eintragungen von Gutmann vor. Auch wenn die Ältesten gerne über die Sexualmoral gesprochen hätten und die Ehe im Mittelpunkt der missionarischen Arbeit stand,[7] lagen für Gutmann andere Themen im Vordergrund. Bei seiner Ankunft in Masama im Jahre 1926[8] beschwerte er sich über die „Entartung des Ältestenkollegiums zu einem heimlichen Rat" während der „missionslosen Zeit". Das Kollegium habe zunächst aus Lehrern bestanden, „die sich so geradezu feindlich vom eigenen Volk distanzierten" und die anderen Christen mit Strafen bedroht hätten, vor allem mit „Zurückstellung vom Abendmahl". Mehrmals berichtet er – auch z.B. in Mwika – über Beschwerden wegen der Dominanz der Lehrer innerhalb des Ältestenrates:

---

5   Allerdings finden wir gelegentlich auch Dissens in den Protokollen. So distanzierte sich der in Mamba stationierte Augustana-Missionar Magney 1926 von einer Entscheidung des Leipziger Missionars Raum in einem Streit zwischen den Ältesten von Mamba und Marangu: Protokoll Mamba, 24.-27. April 1926,

6   Es ist nicht auszuschließen, dass sie noch in Kidia liegen.

7   Vgl. Hasu 1999, S. 155-175. Das galt auch für katholische Missionen in Tanganyika, deren Räte eine durchaus vergleichbare Agenda hatten: vgl. Pels 1993, S. 187-188.

8   Die deutschen Missionare mussten nach dem Versailler Vertrag Ostafrika verlassen und kehrten erst 1925/26 zurück.

„Es sei zur Unsitte geworden, daß der Lehrer und nicht der Älteste im Bezirk die Sachen entscheide. Weiter sei die Gemeinde schon seit Langem in Unruhe über die Gemeindekasse. Sie müsse durch die Ältesten überwacht werden." (Protokoll Mwika, 6. Dezember 1926)

Für Gutmann lag die Lösung in einer Reduzierung der Macht der am Seminar in Marangu ausgebildeten Lehrer und einer Stärkung der Institutionen, die Wurzeln in der in seinen Büchern beschriebenen „traditionellen" Kultur hatten:

„Die Neugliederung der letzten Taufklasse in Kameradschaften zu je zwei und zwei [...] hat sich bewährt. [...] Sie soll aber auch zu einer Führungsgruppe ausgebildet werden. Darum sollen diesmal je zwei Kameradschaften oder Schildschaften in einen Doppelschildschutz (ngao muri kari) zusammengeschlossen werden, die sich aus ihrer Mitte den Führer selber bestimmt, nicht nur zur Stärkung der Hilfsgenossenschaft, sondern auch zur Selbstreinigung und Gliederung für den Dienst am Jungen." (Protokoll Masama, 18. Januar 1926)

Auch die Altersklassen – ebenfalls eine alte Institution der Chagga – sollten in der Gemeinde eine wichtige Rolle spielen. Nach der nächsten Sitzung des Ältestenrates schrieb Gutmann:

„Es wird allgemein anerkannt, daß die Altersklasse der Unverheirateten sich nicht nach eigenem Gutdünken Gesetze geben können. Sie unterliegen der Vorprüfung der Gemeinde. Überdies müsse das [nicht] nur für einen Bezirk, sondern für alle Bezirke gelten, sonst gerate alles in Unordnung. Als ... Gesetz hat sich nämlich die Altersklasse von Sehari aufgelegt, keine Hochzeit zu besuchen von [...] dessen einer Teil sein erstes Verlöbnis aufgehoben habe. So ehrenwert der sittliche Ernst in dieser Bestimmung ist, er muß ... zu Vergewaltigungen führen und sollte als starre äußerliche gesetzliche Bestimmung aufgehoben werden. (Protokoll Masama, 29. März 1926)

Ein drittes Anliegen für Gutmann war es, die Beschneidung von Knaben oder Mädchen nicht – wie während der Abwesenheit der Missionare – als Grund für den Ausschluss von der Kommunion zu betrachten. Er erklärte den Ältesten von Mwika,

„daß jede Form der Bestrafung für die freiwillig erlittene Beschneidung als rein operative Art für eine ausschließlich vom Evangelium her bestimmte Haltung nicht ausgeschlossen ist [...] denn ihre alten Missionare habe nicht Furcht oder Anpassungslist von strafenden Handlungen abgehalten, sondern die klare Erkenntnis, daß die Beschneidung an sich nicht in Gottes Wort verboten sei und für Beschnittene und Unbeschnittene Raum in derselben Gemeinde sei." (Protokoll Mwika, 9. Dezember 1926)

In dieser Frage befand sich Gutmann nicht alleine innerhalb der Mission, aber andere Missionare waren zumindest vorsichtiger in ihrer Akzeptanz der Beschneidung (vgl. Fiedler 1983, Kapitel 5) oder lehnten sie im Falle der Mädchen vollkommen ab. So hatte z.B. der Missionar Edmund Mauer 13 Jahre zuvor den Ältesten von Machame berichtet:

„Dies [die Mädchenbeschneidung] ist keine Sitte, sondern eine Unsitte eures Volkes, abgesehen von den Gefahren leiblicher und seelischer Art für die Beteiligten. Ihr Ältesten der Gemeinde, ihr Erzieher und Lehrer, haltet es mit uns für unsere seelsorgerliche Pflicht, dass dieser Missbrauch abgeschafft wird." (Protokoll Machame, 4. September 1913)[9]

Wie sollen wir die besondere Stellung Gutmanns beim Schreiben von Protokollen der Ältestenräte zusammenfassen? Erstens spürt man seinen Ärger über den wachsenden Einfluss der von der Mission (unter anderem von seinem Schwager Paul Rother) ausgebildeten Lehrer, die in den frühen 1920er Jahren wegen des Exils der Missionare zwangsweise die Leitung der jungen Kirche übernommen hatten und die er nun als bedrohliche, modernisierende und disziplinlose Kraft wahrnahm. Zweitens zeigen seine Protokolle die Entschlossenheit, mit der er versuchte, seine auf ethnographische Beobachtung, aber auch auf wissenschaftliche Lektüre basierten Vorstellungen von „urtümlichen Bindungen", Gemeinschaft und Führung durchzusetzen. Und schließlich erkennen wir seine Ablehnung einer exklusiven Kirche: Mit dem Ziel einer Volkskirche plädierte er z.B. für die Duldung eines „heidnischen" Ehebeistandes und weigerte sich, jemanden wegen Entlobung oder aufgrund der Beschneidung seiner Kinder aus der Kirche auszuschließen.

Vor allem zeigen die Protokolle noch deutlicher als Gutmanns Publikationen, wie er sich von seinen Zeitgenossen im Missionsfeld unterschied – in seiner Persönlichkeit, seiner Vision der Rolle des Missionars, aber auch in seiner eigenartigen Verknüpfung von Theorie und Praxis, Paternalismus und Demokratie.

Literatur

Althaus, Gerhard: *Mamba. Anfang in Afrika*, hg. Hans-Ludwig Althaus, 2. Aufl., Erlangen 1992.

Beutter, Anne: *Church discipline chronicled: A new source for Basel Mission historiography*, in: History in Africa 42 (2015), S. 109-138.

Chanock, Martin: *Paradigms, policies and property: A review of the customary law of land tenure*, in: Kristin Mann & Richard Roberts (eds.), Law in Colonial Africa (London 1991), S. 61-82.

Deutsch, Jan-Georg: *Celebrating Power in Everyday Life: The Administration of Law and the Public Sphere in Colonial Tanzania, 1890-1914*, in: Journal of African Cultural Studies 15/1, Everyday Life in Colonial Africa (2002), S. 93-103.

Fiedler, Klaus: *Christentum und afrikanische Kultur. Konservative deutsche Missionare in Tanzania 1900-1940*, Gütersloh 1983 (engl. Version 1996).

Hasu, Päivi: *Desire and death: History through ritual practice in Kilimanjaro*, Helsinki 1999.

---

9   Siehe auch die vorsichtige Stellungnahme von Schanz, der sich darauf beschränkte, die Argumentation der Ältesten wiederzugeben: Protokoll Moshi, 3. Mai 1910.

Jäschke, Ernst: *Gemeindeaufbau in Afrika: Die Bedeutung Bruno Gutmanns für das afrikanische Christentum*, Stuttgart 1981.

Jones, Adam: *Ethnographie als ‚Nebenprodukt' der Arbeit der Leipziger Mission in Ostafrika*, in: Claus Deimel, Sebastian Lentz & Bernhard Streck (Hg.), *Auf der Suche nach Vielfalt. Ethnographie und Geographie in Leipzig*, Leipzig 2009, S. 95-102.

Moore, Sally Falk: *Social facts and fabrications. 'Customary' law on Kilimanjaro 1880-1980*, Cambridge 1986.

Munson, Robert: *The nature of Christianity in northern Tanzania: Environmental and social change, 1890-1916*, Lanham 2013.

Peterson, Derek: *Morality plays: Marriage, church courts, and colonial agency in Central Tanganyika, ca. 1876-1928*, in: American Historical Review 111 (2006), S. 983-1010.

Pels, Peter: *A politics of presence: Contacts between missionaries and Waluguru in late colonial Tanganyika*. Amsterdam 1993.

Rammelt, Monika & Antonia Witt: *Digitized records of the Evangelical Lutheran Church of Tanzania in Moshi. 4. Aufl.:* Leipzig: University of Leipzig Papers on Africa, Mission Archives Series Nr. 28, 2011.

Richter, Klaus: *Deutsches Kolonialrecht in Ostafrika 1885-1891*. Frankfurt am Main 2001.

Streck, Bernhard: *Bruno Gutmann (1876-1966) als ethnographischer Expressionist,* in: *Sources and methods for African history and culture: Essays in honour of Adam Jones*, hg. Geert Castryck, Silke Strickrodt & Katja Werthmann. Leipzig 2016, S. 449-465.

Winter, J. Christoph: *Bruno Gutmann 1876-1966: A German approach to social anthropology*, Oxford 1979.

Joseph W. Parsalaw – Miss. Gutmann's Footprint on the Slopes of Mt. Kilimanjaro Among the Chagga

The Leipzig Missionaries in general have left indelible marks in the Leipzig Mission field which today is known as Northern Diocese. This mother diocese has also given birth to five dioceses, namely North Central Diocese formerly known as "Diocese in Arusha Region", Pare Diocese, Meru Diocese, Central Diocese and Mwanga Diocese. Bruno Gutmann was among the missionaries of the Leipzig Mission Society who served in the mission field in the then German East Africa on the Slopes of Mt. Kilimanjaro. A lot has been written about Bruno Gutmann concerning his research findings of the Chagga tribe specifically of the Old Moshi area. Bruno's approach at times was criticized by his fellow missionaries. Gutmann had a conservative approach which tried to preserve African traditional culture against the western cultural values. Missionary Gutmann in my understanding enjoyed to see Chagga converts still dressed in their traditional costumes and not in the European costumes.

Before I deal with the contribution of Missionary Bruno Gutmann, allow me to say that missionaries from Europe who planted the Gospel of Jesus Christ in Africa were blamed for destruction of African culture. Opinions on the destruction of African Culture are also divided, that is to say there are positive and negative opinions depending on how one sees and evaluates the contributions of the pioneer missionaries.

Missionary Bruno Gutmann is still remembered for inculturating Chagga traditions to Christianity. Apart from inculturation of Chagga traditions to Christianity, Gutmann has done a lot to enable Chagga Christians understand themselves and the importance of their vernacular. During baptism, Gutmann advised Chagga convents to choose Chagga names instead of European names. He showed them how meaningful and valuable their language was. Missionary Gutmann taught his converts the importance of clan salvation instead of individual salvation which was in total support of all other Leipzig Missionaries working in the then Leipzig Mission field. For Gutmann, tribe and clan are gifts from God which I also agree with him. Conversion in his understanding was not just an issue of an individual person but of a whole clan. Again this opinion was in contradiction with what the other Leipzig missionaries taught and believed. Although Missionary Bruno Gutmann stood for Chagga rights in their culture and tradition, he was of the opinion that natives need not become pastors. Gutmann was of the opinion that ordination of native pastors was not legitimate because it had no precedent in Chagga social institutions. His thoughts were rejected by the officials of the Leipzig mission. Missionary Gutmann believed that by trying to keep away new changes coming into the Chagga society was the safest way to protect the tradition and culture of the Chagga. In other words he was just trying to hold back the floods of changes coming into the Chagga society.

The Chagga Christians of Central Kilimanjaro conferred missionary Bruno Gutmann the title of honour calling him "Grandfather of the Chagga".

Another very important contribution of Missionary Gutmann and Missionary Johannes Raum was to forbid the division of Kilimanjaro. Augustana Synod had arranged to occupy a part of the then Leipzig Mission field. These two missionaries returned to Kilimanjaro in March 1925. During their meeting with the Augustana Synod missionaries, soon after their arrival, missionaries Raum and Gutmann told the American missionaries about their dissatisfaction of the division of the Leipzig Mission field. They told the Augustana missionaries that to divide their mission field would be a great injustice done to the congregations in Kilimanjaro. The anticipated division would be tantamount to tearing into pieces the existing unity of the chagga Church which God has created. Missionary Gutmann because of his love to God and to the Chagga congregations insisted that Kilimanjaro cannot be split and in this way the two Leipzig missionaries Raum and Gutmann were able to defend the unity of the Chagga Church.

Bruno Gutmann emphasized that the African traditions and the existing social orders had to be regarded as an expression of God's creative will.

Praise be to God for the self-giving of the pioneer missionaries of the Leipzig Mission society who toiled day and night to spread the good Tidings of our Lord and saviour Jesus Christ. Today we have a Lutheran Church in Tanzania founded by the sweat and blood of our brothers and sisters from Germany. Missionary Bruno Gutmann even prepared a place for his burial at Kidia Old Moshi in the understanding that he was to spend the rest of his life in Kilimanjaro.

Daniel Uphaus – Bruno Gutmanns Mission am Kilimanjaro

Kaum ein Themengebiet in der christlichen Theologie ist so umstritten wie das der Mission. Der Befehl „gehet hin und lehret alle Völker und taufet sie im Namen des Vaters und des Sohnes und des Heiligen Geistes"[1] könnte eindeutiger nicht sein, der Streit entsteht jedoch in der Frage, mit welchen Methoden vorgegangen werden darf, um das Selbstbestimmungsrecht und die Souveränität der Völker nicht zu verletzen. Daher ist es von besonderem Interesse, sich die Wirkungsgeschichte der missionarischen Tätigkeit anzusehen und zu betrachten, wie die Völker selbst das Wirken der Missionare aufgefasst haben.

Dieser Aufsatz diskutiert die Missionsmethode von Dr. Bruno Gutmann, der im frühen 20. Jahrhundert im Auftrag der Leipziger Mission beim Volk der Chagga in den Ausläufern des Kilimanjaro im heutigen Tansania gedient hat. Dabei hat der Autor bei seinem Forschungsaufenthalt im Jahr 2010 untersucht, wie sich die Gemeindestruktur und Kultur weiterentwickelt hat und wie die Menschen rückblickend das Wirken des Missionars beurteilen. Bemerkenswert ist, dass durch seine missionarische Tätigkeit Elemente der ursprünglichen Kultur in der Kirche konserviert wurden und so erhalten geblieben sind, während sie andernorts verloren gegangen sind.

1. Mission und Kultur

Christliche Mission ist so alt wie das Christentum selbst. Sie entstand in einer Zeit, in der die vom Römischen Weltreich geschaffene οἰκουμένη (bewohnte Welt) den politischen Rahmen für einen regen Austausch zwischen unterschiedlichen Kulturen und Religionen bildete. Doch mit Aufnahme des kirchlichen Apostolats entstand der erste Diskurs darüber, wie die Welt zu missionieren sei. Kann auch Christ werden, wer die jüdischen Riten wie Beschneidung, die Speisevorschriften und andere Elemente der Tora-Observanz nicht beachtet? Ist Mission auch fernab der judenchristlichen Kultur möglich und wie ist sie durchzuführen? Was vor knapp zwei Jahrtausenden als Disput zwischen Petrus und Paulus begann[2], hat auch in der neuzeitlichen Missionswissenschaft kein Deut an Brisanz verloren.

Wie können fundamentale christliche Rituale wie die Taufe zum Beispiel an ein Volk wie die Massai herangetragen werden, wo das Übergießen des Kopfes mit Wasser für Frauen einem Fluch gleichkommt?[3] Wie kann man die christliche Ehe in einem Volk durchsetzen, welches aufgrund demographischer Gegebenheiten die Polygamie zur sozialen Sicherheit der Frau vorsieht? Wie kann der Zö-

---

1   Mt 28,19, Lutherbibel 1912.
2   Gal 2,1-16 beschreibt den Konflikt zwischen Petrus und Paulus, wie Heidenmission durchzuführen sei.
3   R. J. Schreiter, *Constructing Local Theologies*, New York 1985, S. 2.

libat in einer afrikanischen Kultur angenommen werden, wo der Familie eine so große Bedeutung beigemessen wird?

Die Theologen des 19. Jahrhunderts waren durchaus bereit, die praktischen Erfahrungen aus der Mission auf ihre Lehre wirken zu lassen. Man vertraute auf das *solvitur ambulando*, darauf, dass die Praxis der Theorie einen Weg weisen würde und die Missionsgrundsätze auf eine prägnante Formel zu bringen seien. In der Leipziger Mission setzte sich mit Karl Graul als erstem Direktor ab 1848 eine neue lutherische Missionstheologie durch. In dem indischen Kastenstreit sprach er sich für eine weitgehende Erhaltung der einheimischen Kultur aus und setzte auf Bildung als Mittel des gemeindlichen Fortschritts. Graul erklärte das Kastenwesen im Sinne Luthers zum ἀδιάφορον (Gleichgültiges) und reduzierte ihn damit auf ein säkulares Kulturphänomen. Seine Missionare „sahen die Kastenordnung als gegebene Gesellschaftsordnung an, die auch für Christen ihre Gültigkeit behalte."[4] Christianisierung dürfe nicht die natürlichen Grundlagen zerstören, Gottes Gnade werte nicht in der Bedeutung von *gratia supponit naturam* (Gnade setzt die Natur voraus) die Natur auf, sondern weise ihr einen rechten Ort in der religiösen Existenz zu.[5]

Die Weitsicht und Nachhaltigkeit, mit der die Leipziger Mission ihre Tätigkeit betrieb, war den „Grundbestimmungen" zu entnehmen, die 1850 beschlossen wurden. Dort regelte der zweite Paragraph die Zielsetzung des Strebens, nämlich „Gemeinden evangelisch-lutherischen Bekenntnisses zu sammeln" und schließlich „die so gesammelten Gemeinden durch Heranbildung eines einheimischen Lehrstandes sowie durch Anleitung zur Bestreitung ihrer kirchlichen Bedürfnisse aus eigenen Mitteln mit der Zeit selbständig zu machen."[6] Das Programm der Leipziger Mission war also auf den Dreiklang Kirchenaufbau, Selbstverwaltung und Versorgung mit Literatur gestützt. So sieht sie sich als *via media* zwischen den rigorosen angelsächsischen und den zu Akkommodation neigenden jesuitischen Missionaren.[7]

2. Theologie Gutmanns

Als Dr. Bruno Gutmann im Jahr 1902 als Missionar des Leipziger Missionswerks das erste Mal nach Ostafrika entsandt wurde, hatte er sicherlich eine gewisse Orientierung an Karl Graul gefunden, allerdings entwickelte er seine missionstheologischen Betrachtungen entschieden weiter. Gutmanns Theologie

---

4   A. Nehring, *Die Maravraufstände. Kastenkonflike in Südindien im Spiegel der Leipziger Missionsberichte*, in: U. van der Heyden et al., *Mission und Gewalt*, Stuttgart 2000, S. 421.
5   C. Bochinger, *Ganzheit und Gemeinschaft*, Frankfurt a.M. 1987, S. 52.
6   Zit. bei M. Hamilton, *Mission im kolonialen Umfeld*, Göttingen 2009, S. 37.
7   J. C. Hoekendijk, *Kirche und Volk in der Deutschen Missionswissenschaft*, München 1967, S. 67.

war eine „‚ganzheitliche' Theologie der Kultur", urteilte Christoph Bochinger. Sie gehe davon aus, „dass sozio-anthropologische und theologische Fragestellung kompatibel sind und verschränkt beide miteinander."[8] So setzt sich Gutmann von gängigen Ansätzen der Missionierung in einem entscheidenden Punkt ab. Denn diese diskutieren umfassend, wie das Evangelium in eine andere Kultur gebracht werden kann, es handelt sich dabei meist um den einseitigen Fluss der Botschaft von der subjektiv überlegenen hin auf die zu entwickelnde Gesellschaft.

Nur Wenige erkannten, dass auch umgekehrt die Geber im Sinne eines Austauschs von dem zu missionierenden Volk lernen können. So auch Gutmann, der sich keinesfalls als reiner Sendbote mit der frohen Botschaft einer überlegenen Kultur im Gepäck gebärdete. Vielmehr trat er als Vermittler zwischen die Völker und trug Ideen hin und her. Er lernte die Sprache der Chagga, studierte und dokumentierte ihre Kultur sehr genau. Sein Ziel war die Zusammenführung aller in „ein Reich, in dem die unüberbrückbar scheinenden Gegensätze nicht verschwinden, sondern zu Ergänzungen werden". Das Evangelium dürfe nicht zum Scheidewasser werden, die nach Gutdünken als überlegen betrachtete eigene Ansicht solle die unberührten „Erstzusammensetzungen" Gottes nicht vergesellschaften.[9] Diese Haltung ist bestimmend für Gutmanns Theologie, die Neuartigkeit der Gedankengänge schlägt sich in seinem Vokabular nieder, welches in der Form keiner vor ihm gebrauchte.

Die Volksorganische Theorie

„Und so du mir einen steinernen Altar machen willst, sollst du ihn nicht von gehauenen Steinen bauen; denn wo du mit deinem Messer darüber fährst, so wirst du ihn entweihen."[10] In dieser Anweisung Gottes im 2. Buch Mose sieht Gutmann die biblisch fundierte Überlegenheit der Ursprünglichkeit gegenüber der von Menschen tradierten Konvention. In Anlehnung an Ferdinand Tönnies unterscheidet auch Gutmann zwischen „Gesellschaft" und „Gemeinschaft". Jene bestehe aus der Zivilisation und dem Staat, diese hingegen gründe sich auf der Kultur und dem Volk.[11]

Die Organisationen der Gesellschaft wertete Gutmann als künstliche Zweckverbindung. Sie „schließt alle Gescheitheit ein, Gott selber aber aus". Wie eine Maschine habe sie ihren Raison d'être aus der ihr auferlegten Aufgabe erhalten, von der sich die in ihr verbundenen Gleichgesinnten einen Vorteil erhoffen. Im

---

8   C. Bochinger, *Ganzheit und Gemeinschaft*, Frankfurt a.M. 1987, S. 21.
9   B. Gutmann, *Gemeindeaufbau aus dem Evangelium*, Leipzig 1925, S. 14.
10   2.Mose 20,25, Lutherbibel 1912.
11   J.C. Winter, *Bruno Gutmann – A German Approach to Anthropology*, Oxford 1979, S. 159.

Gegensatz dazu stehe der Organismus. Er sei „lebendiger Körper, der das in ihm
versichtbare Leben erhält, mehrt und schützt, [...] rein für dieses Leben selber".[12] Die Gemeinschaft sei im Idealfall ein solcher Organismus, der aus zahlreichen Zellen aufgebaut ist, welche nur in ihrem Bezug zueinander beseelt
werden. Die Vollkommenheit des Körpers gründe sich auf der Asymmetrie seiner Bestandteile. Nur durch die Spezialisierung der Zellen treten sie in Interde-
pendenz zu gegenseitiger Entsprechung und Ergänzung.[13] Das Bild des Volkes als
vielgliedriger Körper sei dabei nicht als Metapher zu sehen, sondern wörtlich zu
nehmen, wenngleich Gutmann dem sozialen Organismus eine andere Dimension
zuschreibt als dem biologischen. Jener sei die „höchste Geistleiblichkeit" und bilde den Kern von dem, was als die „Volksorganische Theorie" bekannt wurde.[14]

Die urtümlichen Bindungen

Im Herzen des Chagga-Landes liegt mit dem Kilimanjaro das höchste Bergmas-
siv Afrikas. Der Geograph Hans Meyer erklomm 1889 als erster Deutscher den
knapp 6000 Meter hohen Vulkan, nahm vom Gipfel den obersten Stein und
brachte ihn dem Kaiser mit den Worten „die oberste deutsche Bergspitze ruht
nun auf dem Schreibtisch dessen, der selbst auf Deutschlands höchster Spitze
steht." Doch war der schwarze Basaltbrocken auf des Kaisers Tisch tatsächlich
noch die oberste Erhebung des Berges, wo er doch nicht mehr an seinem ursprünglichen Ort lag? Für Gutmann wurde der Stein nur dadurch zum höchsten
Punkt, dass er sich über allen anderen befand. „Der Wert des Steines lag nicht in
ihm selber, sondern in dem Zusammenhange mit den anderen [...], und je einziger seine Bedeutung darin wird, um so unbedingter ist er an das Ganze und seinen gesunden Verband gekettet."[15]

So definieren sich auch die Menschen durch ihre Beziehungen zueinander.
Diese Bindungen sind nicht nur anthropologischer Natur, sondern biblisch fun-
diert. Es sei „Jesus selbst, der diese Beziehungen als unmittelbar von Gott ge-
wirkt und von ihm durchwaltet ehrt".[16] Sie stehen in ihrer Reinheit ursprünglich
vor dem Sündenfall und erfahren eine Entartung in demselben,[17] weswegen es
Teil der alttestamentlichen Eschatologie ist, die originalen Gemeinschaftsbezüge
wiederherzustellen.[18]

---

12   B. Gutmann, *Das Dschaggaland und seine Christen*, Leipzig 1925, S. 176f.
13   B. Gutmann, *Gemeindeaufbau aus dem Evangelium*, Leipzig 1925, S. 20.
14   J.C. Winter, a.a.O., S. 161.
15   Ebd. S.7.
16   B. Gutmann, *Zwischen uns ist Gott*, Feuchtwangen 1935, S. 125.
17   B. Gutmann, *Christusleib und Nächstenschaft*, S. 9.
18   Maleachi 3,6.

Eine solche Rückkehr ist nach Gutmanns Ansicht erstens möglich, denn „so wenig wie Gold vom Schmutze Schaden leidet, können die urtümlichen Bindungen [...] ihren Bezug auf Gott verlieren, nur weil sich ihnen die Sünde im Menschen anhängt und sie umwuchert." Und zweitens sind die urtümlichen Bindungen auch notwendig, um die Beziehung zu Gott zu erhalten, „am nächsten zu Gott [...] hält uns der Stand in den organischen Gliederungen und Bindungen mit unserem Nächsten."[19] Diese „Nächsten" lassen sich in drei Gruppen gliedern, den Sippenverband, die Nachbarschaft und die Altersklasse.

In einem lebendigen Organismus ist kein Glied wie das andere. Jedes gestaltet seine Eigenart in der Weise, dass es sich mit den anderen ergänzt. Das gemeinsame Ziel ist einerseits Wachstum, andererseits die Entfaltung aller seiner Bestandteile. Das gleiche gilt auch für die Glieder einer Sippschaft, die in ihrer individuellen Spezialisierung einander entsprechen. Zudem entfaltet sich in dieser Körperlichkeit der Geist Gottes, der sich in der Gesinnung von Liebe, Treue und Ehrfurcht gestaltet. Er bewirkt „die Bereitschaft zu führen und zu gehorchen, sich für andere verantwortlich zu fühlen, [...] und Opfer zu bringen zum Wohle des Ganzen."[20]

In sprachlicher Betrachtung ist hier die feine Differenzierung zwischen ‚Glied' und ‚Mitglied' hervorzuheben. Der Ausdruck ‚Mitglied' wird im Deutschen für Menschen verwendet, die einer Organisation, einem Verein oder sonstigem Verband beigetreten sind. Durch ihre Mitgliedschaft bleiben sie selbständig, sind nicht auf die Unterstützung der anderen angewiesen und können jederzeit auch wieder austreten. Mit ‚Glied' hingegen werden körperliche Bestandteile, die ‚Gliedmaßen' oder Teile derselben, wie zum Beispiel die Fingerglieder bezeichnet. Diese sind untrennbar mit dem Ganzen verbunden und erfüllen ihre eigentümliche Aufgabe ebenso wie die Glieder der Sippschaft im Volksorganismus.

In der Tradition der Chagga gründet sich die Familie nicht nur auf dem Nukleus der Eltern und Kinder, sondern besteht aus dem erweiterten Verband. Jeder wird hier von Jugend an in eine Position gestellt, die „nur ihm eigentümliche Rechte und Pflichten mit sich bringt."[21] So erhält der älteste der Söhne die Aufgabe, als des Vaters Stellvertreter zu fungieren und den Hof weiter zu führen. Die Mittleren bekommen eine Abfindung und werden auf dem Weg zur Selbständigkeit unterstützt. „Dem Jüngsten aber verbleibt der Viehbesitz aus der Pflege der Mutter [...], das setzt ihn in den Stand, die Schwestern jederzeit bewirten zu können, wenn sie den mütterlichen Hof [...] in Not aufsuchen." Zum weiteren

---

19 B. Gutmann, *Zwischen uns ist Gott*, Feuchtwangen 1935, S. 126.
20 B. Gutmann, *Evangelium und Zivilisation in der Missionsarbeit*, in: Zeitwende 1926, S. 18. Zitiert bei: J.C. Winter, *Bruno Gutmann – A German Approach to Anthropology*, Oxford 1979, S. 174.
21 B. Gutmann, *Christusleib und Nächstenschaft*, S. 28.

Schutz der Töchter werden die Vettern als Schieds- und Mittelmänner bei Ehe-
streitigkeiten eingesetzt, die eingreifen, wenn „bei den Eheleuten etwas nicht in
Ordnung zu sein scheint."

So entsteht ein in sich schlüssiges Sozialsystem, welches sich nach Außen
auch als Einheit präsentiert. Kam es zum Rechtsstreit, war die gesamte Sippe in
der Stellvertretungspflicht. „Diese unbedingte Haftpflicht" schließt Gutmann
daraus, „erzog den Einzelnen zu großer Selbstzucht", denn es sei nicht geraten,
durch leichtfertiges Handeln den Wohlstand der eigenen Sippe in Gefahr zu
bringen.[22]

Während die Grenzen der Sippschaft durch ihre Blutgesellung klar definiert
sind, wird in der Nachbarschaft erkennbar, welche einzigartige Bedeutung diese
erhält, wenn man sie nicht aus der Perspektive ihrer Nützlichkeit, sondern aus
der ihres konstruktiven Wertes heraus betrachtet. Durch sie wird der „Geist aus
den erstorganischen Schöpfungen Gottes zum Lebensträger der Beziehungen
zwischen verschiedenen Abstammungseinheiten".[23] Die Brüderlichkeit wird also
auch auf Menschen übertragen, die nicht im familiären Gefüge verbunden sind.
Zwar entfaltet die Nachbarschaft nicht die gleiche Verzweigungskraft wie der
Sippenverband, kann diesen aber durch die in ihr ansässigen Grundwerte ergänzen.[24]

Ordnung und sozialer Friede wird in den Nachbarschaften dadurch erhalten,
dass gewählte Führer Volksversammlungen organisieren, auf denen Spannungen
und Konflikte besänftigt werden. Sieht man den Menschen als Gliedwesen, so ist
diese Mediation durch Dritte nach Gutmann das einzig probate Mittel der Kon-
fliktlösung. Denn so wird die direkte Konfrontation vermieden und der Schutz
der Würde aller Beteiligten gewährleistet.[25]

Diesem wird insbesondere auch bei materiellen Hilfsleistungen ein besonderes
Gewicht zugemessen. Im volksorganischen Organismus wird den Armen nicht
aus Mitleid gegeben, denn das Geben von Unterstützung ist „nur eine Verstär-
kung dessen, was alle in Anspruch nehmen und worin jeder sowohl ein Mitemp-
fänger, als auch ein Mitleister ist."[26] So erkennt Gutmann auch hier ein
ausgeklügeltes sozialpolitisches System, welches ohne Stigmatisierung und Neid
auskommt und zur Zufriedenheit aller als göttlicher Organismus agiert.

---

22   Ebd. S. 29.
23   Ebd. S. 70.
24   Ebd. S. 37.
25   Ebd. S. 28.
26   B. Gutmann, *Zurück auf die Gottesstraße*, Kassel 1934, S. 81.

Das Besondere daran ist auch das Fehlen jeglicher Bürokratie, und so wirke die Nachbarschaft „als Naturkraft und hat sich bis auf den heutigen Tag, ohne von irgendeiner Autorität anerkannt und unterstützt zu werden, [...] als das wertvollste Bindemittel und Einheimvermögen behauptet."[27]

Wesentlich spezieller und in ihrem Umfang stark begrenzt ist dagegen die urtümliche Bindung der Altersklasse. Das Kind suche sich nur „einen oder zwei Altersgenossen, mit denen es zu einer Lebenskameradschaft zusammenwachsen konnte."[28] Wachsen die Jünglinge heran, werden hieraus „Schildschaften", die einerseits im Krieg eine Kampfgemeinschaft bilden, andererseits auch bei sonstigen Herausforderungen des Lebens in enger Verbundenheit zueinander und Verantwortung füreinander sich gegenseitig Hilfe und Aufopferung zuteilwerden lassen. Zucht und Ehrerbietung seien die Richtlinien, die den so geschaffenen Verband zur fruchtbaren Zelle im Volksorganismus werden lassen.[29]

Die urtümlichen Bindungen des Sippenverbandes, der Nachbarschaft und der Altersklasse erzeugen ein soziales Geflecht, dem drei generelle Charakteristika zugeschrieben werden können. Hilfsleistungen erfolgen ohne Ansehen des Ranges oder Wohlstandes, sondern nur aufgrund der eigentümlichen Verbundenheit der Menschen zueinander. Zweitens ist nicht die Erfüllung von extern festgelegten Regeln und Auflagen die Antriebskraft für menschliche Zuwendungen. Stattdessen wird in den Beziehungen zueinander ein natürlicher Anstand erwartet, eine „seelische Rücksicht", welche die notwendige Konsequenz der gegenseitigen Verbundenheit ist. Schließlich erwachsen aus den urtümlichen Bindungen bestimmte Strukturen, die „wechselseitiges Führertum" erfordern. So ist jeder Mensch gegenüber einem anderen höhergestellt, gleichzeitig jedoch auch in anderen Bereichen untergeordnet. Alle müssen daher im gleichen Maße Loyalität und Fürsorge zeigen, wie sie es auch von den anderen erwarten.

Somit komme den urtümlichen Bindungen im christlichen Volk ein besonderes Gewicht zu. „Als das Wurzelwerk aller wesensechten menschlichen Gemeinschaft erzeugen auch sie allein die seelischen Kräfte, die für alles weitere Zusammenwirken und Leben der Menschen unentbehrlich sind. Wo die urtümlichen Bindungen sich darum lockern oder gar zerreißen, beginnt ein Volk zu kranken, ja zu sterben."[30]

27 B. Gutmann, *Christusleib und Nächstenschaft*, S. 70.
28 Ebd. S. 31.
29 J.C. Winter, *Bruno Gutmann – A German Approach to Anthropology*, Oxford 1979, S. 181.
30 B. Gutmann, *Christusleib und Nächstenschaft*, Feuchtwangen 1934, S. 32.

Der Einfluss der Zivilisation

In der Zeitungswerbung einer tansanischen Bank von 1963 war ein modern gekleideter Afrikaner zu sehen, der wohlgefällig die Banknoten seines Geldbeutels betrachtet. Darunter steht „Mimi najitegemea mwenyewe tu – ich verlasse mich allein auf mich selbst.“[31]

Dieses Bild widerspricht vollkommen den oben gezeichneten Grundlagen des Volksorganismus und spiegelt das wieder, was Gutmann als „Einfluss der Zivilisation“ bezeichnet. Dieser sei das, was unter dem Schlagwort „Zivilisierung“ und später als Euphemismus „Entwicklungshilfe“ versuche, die afrikanische Kultur am „Weltschatz der Zivilisation“ teilhaben zu lassen.[32] Dabei würden die Afrikaner in ein Korsett gepresst, welches ihnen nicht passe, die auf gegenseitige Bindungen beruhende Gemeinschaft werde durch die individualisierende Gesellschaft abgelöst. Diese „setzt die Gleichheit voraus, Gemeinschaft aber erwächst aus den Unterschieden zwischen Menschen, [...] Gesellschaft vereinseitigt das menschliche Wesen, Gemeinschaft hält sich selbst frisch, ist ein Verjüngungsbrunnen.“[33] Gutmann betont hier, wie stark der Volksorganismus durch Spezialisierung seiner Glieder und durch ständige Reproduktion aus sich selbst heraus gegenüber dem endlichen Leben eines Individualisten überlegen ist. Dieser mache sich selber zum Sklaven seiner Werkzeuge, entleere seine Seele und lasse sich zur „willenlosen Nummer degradieren“.[34]

Insbesondere beuge sich der Mensch der zivilisierten Welt dem Diktat des Geldes, finde „Lust am Spekulieren, am Horten und Machtvermehren, und im Handumdrehen ist aus dem guten, hilfsbereiten Sippenbruder der berechnende Knecht des Mammons geworden.“ Die Afrikaner stürzen dann „aus der Geborgenheit gliedschaftlicher Beziehungen in die eisig-kalte Welt der Ichsucht.“[35] Die Folgen daraus seien verheerend und wurden durch die Einführung eines europäischen Schulsystems, welches den Fokus auf die individuelle Einzelleistung legt, noch verschlimmert. Dann seien alle Taten möglich, „ehrgeizige Mittelschüler versammeln sich zu mitternächtlicher Stunde auf den Friedhöfen, um mächtige Geister zu beschwören, ihnen beizustehen, damit sie mit glänzenden Zeugnissen aufwarten können, wenn dann die Stellenjagd für sie beginnt. [...] Wie groß muss die Angst sein, die solche Handlungen hervortreibt?“[36] Nur eine erkrankte Ge-

---

31   E. Jäschke, *Gemeindeaufbau in Afrika*, Stuttgart 1981, S. 81.
32   B. Gutmann, E. Jäschke (Hrsg.), *Afrikaner - Europäer*, Stuttgart 1966, S. 67f.
33   Ebd. S. 82.
34   E. Jäschke, *Gemeindeaufbau in Afrika*, Stuttgart 1981, S. 71.
35   B. Gutmann, E. Jäschke (Hrsg.), *Afrikaner - Europäer*, Stuttgart 1966, S. 80.
36   Ebd. S. 80f.

meinschaft sehe in der Zivilisation „das in solcher Volksgeistverwirrung erzeugte Weltbild und Rettungsziel".[37]

Daraus schließt Gutmann „Die Zivilisation ist der Todfeind des Evangeliums; denn sie löst die urtümlichen Bindungen der Menschen auf [...], lässt sie in Individuen zerfallen und bändigt die entstandene Masse mit Zwangsordnungen, immer nur für eine geschichtliche Weile."[38]

Gemeindeaufbau aus dem Evangelium

Im Evangelium des Matthäus wird die Forderung formuliert, „es sei denn, dass ihr umkehret und werdet wie die Kinder, so werdet ihr nicht ins Himmelreich kommen."[39] Ebenso ruft auch Gutmann auf, umzukehren „zur Kindschaft zurück – das ist der Weg ins Himmelreich, in Gottes Wirklichkeit."[40] Als praktische Konsequenz ergibt sich daraus für „die Glieder der Gotteskindschaft die Möglichkeit zu vollem gegenseitigen Verständnis, wechselseitiger Beeinflussung und das Ganze förderndem Kräfteaustausch".[41]

Der Bezug auf „das Ganze" zieht sich wie ein roter Faden durch Gutmanns Volksbetrachtungen. „Das Ganze" ist der Leib Christi, welcher sich aus den Zellen der Christenheit zusammensetzt, die wie jedes andere organische Gefüge auch, durch die Vielfalt und in der Asymmetrie der „Verschiedenheit und Ungleichheit aller inneren und äußeren Organe voneinander"[42] einen vollkommenen und lebensfähigen Organismus bilden. Dieser besteht „nicht nur aus dem eigenen Volke, sondern aus allen Völkern"; die Spannungen zwischen denselben erhalten Göttliche Würde, denn sie gründen auf ihrer zellspezifischen Eigenart. Dort erreichen wir den „Hochweg der Mission", welcher nicht vom überlegenen zum unterlegenen, sondern vom einen zum anderen Volk führt und eine „Vergliederung zu höherem und weiterem Ergänzungsdienste am Leibe Christi" aufbaut.[43]

Die Ungleichheit der Völker führt in Gutmanns Vorstellung vom Leib Christi zu ihrer Gleichberechtigung, woraus sich dann auch ihr wechselseitiger Nutzen voneinander erhebt. Und auch nur gemeinsam sei die Sündenvergebung möglich, als „Zeugnis Gottes dafür, dass die Menschheit eine einheitliche Gestalt hat und ihr Schicksal die gliedliche Verbundenheit ist", denn Gott habe sich in die-

37   B. Gutmann, *Gemeindeaufbau aus dem Evangelium*, Leipzig 1925, S. 23.
38   B. Gutmann, *Das Dschaggaland und seine Christen*, Leipzig 1925, S. 171.
39   Mt 18,3; Lutherbibel 1912.
40   B. Gutmann, a.a.O. S. 62.
41   Ebd. S. 18.
42   Ebd. S. 20.
43   B. Gutmann, *Das Dschaggaland und seine Christen*, Leipzig 1925, S. 53f.

sen menschlichen Organismus durch den Leib Christi selbst eingegliedert und so „vom Verderben erlöst". Für den Einzelnen bedeutet dies, dass sich die Vergebung der Sünden durch sein Verhalten gegenüber seinem Nächsten realisiert sowie durch seine Hingabe an sie, „nicht in irgendeiner aus Schulung und Erwerb gewonnenen besonderen Stellung [...], sondern ganz schlicht durch die Aufnahme und Vertiefung der natürlichen Bezogenheiten aufeinander in Familie, Verwandtschaft, Nachbarschaft, Alterskameradschaft und die Abwartung der Pflichten daraus in Christi Geiste."[44]

Dieses „Wir" sei der lebendige Keim von Luthers Auslegung der zehn Gebote, welche die Regeln für das Miteinander, nicht nur in Familie und Nachbarschaft, sondern auch im ganzen Volk bestimmen. Die heilsame Wirkung der Selbsterkenntnis habe für Luther einen besonders hohen Stellenwert, schreibt er doch „Nicht büßen oder sich nicht erkennen wollen, ist die größte Sünde". Diese Erkenntnis gewinnt der Einzelne nicht aus sich selbst heraus, sondern aus seinen Beziehungen zu den anderen, woraus die Relevanz der Nächstenschaft für den Eintritt ins Himmelreich erwächst.[45]

Als praktische Konsequenz „muss es das erste Anliegen der Gemeinde Jesu sein, diesen einzig zuverlässigen Bereich der Selbsterkenntnis zur untersten Gruppeneinheit zu machen, durch die sich die Gemeinde aufgliedert".[46] Damit ergeben sich die drei Strukturlinien der urtümlichen Bindungen, die zwei personale Eigenwerte ausprägen: den Stellungswert, den jeder aufgrund der ihm angedachten Rechte und Pflichten erhält sowie den Stellvertretungswert, welcher sich in der Aufgabe manifestiert, dass jeder die Verpflichtungen eines anderen übernimmt, sofern dieser ausfällt. Die daraus entstehende unbedingte Abhängigkeit voneinander ist notwendig für das Entstehen der christlichen Liebe und Ausdruck der besten „Vollnächstenschaft".

Taufe und Patenamt

Gerade bei Taufe und Patenamt ist gut zu erkennen, in welchem Maße Stellungswert und Stellvertretungswert die drei Strukturlinien der urtümlichen Bindungen umrahmen.

Das Patenamt wird immer zu zweit ausgeführt. Sollte einer von beiden ausfallen, möge dem verbliebenen Paten ein Ersatz zur Seite gestellt werden. Die Aufgabe der Paten ist nicht die leibliche Versorgung des Kindes, sondern die emotionale Bindung an dieses. Die Fühlung soll gewahrt bleiben, indem die Paten nicht nur dann kommen, wenn sie gebraucht werden, sondern vielmehr die

---

44   B. Gutmann, *Gemeindeaufbau aus dem Evangelium*, Leipzig 1925, S. 175f.
45   Ebd. S. 171f.
46   B. Gutmann, E. Jäschke (Hrsg.), *Afrikaner – Europäer*, Stuttgart 1966, S. 172.

gleiche gegenseitige Liebe zum Kind entwickeln, die auch in seinem Bezug zu den Eltern entsteht. Die Paten sollen selbständig und frei handeln, doch zur Vereinfachung hat Gutmann ihnen ein Laufband mit drei Richtlinien abgesteckt, an denen sie sich orientieren können. Die Paten sollen jährlich den Tauftag des Kindes feiern, seine Ausbildung fördern und täglich Fürbitte halten, um sich auch selbst in den rechten Amtsgeist einzutauchen und an die eigenen Pflichten zu erinnern.

Konfirmation und Schildschaft

„Weh dem, der allein ist! Wenn er fällt, so ist keiner da, der ihm aufhelfe.“[47] Das „Fallen“ in dieser Weisheit Salomos ist nach Gutmann nicht nur ein Straucheln im wörtlichen Sinne, sondern kann auch auf den Gang im Weg des Lebens bezogen werden. „Fällt ein Mensch nicht auch, von außen und innen her versucht zu böser Tat, zu verkehrtem Handeln? Kann uns da schon die zufällige Nähe eines Menschen aus der Gefahr ziehen? Braucht man dazu nicht einen zuverlässigen Kameraden, der es in jeder Lage treulich mit uns meint?“[48] Dieser Kamerad allerdings taucht nicht einfach auf, sondern es bedarf einer Zurüstung, die bei den Chagga schon in der Heidenzeit traditionell von einem klugen Großvater unternommen wurde und einige Jahre andauerte. In dieser „Enkellehre“ wurde die Jugend darauf vorbereitet, gute Kameraden zu werden. „In dieser Weise wurden sie über alles belehrt, was für ihren Zusammenhalt und gemeinsamen Wandel im Lande bedeutungsvoll war: den Kameraden nicht irgendwo allein zurücklassen, im Streite zu vermitteln, nichts nachzutragen, nicht auf Vergeltung sinnen.“[49]

So wurden jeweils vier bis sechs Jungen im Alter von etwa 12 Jahren in der Tradition sowohl der Chagga als auch der Massai in Beschneidungsklassen, den „Rika“, organisiert. Um zu prüfen, ob ein Junge reif genug für die Beschneidung und damit für den Eintritt in das Erwachsenenalter ist, bediente man sich in Old Moshi eines schweren Steines. Sobald dieser auf eine bestimmte Höhe gehoben werden konnte, war die Reifeprüfung bestanden. Gutmann integrierte diese Kultur in die Kirche, dergestalt dass diese Prüfung abzulegen ist, damit der Eintritt in die Konfirmationsklasse gewährt wird.[50]

So ließen sich die ersten Christen von Moshi nicht Einzeln taufen, sondern in kleinen Gruppen, in eben diesen Kameradschaften. Die Missionare erkannten

---

47   Pred 4,10; Lutherbibel 1912.
48   B. Gutmann, E. Jäschke (Hrsg.), *Afrikaner - Europäer*, Stuttgart 1966, S. 196.
49   Ebd., S. 197f.
50   Pastor Kennedy Kisanga, mündliche Auskunft, Tansania, Fukeni, 10.09.2010.

den Segen dieser Ordnung und übernahmen sie in etwas geänderter Form als Taufkameradschaften.

Die Entwicklung der Taufkameradschaften erfolgt in enger Verzahnung mit den anderen Strukturlinien. Eltern und Paten werden bei der Erziehung dieser Gruppen mit besonderen Führungsaufgaben betreut, die bis zum Ende der Konfirmandenlehrgänge andauern.

„Der Dienst am Aufbau der Taufkameradschaften“, urteilt Gutmann „führt die Glieder einer Gemeinde wirklich ständig ineinander, wie Martin Luther es so schön vom rechtverstandenen Vaterunser sagt.“[51] Jeder habe „des anderen Gewissenswart zu sein und ihm alle Beichthilfe zu leisten, damit er freikomme von seiner Gewissensbedrängnis“.[52]

Das Brautexamen

In der Zeit von Gutmanns Wirken befand sich die traditionelle afrikanische Ehe im Konflikt mit den modernen Einflüssen der Europäer. Bei den Chagga mussten die Familien des Brautpaares der Verbindung ihre Zustimmung erteilen, da die Ehe beide Sippen in ein dauerhaftes und enges Beziehungsverhältnis setzen wird. Nach europäischer Auffassung ist diese Zustimmung nicht zwingend erforderlich, Braut und Bräutigam dürfen frei entscheiden.

Gutmann jedoch betonte die Vorteile der traditionell afrikanischen Eheordnung. Denn schon in Heidenzeiten der Chagga wurde der Sorge um das Wohl der Tochter, die in den Stand der Ehe treten sollte, ein hohes Gewicht beigemessen. So müssen der Bruder der Braut, ihr Vater und dessen Bruder als Bürgen für ihr Wohlergehen eintreten. Gutmann schildert einen Fall, in dem ein Vater zu ihm kam und seine Tochter verheiraten wollte, jedoch aufgrund eines Familienstreits sein Bruder nicht als Bürge auftreten mochte. „So willst du deine Tochter zum Manne gehen lassen mit einem morschen Schilde?“ antwortete Gutmann. Er betonte, wie wichtig der Schutzring sei, der um die Braut gespannt werden müsse, wenn sie auf einen neuen Wohngrund entlassen werde. Nur wenn dieser intakt sei, könne die Ehe im afrikanischen Sinne geschlossen werden.[53]

Der Schutzring besteht neben der oben genannten Bürgschaft noch aus weiteren Schichten. Sowohl Braut als auch Bräutigam erhalten aus ihrer jeweiligen Familie einen Ehebeistand zugeordnet. Dieser ist der Bruder respektive Vetter

---

51 Ebd. S. 200.
52 B. Gutmann, *Zurück auf die Gottesstraße*, Bärenreiter 1934, zitiert bei E. Jäschke, *Gemeindeaufbau in Afrika*, Stuttgart 1981, S. 137.
53 B. Gutmann, *Zurück auf die Gottesstraße*, Bärenreiter 1934, S.72f, zitiert bei E. Jäschke, *Gemeindeaufbau in Afrika*, Stuttgart 1981, S. 144.

der jeweils Heiratenden und hat die Aufgabe, bei Zwistigkeiten und Nöten für Frieden und Wohlergehen einzutreten.

In christlichen Gemeinden wurde diese Tradition verstärkt, indem der Ehebeistand nicht nur aus dem Bruder bestand, sondern durch seine Ehefrau erweitert wurde. Denn Gutmann urteilte, dass die Braut mit den für sie bedeutsamen Schwierigkeiten in der Ehe lieber eine Frau konsultieren würde.[54]

Die Braut verlässt durch die Eheschließung ihre alte Familie und wird in die des Mannes eingegliedert, wofür diese den so genannten Brautpreis entrichtet hat. Wenn die Frau ihren alten Wohngrund verlässt, weist ihr Ehebeistand die Abholenden darauf hin, dass die Braut wohlernährt und unversehrt übergeben wurde und fortan der Hof der neuen Familie dafür Sorge zu tragen habe, dass dies so bleibe.

Ein Tag vor dieser Übergabe wird das Brautpaar von kirchlicher Seite auf den neuen Lebensabschnitt vorbereitet. Bereits in der Heidenzeit wurden in einer solchen Einrichtung die Heiratenden in ihre neuen Pflichten eingeführt, weswegen Gutmann „eine gänzliche Außerachtlassung dieser Aufgabe, wie sie in der Heimat herrschend geworden ist",[55] nicht dulden konnte. Kern dieser Unterweisung ist der kleine Katechismus und darin die Zehn Gebote mit Blick auf ihre Anwendung im neu entstehenden Haushalt. „Zucht und Scham als die Schutzhülle um den Lebensbund fordert das sechste Gebot, die rechte Sorgfalt in Pflege und Mehrung der irdischen Güter das siebente Gebot, das jede neue Ehe hineinstellt in den großen Dienst der Versorgung des Gesamtvolkes"[56]. Am Ende der so gestalteten Belehrung wird das Brautpaar zu ihrem Ehebeistand geführt. Einander geloben sie in treuer Ehrerbietung Beistand zu leisten, damit der Frieden der Ehe bestehen bleibe, woraufhin das Brautexamen mit einer Fürbitte beschlossen wird.

Das Hirtenamt

Die „Einweisung in den Hirtendienst einer Christengemeinde, gegliedert in nächstenschaftliche Ordnungen" wurde von Gutmann in den späten 1930er Jahren angefertigt, um den afrikanischen Pfarrern am Kilimanjaro ein Lehrbuch an die Hand zu geben, wie sie ihren Dienst an der Gemeinde vorbildlich verrichten können.

„Es soll aber ein Bischof unsträflich sein, eines Weibes Mann, nüchtern, mäßig, sittig, gastfrei, lehrhaft, nicht ein Weinsäufer, nicht raufen, nicht unehrliche

---

54   B. Gutmann, E. Jäschke (Hrsg.), *Afrikaner – Europäer*, Stuttgart 1966, S. 193.
55   Ebd. S. 193.
56   Ebd. S. 195.

Hantierung treiben, sondern gelinde, nicht zänkisch, nicht geizig, der seinem eigenen Hause wohl vorstehe, der gehorsame Kinder habe mit aller Ehrbarkeit".[57] Auf diese Bibelstelle des Neuen Testaments bezieht sich Gutmann im ersten Artikel seiner Einweisung, um darzustellen, wie bedeutsam es ist, dass der eigene Wandel des Pfarrers „die Zucht des Glaubens zu erkennen" gebe. Der Hirte gehöre allen Gemeindegliedern, er solle ein brüderliches Verhältnis pflegen und jedem in schwierigster Lage zur Verfügung stehen. Durch Fürbitte, die niemanden ausschließe, und Dienst an den Einzelnen stelle er sicher, dass der volksorganische Körper, in dem er das Herz ist, bestehen bleibe.[58]

So rege der Hirte die nächstenschaftlichen Gruppen, welche diesen Körper bilden, zum treuen Dienen aneinander und füreinander an. Dies geschehe einerseits in Predigten und im Unterricht, andererseits bei Gruppenberatungen und Gemeindebesprechungen dergestalt, dass der Pfarrer seine Anliegen mit den Führern dieser Gruppen bespricht und auf ihren Rat hört. Als Vorbild soll der Hirte ebenfalls als Glied seiner Sippe, Nachbarschaft und Kameradschaft fungieren und alle Rechte und Pflichten wahrnehmen, die daraus entstehen.

Im Konfirmandenunterricht soll der Pfarrer nicht nur Wissen über die Kirche vermitteln, sondern die christliche Lebensweise im gegliederten Volksorganismus nahebringen. „Der ganze Konfirmandenlehrgang verfehlt sein Ziel, wenn es ihm nicht gelingt, die herangewachsene Gemeindejugend die Vollmacht der Schlüssel im Geiste Jesu als die entscheidende Aufgabe der Gemeinde verstehen zu lehren und sich auf ihre Mitverantwortung einzustellen."[59] Der Pfarrer solle auch hier, ähnlich wie im Brautexamen, mithilfe einer lebensnahen Erklärung der Zehn Gebote die Anwendung derselben für die Praxis des jugendlichen Alltags deutlich machen.

Der Gedanke der Partizipation und des Zusammenwirkens Aller zieht sich wie ein roter Faden durch die Pfarrenordnungen Gutmanns. So auch bei der Gestaltung des heiligen Abendmahls, welches der Hirte sechs Wochen im Voraus ankündigen solle und die Gemeindeältesten recht berate, „damit sie die ihnen unterstellten Nachbarschaften dazu anleiten, mit Geduld und Weisheit einander zurechtzuhelfen und für die Bereinigung ernsterer Zerwürfnisse [...] den wirksamen Einfluß der Nächstvergliederten zu gewinnen", damit möglichst wenige dem Abendmahl fern blieben und „die da kommen, auch wirklich im brüderlich versöhnten Stande miteinander den Kelch des Heils empfangen."[60]

---

57 1. Tim 3,1-7; Lutherbibel 1912.
58 B. Gutmann, E. Jäschke (Hrsg.), *Afrikaner – Europäer*, Stuttgart 1966, S. 150f.
59 B. Gutmann, E. Jäschke (Hrsg.), *Afrikaner – Europäer*, Stuttgart 1966, S. 157.
60 Ebd. S. 159.

Zur Beichte kann man auch mit einem Bruder oder seinem Schildgenossen erscheinen, „denn oft genug wird es dieser Begleiter sein, dem er sich in christlicher Bezogenheit zuerst entdeckte und der allein durch seine Begleitung dazu vermochte, den Hirten aufzusuchen."[61]

Die Aufgabe des Pfarrers sei auch, bereits präventiv in der Gruppenseelsorge tätig zu werden, um der Entstehung von sündigem Verhalten vorzubeugen. Dies könne er in den regelmäßigen Besprechungen der Ältesten, Jugendführern, Nachbarschaftsführern und bei Bibelstunden und Bezirksversammlungen tun.

Im Kanzeldienst jedoch sollen nach Gutmann diese Ermahnungen nicht geschehen. Die Predigt dürfe nicht zurechtweisend oder moralisch belehrend sein, denn nirgendwo sei die Gefahr, zu vereinseitigen und zu übertreiben so groß wie dort, wo keiner widersprechen könne. Stattdessen würde die Predigt der Gemeinde nur dann dienen, „wenn sie ihr den Herrn Christus vor die Augen malt und mit seiner Liebe um die Seele wirbt."[62]

Fühlung mit seinen Gemeindegliedern halte der Pfarrer durch Hausbesuche, zu denen er ein gutes Wort aus der Bibel mitbringe. Er beginne seine Besuche stets bei den Nachbarschaftsführern und halte sich mit der Annahme von Speisen und Getränken zurück, Bier jedoch entsage er ganz.

Besondere Sorgfalt müsse der Hirte beim Besuch von Kranken walten lassen. Er segne sie mit einem Gnadenspruch und kümmere sich nicht nur um diese selbst, sondern vielmehr um diejenigen, welche die Kranken betreuen und versorgen, da sie seiner Seelsorge in der Regel noch mehr bedürfen.[63]

Der Hirte müsse seinen Körper zähmen. „Denn auch sein Leib ist im sonderlichen Sinne ein Instrument des Herrn, wenn er seine Sakramente verwaltet, Menschen die Hände auflegt und über ihnen betet."[64] Den Händen sollte nicht der Geruch des Tabaks anhaften und seine Fingernägel sollten nicht von Nikotin verfärbt sein. Er müsse wissen, dass er mit dem Handauflegen im Vollzuge des Gebets „Brücke ist, über die sich himmlische Kräfte mitteilen.[65]

---

61 Ebd. S. 160.
62 Ebd. S. 162.
63 B. Gutmann, E. Jäschke (Hrsg.), *Afrikaner – Europäer*, Stuttgart 1966, S. 164.
64 Ebd. S. 165.
65 Ebd. S. 166.

3. Der heutige Gemeindeaufbau am Kilimanjaro

„Wenn man die Struktur der Gemeinde Moshi in den 30er Jahren zu überblicken und zu beurteilen versucht, müßte man nun eigentlich eine Studie anfügen über das, was von all dem bis zum heutigen Tag geblieben ist."[66]

Ernst Jäschke, der diese Überlegungen formulierte, ist leider schon verstorben, aber 30 Jahre nachdem diese Zeilen geschrieben wurden, unternahm ich im Jahr 2010 eine Reise ins Land der Chagga, um eben eine solche Studie anzustellen.

Aufgaben des Pfarrers

Die weltweite Vernetzung der evangelisch-lutherischen Kirche hat auch die Gemeinden am Kilimanjaro erfasst. Diese sind nun Teil der KKKT (*Kanisa la Kiinjili la Kilutherani la Tanzania*), was neue Aufgaben für den Pastor mit sich bringt. Einmal im Jahr werden sämtliche lutherische Pfarrer des Landes auf einen viertägigen Kongress nach Dodoma eingeladen, um dort eine einheitliche Ausbildung in Liturgie und Gemeindeführung zu erhalten. Hier nimmt die tansanische Kirchenführung ebenfalls zu grundsätzlichen Fragen der eigenen theologischen Identität im Kontext der weltweiten Vernetzung Stellung, das betrifft zum Beispiel die Debatte, wie mit Homosexualität umgegangen werden soll.

Die von Gutmann geprägten Gemeinden benutzen noch die deutsche Liturgie im Gottesdienst, während die anderen Kirchen der KKKT vorwiegend den afrikanischen Rhythmus verwenden.

Auch die urtümlichen Bindungen von Nachbarschaft, Familie und Alterskameradschaft sind erhalten und werden durch den Pfarrer gepflegt. So spricht dieser zuerst mit dem Vorsitzenden eines Clans, wenn es um Belange der Familie geht, er bezieht die Nachbarschaftsvorsteher in den Entscheidungsprozess der Gemeinde ein und berücksichtigt die Schildschaften im Konfirmandenunterricht.

Der Pfarrer ist dabei selbst auch Teil der Urtümlichen Bindungen, mit allen Pflichten und Aufgaben, die damit einhergehen. Darüber hinaus muss er ein untadeliges Leben führen, er darf nicht rauchen, keinen Alkohol trinken und sollte verheiratet sein und Kinder haben.

Das Brautexamen

Das Eherecht der Chagga sieht auch heute noch vor, dass die Braut den größtmöglichen Schutz erhält, wenn sie in den Bund der Ehe eintritt. Sobald sie einen Mann gefunden hat, den sie heiraten möchte, stellt sich dieser bei ihren Eltern

---

66 E. Jäschke, *Gemeindeaufbau in Afrika*, Stuttgart 1981, S. 117.

vor und hält um die Hand der Tochter an. Durch die Hochzeit verlässt die Frau ihre eigene Familie und wird in die des Mannes eingegliedert. Somit ist sie dafür verantwortlich, fortan ihren Mann in seiner Stellung mit seiner Verantwortung in der Familie zu unterstützen. Dieser Umstand schlägt sich im Vokabular nieder, ein Mann heiratet (*kuoa*), während die Braut geheiratet wird (*kuolewa*). Als Entschädigung erhält die Familie der Frau den Brautpreis *mahari*, der bei der ersten Vorstellung ausgehandelt wird.

Nachdem der Mann bei den Eltern um die Hand der Tochter angehalten hat, suchen sich die Heiratenden jeweils eine Vertrauensperson aus der eigenen Familie, den *Mshenga*. Diese ist dafür verantwortlich, den weiteren Prozess der Eheschließung bis zur Verlobungszeremonie, dem „Engagement" zu begleiten. Hier wird ein Teil des Brautpreises an die Familie der Frau übergeben, der Rest wird niemals beglichen. Der Mann bittet die Eltern darum, ihm die Tochter dennoch aus ihrer Gnade heraus zu übergeben. So wird verhindert, dass sich die Braut als gekauftes Eigentum betrachten muss. Die beiden Vertrauenspersonen (*Washenga*) reichen in dieser Zeremonie dem künftigen Ehepaar die Verlobungsringe, womit ihre Aufgabe vorerst erfüllt ist. Sie bleiben während der Ehe zwar noch als Ansprechpartner erhalten, jedoch bestimmen die Heiratenden nun eine Person, welche zusammen mit seiner Ehefrau respektive Ehemann die weitere Betreuung übernimmt. Diese Ehebürgen (*Wadhamini*) erhalten gemeinsam mit dem Ehepaar vom Pfarrer den besonderen Unterricht *Mafundisho*, der sie auf ihr Amt vorbereitet. Während diese Unterrichtung zur Zeit Gutmanns noch drei Monate dauerte,[67] wird sie heute in ein bis zwei Tagen abgehandelt. Am Donnerstag vor der Hochzeit feiern Braut und Bräutigam getrennt voneinander die *Send-off-Party*, auf der sie Geschenke erhalten, die für ihr künftiges Leben wichtig sind. Nach diesem Ereignis wird die Braut im Haus der Ehebürgen aufgenommen, welche sie am Samstag in die Kirche führen.

Sollten in der Ehe Probleme entstehen, die zwischen den Partnern allein nicht gelöst werden können, treten zuerst die *Wadhamini* als Vermittler auf. Wenn diese scheitern, konsultieren sie den Pfarrer, der daraufhin eine Sitzung einberuft, zu der die Ehepartner mit ihren Vertrauenspersonen eingeladen werden. In dieser Verhandlung werden die Streitigkeiten der Ehe angesprochen und diskutiert. Der Pfarrer moderiert die Diskussion, gibt Rat und bewegt die Ehepartner dazu, den Streit zu beenden.[68]

---

67 Joffrey Foya, mündliche Auskunft, Old Moshi, Tansania, 07.09.2010.
68 Pastor Mrema, mündliche Auskunft, Fukeni, Tansania, 28.08.2010.

Die Alterskameradschaft

In Kidia erinnert noch ein großer Stein am Kirchgebäude an die Leistungsprobe, die Jugendliche zu erbringen hatten, bevor sie in die Konfirmationsklasse aufgenommen werden durften. Heute gibt es die von Gutmann in die Kirche eingeführte Tradition zwar nicht mehr, doch es sind wesentliche Elemente seiner Vorstellung von der gegenseitigen Unterstützung im „Christusleib" geblieben.

Um Mitbestimmung und Mitgestaltung aller zu ermöglichen, wählt die gesamte Jugend der Gemeinde ihren Vorsteher, den *Mwenyekiti*, der in Besprechungen des Kirchenrats die Interessen der Jugendlichen vertritt. Ihm steht ein Stellvertreter, der *Msaidizi*, zur Seite. Das Team wird außerdem durch einen Jugendsekretär, den *Katibu*, sowie durch den Schatzmeister, den *Mhasibu*, ergänzt. Der Jugend steht ein eigenes Budget zur Verfügung, das nach eigenem Ermessen zur Gestaltung des Gemeindelebens verwendet wird.

Der Konfirmationsunterricht wird vom Pfarrer gehalten und gliedert sich in wöchentlich zwei Einheiten im Klassenzimmer und eine Arbeitseinheit. Diese wird ganz im Sinne Gutmanns durchgeführt, nach dessen Aussage „sich die Liebe zu Gott in Christo nur am Nächsten und mit dem Nächsten bestätigen lässt."[69] So besuchen die Konfirmanden während der Arbeitseinheiten Kranke und Bedürftige. Dabei werden Schildschaften geformt, die *Ngao*, die aus drei bis etwa elf Kindern bestehen, wobei Jungen und Mädchen auch gemischt werden können. Auch heute sind diese Schildschaften Zusammenschlüsse von Gleichaltrigen, die sich ihr Leben lang gegenseitig Unterstützung leisten, sowohl finanziell als auch freundschaftlich und spirituell. Im Konfirmationsunterricht erhalten die Kinder anhand eines Lehrbuches das nötige Wissen um das richtige Verhalten in der Freundschaft.[70]

Das Patenamt

Den Paten eines Kindes kommt bei der Konfirmation eine besondere Rolle zu. Jedes Kind hat zwei Paten, die von den Eltern bestimmt werden. Jene sind meist nicht aus der eigenen Familie, werden aber mit der Taufe des Kindes den Eltern gleichgestellt.

Ihr Wirken ist in der Zeit ab der Taufe bis zur Konfirmation am wichtigsten. Sie sind verantwortlich für das gute Benehmen und den Lernerfolg des Kindes im Unterricht. Dazu nehmen sie an den Sitzungen der Konfirmationsbespre

---

69   B. Gutmann, E. Jäschke (Hrsg.), *Afrikaner – Europäer*, Stuttgart 1966, S. 200.
70   Moshi Lutheran Printing Press, *Tembea na Kristo*, Druckdatum unbekannt, S. 125; „*Tembea na Kristo*" heißt übersetzt „Gehe mit Christus" und ist das Arbeitsbuch der Schüler im Konfirmandenunterricht.

chungen teil und rüsten das Kind mit Bibel und Gesangbuch aus. Wenn nötig unterstützen sie beim Schulgeld und helfen bei der Zusammenstellung der Schildschaft. Nach der Konfirmation ist die Hauptaufgabe der Paten erfüllt, sie bleiben der Familie dennoch erhalten.

Die Nachbarschaft

Die meisten Chagga leben nicht in Dörfern, sondern in Hofgemeinschaften, die etwa 30 bis 50 Meter voneinander entfernt liegen. Dazwischen befinden sich Bäume, Viehställe und Bananenstauden. Zäune und Mauern sucht man hier vergebens, jeder Ort ist für alle Bewohner jederzeit zugänglich. Jeweils etwa zehn Häuser bilden auch heute noch in allen lutherischen Gemeinden des Kilimanjaro-Gebietes eine Nachbarschaftsverbindung, die *nyumba kumi*. Diese wählt sowohl ihren Vorsteher, als auch eine Vorsteherin, *Wabalozi* genannt, welche jeden Donnerstag die *Jumuiya* organisieren, die Gemeinschaftsversammlungen der Nachbarschaft. Dort wird der Armen und Kranken gedacht, die Hilfe benötigen. Nach einer Andacht gibt jeder eine Spende, die für Bedürftige verwendet wird. Diese Empathiegaben, *Sadaka ya Huruma* genannt, werden aus allen Nachbarschaftsversammlungen einer Gemeinde eingesammelt und dem Ältestenrat übergeben, der an einem Sonntag im Monat darüber entscheidet, wie das Geld verwendet wird. Gewöhnlich werden Bedarfsgüter wie Seife, Zucker, Decken, Matratzen oder Medikamente davon gekauft, die montags oder dienstags in einem zeremoniellen Auszug verteilt werden.

Um festzustellen, wie die soziale Situation der Gemeindeglieder bestellt ist, ziehen einmal wöchentlich die Ältesten der Gemeinde aus, um die Nachbarschaft zu besuchen. Sie teilen sich morgens in Gruppen zu je etwa vier Personen auf und gehen von Haus zu Haus, um mit den Bewohnern zu sprechen, zu singen und eine kleine Andacht zu halten. Besonderes Augenmerk wird dabei auf die Kranken, auf die Armen und auf diejenigen gerichtet, die seit längerer Zeit dem sonntäglichen Gottesdienst ferngeblieben sind.

Die Familie

Auch der Familie kommt eine wichtige soziale Rolle im Geflecht der urtümlichen Bindungen zu. Diese besteht nicht nur aus dem inneren Kern, nicht nur aus Vater Mutter und Kindern, sondern erstreckt sich auf den gesamten Verwandtenkreis. So bilden alle, die den gleichen Nachnamen tragen, eine Sippschaft respektive einen Clan, den *Ukoo*. Alle Familienmitglieder wählen auf der großen Clanversammlung, die in unregelmäßigen Zeitabständen stattfindet, einen Vorsitzenden, der die Familie nach außen vertritt und zusammen mit einem Schatzmeister das Sippenvermögen verwaltet.

Einnahmen erhält die Familie aus monatlichen Beiträgen der Mitglieder, die in ihrer Höhe je nach Einkommen gestaffelt sind. Diese Staffelung folgt zwar keiner exakt festgelegten Regel, trägt aber dennoch dazu bei, dass die Hauptlast der Clanausgaben von den wohlhabenden Mitgliedern getragen werden, während die Armen nur einen kleinen Teil beitragen. Bei einem Einkommen von etwa 140 Euro monatlich wird der Beitrag im Mrema-Clan auf etwa 2 Euro festgesetzt. Das Geld dient nicht nur als Sozialfonds für Bedürftige in der eigenen Familie, sondern wird in der Regel dafür verwendet, verstorbene Mitglieder zu beerdigen. Das Vermögen erhält insbesondere dann eine hohe Bedeutung, wenn Familienmitglieder in weit entfernten Regionen verstorben sind und ins Clangebiet überführt werden müssen.[71]

Hochzeiten innerhalb eines Clans sind nicht möglich, selbst wenn nur weit entfernte Verwandtschaftsverhältnisse bestehen.

Auch die Familie im engen Kreis verfügt über eine eigene Struktur mit festgelegter Aufgabenverteilung. Dem jüngsten Sohn fällt dabei die Pflicht zu, den Hof der Eltern zu übernehmen und diese ihr Leben lang zu versorgen. Er bleibt also zuhause wohnen, während sich seine Brüder eine neue Bleibe suchen müssen. Sie erhalten dafür eine Bevorzugung in der Ausbildung, die ihnen den Aufbau einer eigenen Existenz erleichtern soll. Die Töchter bleiben ebenfalls vorerst am Hof der Eltern wohnen, bis sie geheiratet und in die Sippe ihrer Ehemänner aufgenommen werden.

Gutmann erkannte die so geschaffene Aufgabenverteilung in den Strukturen der inneren und erweiterten Familie und würdigte diese Kultur, indem er sich dem Mmari-Clan anschloss, der südlich von Kidia siedelt.

Die Kultur und der Einfluss der Zivilisation

Gutmann hat nicht jeden Bestandteil der Chagga-Kultur in seine Gemeindestruktur aufgenommen, sondern nur jene, die nach seiner Auffassung mit dem Evangelium vereinbar waren. Die rituellen Ziegenschlachtungen sollten ebenso wie der Geisterglaube nicht in die Kirche aufgenommen werden. Die traditionelle Chagga-Trommel *Mtingo* hingegen wurde Symbol für Gutmanns kulturemphatisches Vorgehen. Sie wurde vor dem Eintreffen der Missionare gespielt, um die Menschen während der Erntezeit zum gemeinsamen Gang auf die Felder zu motivieren. Die zunehmende Individualisierung hat diesem Ritual jedoch seine Grundlage entzogen und überflüssig gemacht. Gutmann erkannte im traditionellen Trommeln jedoch einen schützenswerten Bestandteil der Kultur und inte-

---

71 Gerald Abel Mrema, Vorsitzender des Mrema-Clans, mündliche Auskunft, Old Moshi, 24.09.2010.

grierte ihn in die Kirche. Heute wird die *Mtingo* in Old-Moshi zu großen Kirchenfeiern und dem Erntedankfest gespielt.[72]

Einen wichtigen Bestandteil der Kultur stellt die Sprache dar. Nachdem Kiswahili zur Lingua Franca im gesamten ostafrikanischen Raum avancierte, verlor die Sprache der Chagga *Kimochi*, auch *Kichaga* genannt, ihre Bedeutung. Gutmann antizipierte diese Entwicklung und stellte die ursprüngliche Sprache ebenfalls unter den Schutz der Kirche, indem er das Neue Testament in Kichaga übersetzte und auch Gottesdienste in dieser Sprache gehalten werden sollten.[73] Diese Sprachkultur wird heute in den Kirchen von Old Moshi gepflegt, indem wenigstens einmal im Monat der Gottesdienst in Kichaga gehalten wird und auch Gesangbücher in dieser Sprache verwendet werden.

Gutmann sah jedoch in der Zivilisation eine Gefahr nicht nur für die Sprache, sondern auch für das Fortbestehen der Chagga-Kultur in den urtümlichen Bindungen. Bisher ist allerdings trotz des Einflusses von Kapitalismus und Internet ein solcher Trend nur außerhalb der Kirche zu erkennen. Pastor Ringo, der jetzige Pfarrer in Kidia, beobachtet die durch den Fortschritt bedingte steigende Individualisierung, die sich dergestalt manifestiert, dass die Menschen beginnen, ihre Grundstücke durch Zäune und Mauern abzugrenzen. Das Bedürfnis, ein wichtiger Bestandteil im Leib von Christus zu sein, schwindet und weicht einem individuellen Geltungsbedürfnis.

4. Kritische Wertung und Schluss

Betrachtet man das Werk Gutmanns in Old Moshi über 70 Jahre nach seiner Rückkehr aus Afrika, so ist leicht zu erkennen, dass die ursprünglichen Strukturen des Gemeindeaufbaus noch weitgehend erhalten geblieben sind und nun unter afrikanischer Führung im Geiste Gutmanns weitergeführt werden. Patenamt, Schildschaften, Nachbarschaftsstruktur und Sippschaft sind in ihrer Form noch so erhalten, wie sie Gutmann in seinen Büchern der 1920er Jahre festgelegt hat. Es ist ihm nicht nur gelungen, Nachhaltigkeit zu erzeugen, sein Verdienst ist auch, dass die ursprüngliche Chagga-Kultur, die sich zum Beispiel in der Sprache, in den urtümlichen Bindungen und im Spielen der traditionellen Musik manifestiert, in die Kirche aufgenommen und so konserviert worden ist.

Der geniale Schachzug in Gutmanns missionarischer Tätigkeit ist, dass er die Volksstruktur der Chagga rasch erkannte und die Korrelation zum Christusleib herstellen konnte. Er verstand, dass nicht Theologie kontextualisiert, sondern Menschen.

---

72   Anaeli Foya, Leiter des traditionellen Mtingo-Chores, Old Moshi, Tansania, 23.09.2010.
73   Suzan Mmari, Kirchenälteste unter Gutmann, Kiboriloni, Tansania, 25.09.2010.

Gutmann hat dadurch einen wichtigen Beitrag in der Debatte um die moralische Rechtfertigung der Mission geleistet. Die Ereignisse am Kilimanjaro zeigen, dass die Kultur im stets wirkenden Schwall der Einflüsse von Fortschritt, Kapitalismus und Individualisierung nur dort erhalten geblieben ist, wo sie institutionell durch die Lutherische Kirche geschützt wurde. Somit tritt die Mission nicht als Zerstörer, sondern als Bewahrer der Kultur auf. Dass sie sich herausnimmt, welchen Bestandteil der Kultur sie unter ihren Schutz stellt und welchen nicht, dass sie rituelle Schlachtungen und Geisterkult nicht bewahren mag, dass diese Riten durch Fortschritt und Bildung verdrängt werden, kann der Mission nicht negativ angehaftet werden.

Gutmann, der sich selber als „Schüler und Hirte" der Chagga verstanden hat, ist mit seinem Konzept des „gegenseitigen Führertums" eine ganz besondere und einmalige Auslegung des Christusleibes gelungen, die auch heute noch relevant ist. Er machte deutlich, dass die Missionare nicht nur die Frohe Botschaft in ihrem Einsatzland verkünden, sondern bei ihrer Arbeit auch neue Impulse in ihre Heimatländer tragen können. Gutmann sparte nicht an Kritik an der eigenen Gesellschaft, die eine mechanische Zweckgemeinschaft sei, in welcher der Einzelne „sein Leben als unbeschränkten Eigenbesitz" gestalten möchte, und so schließe er sich nach allen Seiten ab, „als armselige Zelle, die mit ihrer ganzen Außenfläche nur die reiche übrige Welt verdauen will, damit das winzige Lebenskernlein in der Mitte, Persönlichkeit genannt, eine Weile sein Dasein als das Weltallauge friste".[74]

Vielleicht können wir uns heute im 21. Jahrhundert auch mal überlegen, ob der omnipräsente Ruf nach Gleichheit im Sinne des Leibes Christi ist, oder ob wir nicht den Mut haben wollen, die Unterschiede zwischen den Geschlechtern, zwischen Kulturen und Generationen wertzuschätzen und uns als Gemeinschaft zu denken, in der jeder nach seiner Façon seinen ganz eigenen Beitrag für das große Ganze leistet. Wir können von den Chagga lernen und uns als Zellen in einem lebendigen Organismus sehen, dessen Erhaltung der alleinige Endzweck aller ist.

Die Erinnerung an Bruno Gutmann ist am Kilimanjaro so stark, dass die Menschen dem Pfarrer, der sich um seine Gemeinde besonders verdient gemacht hat, den Beinamen „Zweiter Gutmann" geben. Der Missionar selber wird heute noch als *Bruno Gutmann Mmari sahuye o wachaga* bezeichnet, was bedeutet „Bruno Gutmann im Clan der Mmari, Großvater aller Chagga".

---

74 B. Gutmann, *Gemeindeaufbau aus dem Evangelium*, Leipzig 1925, S. 24.

Godson S. Maanga – Bruno Gutmann: Missionary and Visionary Chagga Grandfather

Introduction

For the Chagga in Chaggaland and in the Chagga diaspora, Bruno Albrecht Gutmann is still a socio-theological and cultural-anthropological icon with a lasting legacy. His captivating and dedicated ethnological studies among the Chagga make him a cultural guru and one of the most revered scholars and cler-gymen who have ever set foot on the rich soil of Kilimanjaro.

Towering in research and a notable commitment to missionary work, Bruno Gutmann (who worked among the Chagga between 1902 and 1938) enjoys magni-ficent love and appreciation, not only in Old Moshi and the nearby areas where his work was concentrated, but in the entire Chagga community. When he vis-ited the Chagga who stay on the southern slopes of Mount Kilimanjaro, he was given a welcome so jovial and exhilarating, that very few Europeans can boast of getting such a brotherly and wide acceptance.

Almost every day, with his proverbial donkey, Gutmann laboured upon one of the challenging hills in Old Moshi – frequently referred to as *Kyilema Punda* – lit-erarily, the hill so steep that Gutmann's donkey could not climb, a hill situated in the present-day Kikarara Parish. According to reliable sources, whenever Gut-mann failed to go up or down the hill riding his dearest donkey, he walked on foot, only to make sure that his treasured male and female Chagga got his ser-vices. Walking long, tiresome, and perilous distances rendered Gutmann a great friend of the Chagga – be they converts, catechumens, or his fellow colleagues at the newly established mission station in Old Moshi. Credit to Gutmann because, as it is rendered by one of the white man's adages, a friend in need is a friend in-deed. For the Chagga he was a friend in need, a quality that made him a friend indeed. Gutmann followed the Chagga wherever they were: at worship services in church buildings, at funerals, at coronation ceremonies, at sowing and har-vesting occasions (*weetsi*) interspersed with drinking of the local beer that ac-company such occasions, at traditional dances (*maringyi*), etc. Gutmann was everything for the Chagga and the Chagga were everything for him.

Bruno Gutmann was, he still is, and will continue deserving the honour of an unforgettable preacher and strategic ethnologist who responded quite positively to the Great Commission (stipulated in Matthew 28:19-20). He travelled all the way from Dresden to Chaggaland, despite the geographical-cultural barriers and perils of his time. The Chagga accorded him their most important title 'Chagga grandfather', featuring in all Chagga dialects – in Old Moshi *Wasahuye o Wachaka*, in Vunjo *Wasawu o Wachaka*, and in Machame and Masama *Saoe va Washaka*. Gut-

mann occupies the frontline position in his well-focused and well-planned ethnological and anthropological studies among the Chagga, one of the most enter-
prising ethnic groups in Tanzania and Africa in general. His fruitful ethnological
studies among the Chagga (though sometimes criticized or discredited by his en-
emies and rivals) were ground-breaking and commendable as far as research
depth, quality and scope are concerned. Gutmann stands as one of the earliest
pioneers of local studies on the African continent and a number of contempor-
ary researchers emulated him to a large degree. So anthropological studies, like
the one done among the Nyakyusa of Southern Tanzania by Monica Wilson (a
South African anthropologist), the religio-cultural studies done among the
Azande and the Nuer of Sudan by Evans-Pritchard (a British anthropologist) and
the one done among the Kikuyu of Kenya by Jomo Kenyatta (by then a Kenyan
anthropologist and afterwards the first President of Kenya) resemble Gutmann's
studies among the Chagga in terms of aim, scope, and methodology. Even other
studies done outside Africa like the ones done in Samoa and Papua New Guinea
by Margaret Mead (an American anthropologist) have many things in common
with Gutmann's researches and publications on the Chagga.

If none of the Chagga chiefs, despite their administrative fame and war
prowess, has ever been given the dignified title of Chagga grandfather, we can
imagine how important Bruno Gutmann was during his unforgettable days in
Chaggaland. Admittedly, Charles Dundas was looked upon as a 'Chagga father'
but comparing and contrasting him with Gutmann, he definitely comes second
to the 'Chagga grandfather' because, judging things from the Chagga cultural
viewpoint, one's grandfather is always more important than one's father. As it is
the case in other ethnic groups in Africa and probably beyond, a grandfather is a
symbol of wisdom, dignity, knowledge, and experience. That is why African
grandfathers and grandmothers are approached with awe, humility, and love.
They are barns of traditional education imparted in the form of folklores (i.e.
stories, proverbs, comparatives and superlatives), as well as traditional music
and etiquette. For the Chagga, this is exactly what Bruno Gutmann is – in his ca-
pacity as a 'Chagga grandfather'.

Gutmann's Permanent Influence

To say that Gutmann is no longer popular or remembered among the Chagga
is to be ungrateful and ignorant of the passion and respect accorded to this
unique German, whose personality (both academic and social) is multifaceted,
vibrant, sometimes defiant – radiating with strong missionary zeal, fruitful
church planting, cultural investigation, and prolific writing. Without any trace
of exaggeration, and reminiscent of what Bernhard and Michael Grzimek said in

their prophetic book published in the 1960s, that 'Serengeti shall not die', it is equally true that in Chaggaland 'the fame of Bruno Gutmann will not die'.

The influence and anthropological findings of the bold Saxonian independent thinker will continue being felt and popularized in Chaggaland for quite a long time, if not permanently. His independent thoughts contributed to making him an independent researcher and clergyman. However, the Second World War (1939-1945) was quite a setback for Gutmann and his research initiatives but that does not mean that the war, coupled with other socio-theological adversities both in Tanganyika and Germany, dissolved his impressive personality in Chaggaland. His unwavering research activities are a visible milestone in the endeavour to formulate Chagga anthropology with a German approach.

To drive home this particular argument, Gutmann's image in Chaggaland is there to stay. He rubs shoulders with great Germans such as Hans Meyer (recorded in the annals of history as the first European to reach the peak of the legendary Kilimanjaro in 1889), Otto von Bismarck (the formidable German Chancellor) whose name is given to one of the key points on the Marangu route for climbing the challenging Mount Kilimanjaro, the highest mountain in Africa.

Unfortunately, some critics label him conservative, a researcher with misguided methodology and an opponent of modern civilization. Here, it must be pointed out that those who accuse Gutmann as a conservative missionary and a misguided researcher should remember that even the publications hailed as classics are not appreciated or praised by everybody. For instance, Alex Haley's *Roots*, Okot p'Bitek's *Song of Lawino*, and Joanne Rowling's *Harry Potter* were once rejected by many publishers but when they were eventually published (on experimental and risky grounds of course) they immediately became best-selling masterpieces. In the actual fact, what Gutmann rejected were the foreign elements which he feared would rupture or disintegrate the cohesive Chagga traditional society.

Gutmann studied Chagga traditional religion, customs and society in general, permeating deep into the Chagga soul and mind. He believed that strengthening the clan as well as taking the neighbourhood and age groups as his points of departure would considerably assist him in his missionary activities. He was the earliest mission scholar who aimed at preserving the Chagga culture and by so doing he laid the foundation for contextualized theology in Chaggaland.

Shoving Gutmann aside as a forgotten hero or a lump of salt that has lost its saltiness is to fall into the danger and disadvantage of belittling warriors of African ethnic groups like the famous Shaka of the Zulu. It would also be like despising fathers of African nations like Julius Nyerere of Tanzania and Nelson Mandela of South Africa.

In modern Chaggaland, the memory and admiration for Gutmann is still alive and notable. Gutmann's humane concern and ardent preoccupation in Chagga anthropology and judiciary are some of the qualities which make him deserve comparison with great men and women of letters, philosophers, artists, explorers, and statesmen. The great people with whom Gutmann can be compared are many, but Plato, Shakespeare, Leonardo da Vinci, and Confucius can be mentioned, to be representative of the rest. Looking at his diligence, optimism, commitment and passion for knowledge, Gutmann resembles historic figures, as it is proven in the subsequent paragraphs.

Plato, the witty Greek philosopher, philosophized many years before Christ but his mesmerizing philosophy has survived the test of time, appealing to many people down to our days. Like Plato, Gutmann coined many good ideas, including his *rika* or age-group philosophy. William Shakespeare lived a long time ago but his contribution to world literature is enormous and extremely relevant, just like Gutmann's socio-cultural contribution to the corpus of Africa's cultural studies. Shakespeare's Victorian English is updated from time to time and as a result, he is still a household playwright (with memorable poetic remarks) in many communities across the globe. Like Shakespeare, Gutmann's volumes on Chagga culture, Chagga religion, and Chagga law, should be updated, to be kept abreast of other ethnological writings issued in other areas of the world. The language or illustrations used by Gutmann may be inaccessible to certain people, the younger generation in particular, but that does not mean the themes or matters he dealt with are irrelevant or outdated.

Leonardo da Vinci is survived by artistic masterpieces like *Mona Lisa* and no sensible person would dare to say that he is no longer important. Gutmann's burning interest to study the Chagga society echoes that of Leonardo da Vinci who once made a very wise remark that you cannot love or hate something before knowing it first. Thinking like Leonardo da Vinci, Gutmann considered it utter folly and cultural injustice to either accept or condemn Chagga culture without first of all doing a thorough research on it. Confucius was a sage who lived a life of exemplary simplicity in the distant past and in a very remote Chinese village – he was neither a material tycoon nor a university don – but the modern generations draw a lot from his robust collections of memorable sayings that are full of academic fecundity and wisdom.

Recognizing what Bruno Gutmann did in their midst, the Chagga unanimously conferred upon him an honorary socio-cultural title of 'Chagga grandfather' – a title which nobody can erase. One may argue that Gutmann means what Charles Dundas means to the Chagga but, making an honest and fair assessment, Gutmann means more – in the sense that, compared with Dundas, Gutmann carries a bigger weight. Dundas worked fervently in Chaggaland, but after his departure he left only one notable account on the Chagga – *Kilimanjaro and its People* – first published in 1924. In the introduction for this particular book, Dundas admits that his interest to write the book was aroused by the 'thoughtful writings' of Bruno Gutmann. Unlike Dundas, Gutmann left behind numerous documents (published and unpublished) on the Chagga.

With a taste of joke, a Gutmann's admirer in the lowlands of Old Moshi confessed that the treatises that survived Gutmann are so many that, piled or heaped at one place, a dog cannot jump over it: *Alichoandika Gutmann, mbwa haruki*, the fan asserted, intending to say that what was written by Gutmann would form a hill so big that even the most agile dog cannot jump over it. Maybe this is the historical background of the spot called *Mbwaharuki*, situated on the southern side of the Holili-Moshi Highway which marks the southern border of Chaggaland.

More than any other European, among the Chagga, Gutmann did extensive and articulated research in missiology and evangelism. He patronized and participated fully in the task of translating the New Testament into the Chagga vernacular (known as *Mkundana Mhya*), published in Dresden in 1939, with a generous support of Leipzig Mission. He wrote the Kyimochi Primer, a reader for the so-called bush school attendees in Old Moshi. In collaboration with the local people, he safeguarded the church Fassmann had built at Kidia and he supervised preparation of the first edition of the Chagga Hymnal in Kyimochi (*Kitabu kya Siri*).

All these achievements enabled Gutmann to establish a permanent relationship with the Chagga. With the Chagga he felt at home and with him the Chagga felt at home. He was in the hearts of the Chagga and the Chagga were in his heart. The Chagga (males and females) felt free and welcomed to approach Gutmann. In return, Gutmann received them with captivating smile, deep exuberance, exemplary kindness, genuine brotherhood, sincere admiration, real acceptance, hearty-felt encouragement, tireless support, and mutual cooperation – to mention only a few of Gutmann's unique virtues. The American psychiatrist William Menninger once observed that qualities like wisdom, humility, sincerity, integrity, courtesy, and charity are so necessary and important that they stand as key to success and achievement. Thanks to God that all these qualities were blended in Gutmann's attractive personality.

Suffice it to disclose some candid comments from a few people in modern Chaggaland. Bishop Dr. Martin F. Shao, the third Bishop of the ELCT Northern Diocese whose thesis for the second degree was on Bruno Gutmann's missionary method and influence in the ELCT Northern Diocese, says that Gutmann, who worked both in Masama and Old Moshi, saw Chagga culture as an effective tool for evangelization, trusting that well-preached Gospel would transform people in their cultural context. Furthermore, Gutmann opposed uprooting the Chagga culture, insisting that the Chagga could become good Christians without necessarily throwing away their traditional heritage. Gutmann argued that – and that is one of the reasons for being criticized and ridiculed by some of his countrymen – the biggest mistake ever is to force a Chagga to convert into Christianity as a German. Mr. Clement Kwayu, a devout Chagga Lutheran and a very successful entrepreneur, is of the opinion that Gutmann is still very relevant in Chagga Christianity and has immensely influenced the culture of Old Moshi and Chaggaland at large. Whether we like it or not, we have to acknowledge his endeavour to contextualize the gospel into the Chagga culture. Rev. Elingaya Saria (retired Assistant to the Bishop and a specialist of missiology) says that Gutmann means a permanent and relevant socio-cultural missionary giant. All these candid comments lead to the assertion that Gutmann, a Wachagga missionary as he was sometimes referred to by his fellow Germans, had a unique evangelization style. His form or structure of Chagga ecclesiology is seen even by blind people.

Conclusion

To do justice to Bruno Gutmann and his work among the Chagga, there is an urgent need for revisiting his numerous publications on the Chagga. It is also very necessary to initiate a joint project by Chagga and German scholars to translate, interpret, and propagate in a clearer language the valuable and relevant documents left behind by Gutmann – a figure most Chagga people would not hesitate to label the 'golden Chagga grandfather'. His missionary initiatives and anthropological research method should be reassessed with an open mind and without bias. The project called for here should start as soon as possible, to revitalize the socio-theological and cultural-anthropological heritage from Gutmann, for the benefit of the present-day generation and the subsequent ones. The best assessors of Gutmann's work among the Chagga are the Chagga themselves and not the malicious critics. Biased and short-sighted whistle blowers, who run to conclusions without understanding why Gutmann did what he did, will definitely lead us astray. To crown all, Bruno Gutmann is neither a spent-out socio-cultural force nor a failed missionary-researcher.

Bibliography

Dundas, Charles: *Kilimanjaro and its People*, London 1968.

Fiedler, Klaus: *Christianity and African Culture: German Protestant Missionaries in Tanzania, 1900-1940*, Leiden / New York 1996.

Fiedler, Klaus: *Gospel Takes Roots on Kilimanjaro: A History of the Evangelical Lutheran Church of Old Moshi-Mbokomu (1885-1940)*, Zomba: Kacheere Series 2006.

Jaeschke, Ernst: *Bruno Gutmann: His Life, His Thoughts, and His Work: An Early Attempt at a Theology in an African Context*, Erlangen 1985.

Shao, Martin: *Bruno Gutmann's Missionary Method and Its Influence on the Evangelical Lutheran Church in Tanzania, Northern Diocese*, Erlangen 1990.

Winter, Jürgen Christoph: *Bruno Gutmann, 1876-1966: A German Approach to Social Anthropology*, Oxford: Clarendon Press; New York: Oxford University Press 1979.

II. Gutmann in Deutschland

Matthias Ahnert – Bruno Gutmann am fränkischen Kilimanjaro

Bereits nach seiner zwangsweisen Rückkehr seit 1921 und dann wieder von 1938 bis zu seinem Tod 1966 lebte Bruno Gutmann mit seiner Frau im fränkischen Ehingen am Hesselberg. Das ist von Leipzig aus etwa 350 km Richtung Süd-Süd-West, etwa 70 km südwestlich von Nürnberg, in Franken, dem nördlichen Teil Bayerns.

Dabei hat der Hesselberg, ein Zeugenberg der Eiszeit, mit seinen 700 m Höhe eine ähnliche identitätsstiftende Wirkung wie der Kilimanjaro im Norden Tansanias. Die Dörfer um den Hesselberg, gerne auch der „Heilige Berg der Franken" genannt, empfinden eine Zusammengehörigkeit und fühlen sich über den Berg hinweg untereinander verbunden.

Heute finden wir auf dem Hesselberg ein nach dem letzten Krieg als Heimvolkshochschule gegründetes Evangelisches Bildungszentrum, dessen Entstehen auch von Bruno Gutmann begleitet wurde.

Warum gerade Ehingen? Es war Pfarrer Gottfried Sperl, Pfarrer in Vohenstrauß, Erlangen-Altstadt und schließlich von 1917 bis 1930 Pfarrer in Wittelshofen am Hesselberg, der Bruno Gutmann nach Ehingen brachte. Beide Männer verband eine jahrzehntelange Freundschaft. Die Enkelin von Gottfried Sperl, Frau Dr.med. Gertrud Kastl weiß als über 90-Jährige noch ganz genau Bescheid über die große Hochachtung, von der man im Hause Sperl über Gutmann sprach. Auch das Patenamt wurde in den Familien gegenseitig vergeben. Da Sperl zur Zeit von Kirchenpräsident Hermann von Bezzel als Examinator zwei Mal im Jahr für sechs Wochen vom Gemeindedienst beurlaubt wurde, hat man ihm den jungen Bruno Gutmann als Hilfe geschickt. Er sollte ähnlich einem Vikar die Pfarramtlichen Tätigkeiten kennen lernen und seinen Mentor bei dessen Abwesenheit vertreten. Bei Sperls wurde er „Onkel Bruno" genannt, er konnte sehr gut mit den Kindern, hat die Großmutter verehrt und wurde von dieser bei Besuchen mit „Herr Missionar" angeredet. Bei späteren Besuchen haben natürlich die Geschichten und die mitgebrachten Anschauungsstücke wie Speere und Schilde bei den Enkeln großen Eindruck gemacht. Einige Postkarten von Bruno Gutmann werden in der Familie noch aufbewahrt.

Nach dem Ersten Weltkrieg zwangsweise in Deutschland verbrachte Gutmann den Winter 1920/21 in Berlin, wo seine Frau zu Hause war. Doch fühlte er sich in der Stadt mit ihrer Zivilisation nicht wohl und suchte eine Bleibe auf dem Lande. Da konnte Sperl mit einer leer gewordenen Wohnung eben in Ehingen am Hesselberg helfen. So kam der Sachse über Tansania nach Franken.

In diesem Haus sind wohl auch die grundlegenden Werke „Gemeindeaufbau aus dem Evangelium" (1925) und „Das Recht der Dschagga" (1926) entstanden,

die jeweils mit einem theologischen bzw. juristischen Doktor honoris causa gewürdigt wurden. Hier lebte er dann wieder in den Jahren 1938 bis 1966, insgesamt vielleicht den größten Teil seines Lebens. Das Haus, das Gutmann später
kaufen konnte, befindet sich heute noch im Besitz der Familie, es wohnt ein Urenkel mit seiner Familie darin.

Das Haus liegt zentral am Dorfplatz: gegenüber das Pfarrhaus, schräg gegenüber die Kirche, drumherum der Friedhof. Der Dorfbrunnen, genannt „Röhrlasbrunnen", gibt dem Platz eine besondere Zentralfunktion. Heute trägt auch die
Straße zwischen Pfarrhaus und Kirche den Namen: Dr.Gutmann-Straße.

Gehen wir nun zum Friedhof um die Kirche: Hier finden wir auch sein und seiner Frau Grab mit dem bekannten Satz „Zwischen uns ist Gott". Wie sehr Ehingen zur Heimat der ganzen Familie geworden ist zeigt, dass auch die beiden
Töchter mit ihren Ehemännern in Ehingen begraben liegen. Noch heute treffen
sich hier die Nachkommen und haben die verschiedenen Familienzweige hier ein
Heimatgefühl.

Zurück ins Haus und zu Bruno Gutmann. Als Sachse war ihm die Tradition des
Weihnachtsberges wichtig. Die pflegte er auch am Kilimanjaro und am Hesselberg. Dorothea Gundlach und Elisabeth Küßwetter, beide Enkelinnen von Bruno
Gutmann, sei für ihre Auskünfte und den Blick ins Familienalbum herzlich gedankt.

Zu Weihnachten hat sich wohl auch das alt gewordene Ehepaar Gutmann auf
der Couch eingefunden. In diesem Zusammenhang sei die Ehefrau Elisabeth Gutmann gewürdigt. Auch ihre Biografie ist für ihre Lebenszeit außerordentlich: Geboren in London ist sie als Tochter des Besitzers einer Kaffeeplantage schon als
Kind in Tansania gewesen. Dass sie entsprechend ihrer Zeit natürlich die Gehil-
fin ihres Mannes war, muss nicht extra erklärt werden. Darüber hinaus hatte sie
aber ebenso selbstverständlich an der Seite ihres Mannes eine Fülle von Aufgaben, die man einfach von einer Missionarsfrau erwartet hat.

Nach dem Tod von Bruno Gutmann hat der Gemeinderat beschlossen, den
schon erwähnten Röhrlasbrunnen in „Dr-Gutmann-Brunnen" umzubenennen.
Dazu wurde dieser mit einem kleinen Kunstwerk ergänzt, das in seinem Rund
den Erdkreis andeutet und mit seinem Kreuz darinnen in die vier Himmelsrich-
tungen weist. Darauf zu lesen: Bruno Gutmann Missionar in Ostafrika.

Wenn ich als Pfarrer am Hesselberg und nach etlichen Gesprächen auch mit
Leuten aus Ehingen die Situation richtig einschätze, dann haben die Nachbarn in
Ehingen nicht gewusst, geschweige denn gelesen, womit sich Bruno Gutmann alles beschäftigt hat. Aber man war sich bewusst, dass er sehr gescheit und hoch
gebildet war. Und natürlich hat man die Geschichten und Gegenstände aus dem
fernen Afrika mitsamt ihrer Fremdheit bestaunt und bewundert. Und auch wenn

das den Alltag der Menschen im Dorf nicht bestimmt hat, so hat man ihm, dem etwas kauzig wirkenden Gelehrten doch alle Ehre erwiesen, wie die Straßen- und Brunnenbenennung zeigen. Nicht zuletzt waren wohl viele ein bisschen stolz, dass er seine Bleibe auf dem Lande bei ihnen gesucht und gefunden hatte.

Ich schließe mit den beiden Einträgen in den pfarramtlichen Sterbematrikeln von Bruno und Elisabeth Gutmann sowie den Predigttexten ihrer Beerdigung:

Bruno Gutmann, beerdigt im Alter von gut 90 Jahren kurz vor Weihnachten des Jahres 1966 mit dem Bibelvers Hosea 14, 9 (den ich etwas hilflos als Pfarrer in 14, 10 korrigiere): *Wer ist weise, dass er dies versteht und klug, dass er dies einsieht? Denn die Wege des Herrn sind richtig und die Gerechten wandeln darauf.* – Wenn es sich nicht wie am Hesselberg bei Beerdigungen üblich um den Konfirmationsspruch handelt, dann ist es doch ein vom Pfarrer sicher ob der Weisheit und Klugheit des Verstorbenen gut ausgewählter Bibelvers.

Und schließlich noch einmal die Ehefrau Elisabeth Gutmann, geborene Förster: verstorben ein knappes Jahr später im Alter von gut 79 Jahren. Ihr Sohn Dr.med. Gottfried Gutmann hatte in Hamm/Westfalen eine Klinik, in der sie verstorben ist. Ihr Spruch Ruth 1, 16-17 war vielleicht auch schon der Trauspruch und lässt in die enge Beziehung wie in die Selbstverständlichkeit des Miteinanders eines Missionarsehepaares blicken: *Wo du hingehst, da will ich auch hingehen; wo du bleibst, da bleibe ich auch. Dein Volk ist mein Volk, und dein Gott ist mein Gott. Wo du stirbst, da sterbe ich auch, da will ich auch begraben werden. Der Herr tue mir dies und das, nur der Tod wird dich und mich scheiden.*

Eigentlich hatten sich die beiden bereits ihr Grab an der Kirche von Kidia am Kilimanjaro vorbereitet: Dort wollten sie leben und sterben. Doch die Wege des Herrn sind richtig und die Gerechten wandeln darauf. Und diese Wege führten an den Hesselberg, dem fränkischen Kilimanjaro. Dort ruhen sie an der Kirche von Ehingen in der Erwartung der Auferstehung. Mit dem Vertrauen: Zwischen uns ist Gott.

Gerhard Richter – Splitter. Auswahl aus Briefen Bruno und Elisabeth Gutmanns

Mit diesen willkürlich ausgewählten „Splittern" aus Briefen Gutmanns und seiner Frau lassen sich verschiedene geistige Grundhaltungen belegen, die den Missionar in seiner Arbeit offenbar geleitet haben. Sie bilden die Basis für seine außerordentliche Arbeit, die ihn von anderen - oft mehr am rassistischen, kolonialen Gedankengut orientierten Kollegen - unterscheidet.

Gleich im ersten Briefauszug versammelt Bruno Gutmann Vertreter der Kontinente Afrika, Asien und Europa gleichberechtigt vor dem Schauspiel der Geburt Jesu. Das zweite Briefzitat vertieft diesen Gedanken: Christus wird als Bezwinger nationalistischer Großmannssucht dargestellt. Die Episode vom geschenkten Apfel bezeugt Gutmanns Achtung vor der Würde der Menschen - eben auch der Kinder - in seinem Lebensalltag. Indem er das Geschenk des Jungen annimmt, lässt er ihn die Rolle des Gebenden, des Gleichberechtigten einnehmen. Im Brief vom 1. Mai 1928 kritisiert Gutmann die weiße Überheblichkeit und die damit verbundene Ungerechtigkeit von Angehörigen der Kolonialbehörden, die die eigene Unfähigkeit als Fehler der einheimischen Bevölkerung interpretieren.

Elisabeth Gutmanns Brief beschreibt sehr anschaulich mit welcher Hingabe und unter welchen schwierigen Umständen ganz selbstverständlich medizinische Versorgung von der Missionarsfrau erwartet und geleistet wurde.

Im letzten Brief von 1925 erwähnt Gutmann eingebettet in familiäre Nachrichten eine der bedeutendsten Früchte seiner intensiven Beschäftigung mit der Kultur der Chagga. Sogar Dr. Frederick Shoo, Bischof der Norddiözese der Evang.-Luth. Kirche in Tansania mit Sitz in Moshi, ließ sich während eines Besuchs der Francke'schen Stiftungen in Halle in der historischen Bibliothek eine Ausgabe des erwähnten Gesetzeswerkes zeigen mit dem Verweis auf die eigenen Wurzeln. Damit hat Gutmann diesem Volk mehr gedient, als ihm selbst bewusst war.

Bruno Gutmann handelte aus einer Frömmigkeit heraus, die seine Seele öffnete für die fremde Kultur. Seine Mission basierte nicht auf der Vernichtung der vorgefundenen Verhältnisse, Sitten, Bräuche und Weltanschauungen, sondern er versuchte das Vorgefundene christlich neu zu deuten. Die umfassende Kenntnis der geistlichen, sozialen und politischen Lebensumstände des Volkes am Fuß des Kilimanjaro war die Voraussetzung für seine missionarische Tätigkeit.

Die Überschriften zu den Briefen sind von mir verfasst, um den Inhalt zusammenzufassen.

Moschi, den 27.12.1927 – Weihnachtskrippe in Moshi

Meine liebe Gertrud!

Wie sieht wohl Eure Weihnachtskrippe in Lichtenstein aus? Die musst Du mir einmal beschreiben. Ich habe an unserer Kirchenkrippe drei Tage gebaut. Da ist oben in der Mitte der Weihnachtsengel und die Hirten und hinter ihnen erhebt sich der Kibo und Mawensi. Und rechts davon sieht man die Stadt Jerusalem mit ihren Mauern und dem Tempel und der Burg. Von dort kommen die Weisen aus dem Morgenlande gezogen mit Kamel und Elefant. Der Schimmel steht ganz vorn mit dem ebenholzschwarzen Knechte aus ...

Unten in der Mitte schaut man in einen Dschaggahof hinein mit seinen Hütten. Davor sind Ochs und Rind und das Eselein und ganz vorn etwas zu Seite steht die richtige strohgedeckte Dschaggahütte und davor sitzt Maria und hat das Jesuskind auf dem Schoße. Auf dem Dache der Hütte sitzen Englein und spielen und musizieren und von der anderen Seite kommen die drei Frankenreiter geritten. Davon vertritt der Schimmelreiter ganz Europa und der Braune auf dem Leopardenfell ganz Afrika und der Reiter im schwarzen Vollbart ganz Asien. Von allen Seiten kommen sie um die Krippe zu beschauen. Aus Madschame waren die Leute mit dem Auto da, von Kahe her kamen 49 Kinder zu Fuß gelaufen mit ihren [...] [*Handschrift nicht lesbar; die Hrsg.*] über die ganze Steppe herüber. Am ersten Feiertage waren auch Inder in der Kirche. So waren Kinder aus drei Erdteilen vor der Krippe in Moschi versammelt.

Aber den Weihnachtssegen umfängt nur, wer den Herrn Jesus in sein Herz hineinlässt, dass er darin herrsche und uns führe. Bete auch Du immer treulich zu ihm, dass er Dich zu Gottes Eigentum mache. Und bete auch für uns!

In herzlicher Liebe grüßt und küsst Dich Dein Vater

Moschi, den 2.8.1927 – Kili-Besteigung

Mein lieber Gottfried und Herman!

Es sei gewagt, ich schreibe Euch noch einmal einen gemeinsamen Brief, in der Hoffnung, dass er Euch noch in Feucht bei der lieben Tante trifft. Zu zwei Briefen reichts diesmal halt nit. Onkel Paul und Magister Reusch erzählten uns von ihrer Kibobesteigung. Es war ein heimatkundlicher Ausflug mit den ersten Seminarsklasse. Aber kein einziger der Seminaristen ist bis zur Kaiser Wilhelm Spitze gekommen. Nur ein Moschibursche, namens Esra, hat sie beinahe erreicht. Neun andere kamen mit bis an den Kraterrand. Dort aber waren sie so erschöpft, dass sie nicht einmal in den Krater schauen mochten. Auch als die Sonne aufging und Magister Reusch glaubte einen Streifen Meer zu sehen, ließ sie das völlig unberührt. Also hat nur Reusch selber den Gipfel erreicht und seinen Namen in das Gipfelbuch eingetragen, aus dem er sich Notizen gemacht hat, sodass er jetzt jedem Kundigen beweisen kann, dass er wirklich oben gewesen ist. Und nun hat er seinen sehnlichen Wunsch erfüllt und die Missionsfahne auf die höchste Spitze des höchsten afrikanischen Berges gebracht. Die deutsche Flagge schwarz-weiß-rot ruhte da zuerst. Die Engländer legten dann die ihrige darüber. Nun deckt sie beide die Kreuzesfahne. Ja, wenn sie sich nur ehrlich zu Christo bekehren wollten, dann allein wärs das beide Völker einig werden.

Heute schicke ich Euch zwei Lichtbilder, die der Großpapa aus Paraguay schickte. Das eine zeigt Euch sein neues Haus, das er sich mit 65 Jahren noch selber gebaut hat. Er ist sehr glücklich, nun wieder ein ordentliches Haus zu haben. Gelt, das gefällt Euch auch. Fünf Gäule stehen davor. Es führt jetzt auch eine Autostraße über seine Besitzung. Schreibt ihm doch einmal. Seine Anschrift ist: Senor Dr. E. Th Förster, Paraguay Colonia Independencia, Südamerika.

Und wünscht ihm Gottes Segen zum Einzug. Hart genug gehts ihm immer noch. Er hat kein Geld. Sie müssen mit einem Laden und Pensionären sich über Wasser halten, da die Kräfte für den landwirtschaftlichen Betrieb nicht ausreichen. Auch Hans kann das nicht leisten. Im Dienste des Boden muss man sich von Jugend an üben, sonst ist man unfähig dazu. Menschen mit hartem Willen zwingen natürlich alles. Aber deren werden immer weniger, je mehr die Erleichterungen des Lebens werden. […]

Und nun segne Euch der barmherzige Gott das Wintersemester. Kommt beide zu einem guten Abschluss darin. An Leib und Seele bleibt wohlbewahrt und aufbewahrt für ein … Mannestum.

In herzlicher Liebe grüßt Euch Euer Vater.

Moschi, den 20.3.1928 – Arbeit in der Steppe

Meine liebe Gertrud!

Heute schicke ich Dir ein Bild aus Afrika. Die kleinen braunen Kerlchen lassen sich ein Bild zeigen. Der Lehrer deutet gerade mit dem Zeigestock auf den Heiland, der die Kinder segnet. Das sind Kinder in Uganda. Und die Aufnahme des Bildes hat der Bote der britischen Bibelgesellschaft gemacht. Er war auch einmal bei uns zu Besuch und hat sich Mamas Geburtstag aufgeschrieben und ihr nun auch an ihrem Geburtstage gratuliert.

Da lag dieses Bildchen bei. Am vorigen Mittwoch war ich wieder in der Steppe drunten zu einer Christenversammlung am Usaranga. Die Leute dorten freuen sich jedesmal recht, wenn ich komme. Sie haben viel Not, weil da unten das Malariafieber herrscht. Davon werden besonders die Kinder recht elend und viele sterben in früher Jugend. Darum haben sie aber auch das Wort Gottes lieber, als die Menschen, die es besser haben. Du wirst denken, warum ziehen sie dorthin, wo es solches Fieber gibt? Nun, weil sie in ihrem Lande keinen Platz mehr haben. Wenn die Versammlung aus ist, kommen die Leute vor der Tür auf mich zu und nehmen Abschied. Und dann muss ich mich immer wehren gegen das, was sie mir mitgebracht haben. Da bringt ein Kind Eier. Ich bin ohne jeden Begleiter, denn mein Reittier habe ich wegen der gefährlichen Tsetsefliege eine Stunde weiter oben gelassen, und ich sage ihm, ich könne die Eier nicht tragen. Aber ich muss sie nehmen, und die von den anderen noch dazu und sie freuen sich, wenn die Taschen nun recht weit abstehen. Und wenn ich endlich aufbreche, gehen die Kinder mit und springen neben mir her und jedes will gleich hinter mir und neben mir gehen und es gibt stille und laute Kämpfe darum. Da hockt ein kleiner Kerl splitternackt am Kanal. Er hat zwei grasgrüne Apfelsinen in der Hand. Die eine verzehrt er eben, die andere streckt er mir mit lachenden Augen entgegen und sagt: Da nimm! Er ist glückselig dass er mir auch etwas schenken kann und ich nehme sie und trage sie nun als meinen Reichsapfel im Zuge der Kinder weiter. Sie feuern sich an und sagen: Heut gehen wir mit bis zu seinem Hause. Aber als wir die Autostraße in der Steppe überschreiten, schick ich sie heim und bedanke mich für das gute Geleit. Und hui gurren sie davon in ihre grünen Siedlungen zurück. Ich aber steige nun langsam bergan, bis ich Falada am Wege treffe. Und behutsam steige ich in den Sattel, damit die Eier in der Tasche nicht zerbrechen. Wenns finster ist, sind wir daheim und Mama empfängt mich auf dem Cypressenwege.

Behüt Dich Gott mein Trudelein. In herzlicher Liebe grüßt und küsst Dich Dein Vater

Moschi, 7.2.1928 – Konflikte lösen

Meine liebe Ilse!

Da seid Ihr lieben Vier nun vor mir auf meinem Arbeitstische und schaut in Euer Blitzlicht in Feucht. Das ist eine große Freude für uns, Euch wieder einmal so ins Gesicht zu schauen. Du selber hast die Augen vor dem grellen Licht gesenkt. Aber vergnügt seid Ihr alle Vier gewesen, das sieht man Euch an und Gottfried und Hermann schrieben es auch. Von Euch hatten wir noch keinen Brief wieder. Gelt, das ist doch fein, wenn Ihr einmal alle beieinander sein könnt? Geschwister haben doch ein gemeinsames Leben und fühlen sich als eine Lebenseinheit. Lernt es nur auch immer besser füreinander zu sorgen und einzutreten und betet vor allen Dingen auch treulich füreinander. Die liebe Mama zeigte mir das Bild in Sango, am Ausgange der Narangischlucht, wo sie mich abholte, als ich von Kahe aus der Steppe wiederkam. Dort im fernen und heißen Kahe hatte es einen Streit zwischen dem Lehrer und den Leuten gegeben, weil er sie schlecht gemacht hatte. Den Streit musste ich schlichten. Der Lehrer wollte zwar Recht behalten, denn es sei richtig, was er gesagt habe. Da zeigte ich ihm, dass es nicht nur richtig sein müsse, sondern auch richtig gesagt und an der richtigen Stelle. Und es sei viel wichtiger, das Gute in ihnen zu stärken, als nur immer ihre Schwächen zu betonen, darum ging ich selber zu den Leuten und besuchte die Kanalherren. Das sind jene Kaheleute, deren Vorfahren keine Bewässerungsgräben angelegt haben. Da sah ich sehr schöne Bananenhaine auch bei den verrufenen Kaheleuten und ich dankte den Kanalherren für ihr gutes Beispiel. Einen Fluss gibt es in Kahe, aus dem nehmen die Leute kein Wasser zur Bewässerung. Sie meinen, dass der sterben muss, der einen Kanal aus dem Flusse zieht. Den frisst der Fluss. In ihm gibt es besonders viel Flusspferde und Krokodile und die bösen Speischlangen, gegen deren Gift es kein Gift gibt. Wir sahen aber nur 2 andere Schlangen und viele Hundsaffen und Meerkatzen und auf dem Wege durch die Steppe die Spuren einer Büffelherde. Das Schönste war ein Flug Störche. Die haben gewiss vom oberen Nil her aus ihrem Winterquartier einen Ausflug nach hier gemacht. Vielleicht waren gar die Rieser Störche dabei. Ihr müsst mal einen fangen und ihm ein Ringlein ans lange Bein legen und einen Gruß darauf ritzen. Und nun sei Gott befohlen mein Ilselein. Wie geht es wohl Schwester Martha?

In herzlicher Liebe grüßt und küsst Dich dein Vater

Moschi, den 1.5.1928 – weiße Überheblichkeit

Meine liebe Ilse!

Wir zerbrechen uns den Kopf, warum Eure Brüder nicht mit Euch nach Lichtenstein gefahren sind. Nun, hoffentlich sind sie in der Osterwoche nachgekommen. Auf meinem Wege nach Mbokoma hatte ich noch ein Erlebnis, wenigstens so interessant wie die Begegnung mit dem Adler, die ich der Gertrud erzähle.

Ich stieg gerade das letzte Tal vor dem Aufstieg zur Kapelle hinab, da begegnete mir der Häuptling von Moschi mit vielen Männern. Wir begrüßten uns und ich fragte ihn, woher er komme. Da lachte er verdrießlich und sagte, er habe Quellen zählen müssen für die Regierung. Da sind nämlich drei Täler, wir standen ganz im mittelsten, die lassen ihr Wasser in der Steppe zusammenlaufen in einen Wasserlauf. Der ist in der heißen Zeit aber ganz trocken und darum haben die Engländer gedacht, es genügt, wenn man ein paar Rohre in das Bachbett legt und dann Steine darüber schüttet und einen Damm baut. Doch als nun eben die ersten schweren Regen über das Tal gingen, drei Tage und drei Nächte, da kamen so gewaltige Wassermassen im Flussbett hinab, dass die ganze Brücke im Nu verschwand. Ein Europäer wäre beinah mit fortgerissen worden. Gleich am anderen Morgen kam der Befehl an den Häuptling, er solle feststellen, wo das viele Wasser herkomme und ob man die Quellen nicht in andere Flüsse ableiten könne. Na, und wenn man es auch könnte, was aber ganz unmöglich ist, was wäre damit gewonnen? Die Täler müssten sie doch stehen lassen und eben in diesen Tälern fließt der Guss vom Himmel zusammen.

Vielleicht laden sie die Quellen noch vor Gericht! Gelt, das ist zum Lachen? Und die Leute lachen auch sehr darüber. Aber warum handeln die Herren so töricht? Weil es ihnen, wie jedem Menschen, so schwer fällt, einen Fehler einzugestehen. Ehe sie sagen: das ist eine Dummheit von uns, die Brücke wie einen Straßengrabendurchlass zu bauen, da schreien sie lieber: die Schwarzen sind schuld, sie lassen alle Quellen bergab laufen. Und die Quellentrude lacht dazu, wenn sie abends ihren Adler streichelt und er ihr davon erzählt,

In herzlicher Liebe grüßt und küsst Dich Dein Vater

Masama, den 4.8.1925 – Krankenbehandlung

Meine liebe kleine Gertrud!

Schon recht lange habe ich nicht an Dich geschrieben, es stand bloß immer nur ein kurzer Gruß unter den Briefen. Dein lieber Brief vom 24. Juni hat uns recht erfreut! Nun werden wir wohl bald aus den Ferien Briefe von Euch erhalten. Ich denke immer sehr an Euch alle Vier. Es geht uns gut, die Gliederschmerzen bei mir sind verschwunden und ich werde auch wieder etwas dicker. Die Leute hier leiden viel an diesen Brust- und Rückenschmerzen und kommen und wollen Arznei haben, ich gebe ihnen etwas Chinin und dann wird es besser. Jetzt war aber auch noch die Grippe im Lande, da waren gleich in einer Hütte alle Leute krank, Vater, Mutter und Kinder. Eines Tages brachten die Leute unseren guten Lehrer Andrea getragen, er wohnt oben nahe am Vorwalde. Er war sehr krank hier, hatte Lungenentzündung. Ich machte ihm Umschläge und da er so große Schmerzen hatte (Stechen in der Seite und Blut spuckt) so machte ich ihm auf die schmerzenden Stellen einen Lehmumschlag von dem Lehm, den wir mitgebracht hatten. Er half sehr gut. Nach einigen Tagen sagte er, ich solle doch wieder einen Lehmumschlag machen. Nun machten wir von Ameisenlehm Umschläge. Er sah es aber gleich, dass das keine Erde aus Ulaga war. Ich sagte ihm „Eure Erde wird auch helfen." Sie hat auch geholfen, aber die Erde aus Ulaga wäre ihm lieber gewesen. Mir ist sie auch lieber. Ich habe ihm aber immer dazwischen Wasserumschläge gemacht und Chinin gegeben und Zitronenwasser. Jetzt ist er wieder auf und will gern nach Hause und seine Kinder sehen, die waren unterdessen auch krank daheim und auch seine Frau. Aber es muss erst besser Wetter geben, dann lasse ich ihn hinauf. Weißt du, worüber ich mich immer sehr freue, über die alten Jacken und Westen, die ich aus Ehingen mitgebracht habe. Du weißt doch, sie waren auf dem Boden und wir hatten sie aus Leipzig geschickt bekommen, um für die Buben Anzüge zu machen. Aber hier kann ich sie gebrauchen für die Kranken. Ich habe keine Wolldecken, sondern nur dünne Baumwolldecken und wenn ein Schwerkranker kommt, dann wird ihm ein Umschlag gemacht und eine warme Jacke angezogen und er muss schwitzen. Wenn er wieder gesund ist, dann wird die Jacke tüchtig gewaschen und in die Sonne gelegt. Vielleicht schenkt uns auch einmal jemand Wolldecken für die Kranken. Jetzt wollen wir ein kleines Krankenhaus für Masama bauen mit Glasfenstern mit einem Ofen darin. Die Hütten, die wir jetzt für die Kranken haben, sind nicht schön. Sie haben bloß Läden und wenn man die aufmacht, dann zieht es sehr und wenn man sie zumacht, dann ist es stockdunkel und der Rauch beißt sehr. Hier in Mamasa gibt es sehr guten Lehm und da wollen wir Lehmziegel davon machen und dann ein Krankenhaus bauen und Wellblech auf das Dach. Und wir hoffen, wenn die gute Schwester Elisabeth kommt, dass es dann fertig ist. Auch eine kleine Krankenküche wollen wir bauen, denn es ist nicht schön, wenn in unserer Küche für die Kranken gekocht wird. Da stehen dann immer die Töpfe der Kranken und da können wir selber noch krank werden. Wenn einmal die kleine Küche fertig sein wird, dann können auch die Frauen, die die kleinen Kinder bringen, die Husten und Fieber haben in der Küche, die warm ist, schön warten, bis sie an die Reihe kommen. Nun meine liebe kleine Gertrud habe ich Dir etwas erzählt, Du bist aber nicht mehr klein, ich kann Dich an meinem Fensterplatz, an dem ich schreibe, immer schön sehen, da hängen Eure Bilder und Du mit Deinen Puppenkindern schaust mich immer so ernst an. Ich freue mich über das Bild. Nun sei immer recht lieb und gut Trudelein, und hilf der lieben Tante recht schön und schreibe an uns und an Gottfried und Hermann und Ilsebill. Ich will jetzt noch an die Buben und Ilsebill schreiben. Nun behüt Dich Gott mein herzliebes Mädle.

Grüß vielmals die lieben Tanten und den lieben Onkel

Es küsst Dich von Herzen Deine Mutter

Masama, den 7.12.1925 – Bruno Gutmann „Das Recht der Chagga"

Meine lieben Buben!

Dezember und diese brennende und schwüle Hitze! Ja, das ist Afrika. Ihr habt es recht schön kühl und doch auch warme gemütliche Zimmer. Eure lieben Briefe haben uns sehr gefreut. Es kam eine Riesenpost am letzten Freitag. Ich hatte gerade sehr viel zu tun und konnte kaum die Briefe lesen, aber am Nachmittag kam ich dann doch dazu. Nun, Gott sei Dank wart ihr gesund! In der Schule geht es jetzt noch heiß her, Pummel. Da halt Dich nur gut und lern gewissenhaft. (Hermännle, Du musst auch tüchtig ...)

Aber was man in der Jugend gut und gewissenhaft lernt, das behält man für das ganze Leben und vergisst es nicht wieder. Mit der letzten Post kam auch Papas großes Buch: Das Recht der Dschagga heißt es und 732 Seiten stark, herausgegeben von Professor Felix Krueger, Professor der Psychologie an der Universität Leipzig. Es handelt von den Rechtsbräuchen der Dschagga. Der Professor hat ein Nachwort dazu geschrieben. Dort heißt es: das Recht der Dschagga ist von einem deutschen Manne zu allererst für Deutsche geschrieben, im Bewusstsein ihrer Not. Seine wissenschaftlichen Ergebnisse wenden sich letzten Endes an das Gewissen der Menschen. Sie sind erarbeitet in dem Glauben an unseres Volkes überzeitliche Bestimmung. So, nun freut euch darüber von Herzen, prahlt aber nicht damit und macht Eurem lieben Vater viel Freude. Seine allergrößte Freude sind doch seine Kinder und die Arbeit an diesem Volke. Er hat viele Jahre an diesem Buche gearbeitet und die Manuskripte viel in der Welt herumgeschleppt und sie glücklich durch den Krieg gebracht. Später könnt ihr das Buch einmal lesen.

Unter dem Titel „Der Heilige Bruno. Die unglaubliche Geschichte meines Urgroßvaters am Kilimandscharo" veröffentlichte Tillmann Prüfer, Journalist des ZEIT-Magazins, 2015 im Rowohlt Taschenbuch Verlag (ISBN 978 3 499 63057 6) seine Geschichte der Annäherung an den bekannt-unbekannten Urgroßvater. Seine Erzählung dokumentiert auf eine sehr interessante und schön zu lesende Weise, wie wir unbewusst von der Geschichte geprägt sind und sie uns immer wieder auch einholt. – Im Rahmen des Symposiums hat Tillmann Prüfer mit einer Lesung die Anwesenden in die Familiengeschichte hineingeholt. Ihm und dem Rowohlt-Verlag sei für die Erlaubnis zur Aufnahme der Abschnitte in diesen Symposiums-Band gedankt.

Tillmann Prüfer – Der Heilige Bruno

Gott und ich

Ich habe meine Kinder katholisch taufen lassen, aus Faulheit. Meine Frau sagte, wenn wir sie evangelisch taufen ließen, sollte ich mich auch um die religiöse Erziehung kümmern. Wenn sie hingegen Katholiken würden, würde sie das übernehmen. Nun war mir völlig schleierhaft, wie ich ein Kind religiös erziehen soll. Gehe ich dann jeden Sonntag in die Kirche? Beten wir vor dem Essen? Lesen wir gemeinsam im Neuen Testament? Im Alten? Diskutieren wir, ob es Dinosaurier gab? Ich bin mir gar nicht sicher, ob ich selbst eine „religiöse Erziehung" genossen habe. Ich kann kein Kirchenlied auswendig und könnte keine einzige Stelle aus der Bibel zitieren (außer den Anfang und ein bisschen Weihnachten). Mir war die Konfession meiner Kinder einfach egal. Dabei habe ich kein schlechtes Verhältnis zu Gott. Ich nehme an, wäre Gott bei Facebook, wären wir befreundet. Allerdings haben ich und Gott wenig miteinander zu tun, wir haben praktisch keinen Kontakt. Ich lebe im Osten Berlins. Ostdeutschland ist angeblich das Gebiet mit der welthöchsten Atheistendichte. Gott ist hier wenig unterwegs. (S. 7)

Gott und ich haben bisher also nicht sehr viel miteinander zu tun gehabt. Meine Vorfahren aber hatten das ganz anders gehandhabt. Meine Großmutter Gertrud und ihr Bruder Hermann waren zur Nazi-Zeit Mitglieder der Bekennenden Kirche. Das waren Christen, die den Pakt der Kirchen mit den Nationalsozialisten abgelehnt hatten. Der noch viel größere Christ aber war mein Urgroßvater Bruno Gutmann. Er war Anfang des 20. Jahrhunderts sogar Missionar in Afrika, mehr als 30 Jahre hat er als Glaubensstifter bei den Eingeborenen verbracht. (S. 9)

Ankunft in Afrika

Um uns ist nur afrikanische Dunkelheit, während unser Auto auf Moschi zusteuert. Es gibt Alt Moschi und Neu Moschi. Neu Moschi wurde wegen der neuen Eisenbahnstation gebaut, die angelegt wurde, kurz nachdem mein Urgroßvater das Gebiet bereist hatte. Saria lobt die Eisenbahn. Alles, was die Deutschen gebaut haben, stehe noch. Stationen, Brücken, Schienenstränge. Er erzählt, während er das zitternde Lenkrad hält, meinem zitternden Vater, dass er mehrmals in Deutschland gewesen sei. Da sei er mit der Eisenbahn gefahren. „Uh – fast!" Schnell! Er habe Angst gehabt in so einer Eisenbahn. Wenn da mal etwas passiere, könne man nichts mehr tun. „In Tansania sind die Eisenbahnen langsam wie Kühe, das ist nicht so gefährlich!" Er erzählt, dass die Loks, die in Deutschland im Museum stehen, hier noch auf der Strecke fahren. „Sie sind gut, so gut." Alles, was die Deutschen gemacht haben, ist gut. „This is Gutmann-Land", ruft Saria plötzlich. „This all is Gutmann-Land!" (S. 131)

Das ultimative Gebet

Saria ruft uns vor den Altar, nun stehen wir da, die Familie Prüfer, wie Ausstellungsstücke. Saria spricht davon, wie geehrt man sei, dass die Familie Gutmann, die Nachfahren des großen Bruno, ihren Weg nach Moschi gefunden hätte. Er spricht von unserer Spende – da gibt es Applaus – und davon, dass man immer gehofft habe, die Gutmanns würden einmal wiederkehren. „The Gutmanns are back home!", ruft er. Die Gemeinde klatscht, jubelt, Einzelne rufen Halleluja. Dann reicht er uns das Mikrophon. Mein Vater spricht als Erster. Eigentlich hasst er es, öffentlich zu reden. Aber hier fühlt er sich wohl. Er spricht sogar englisch. Wenn ich eine Ahnung hätte, wer der Heilige Geist ist, würde ich meinen, er sei auf meinen Vater herniedergekommen. Er bedankt sich für die Gastfreundschaft und beschreibt, welchen guten Eindruck man habe von der Lebendigkeit der Kirche. Die Gemeinde applaudiert wieder. Meine Mutter stellt sich mit Namen vor und wird beklatscht. Dann habe ich das Mikrophon in der Hand. Einen Moment bin ich wie gelähmt. Ich sehe in Hunderte Augenpaare. Alle diese Menschen wollen etwas hören, etwas Frommes. Sie meinen nicht mich. Sie meinen den Mann, der sie vor 70 Jahren verlassen hat. Der sollte wiederkommen, nicht ich. Was ich denke und glaube, ist hier nun nicht von Belang. Und dann höre ich mich sprechen. Nein, Gutmann spricht durch mich.

„Wir Gutmanns leben in Deutschland, einem regnerischen, kalten Land, weit weg von hier, aber wir sind doch nah verwandt mit euch, denn wir haben denselben Großvater, Bruno Gutmann. Bruno Gutmanns Körper ist in Deutschland begraben, aber sein Herz, das wussten wir immer, ist in Moschi beerdigt. Deswegen wollten wir immer hierher zurückkehren, auf der Suche nach unseren Wurzeln. Wir haben aber mehr gefunden, wir haben entdeckt, dass Tansania tief in unserem Herzen verwurzelt ist. Bruno Gutmann hat vor mehr als 100 Jahren den Gospel nach Moschi gebracht. Und nun habt ihr den Gospel zu uns zurückgebracht. Mit eurer Herzlichkeit, eurer Gastfreundlichkeit, euren Liedern und Gebeten. Dafür möchten wir euch danken. Wir haben gelernt, dass wir nicht nur Brüder und Schwestern mit euch sind, sondern auch in demselben Haus wohnen, dem

Haus Gottes. Morgen werden wir Moschi verlassen, wir gehen zurück nach Deutschland. Aber die Sonne werden wir im Herzen tragen. Wir werden für euch beten, und betet ihr auch bitte für uns."

Diese Worte wären in Deutschland als schwülstig, wenn nicht peinlich aufgenommen worden, aber hier klatschen die Menschen, sie jubeln, rufen Halleluja und Amen. Hier muss ich weinen. (S. 264f)

Der Vortrag im Französischen Dom Mai 1942

Er liest leise vom Blatt ab, in verschachtelten Sätzen und Begriffen, die noch niemand gehört hat. Er spricht davon, dass jede Rasse sich als die eigentlich menschliche sehe – und alle anderen als Barbaren bezeichne, sogar die Eskimos im Norden, dass man sich erst in der Begegnung mit anderen Rassen seiner Identität bewusst werde. Er mahnt: „Der Afrikaner besitzt aus seiner grundständigen Verfassung heraus das Verständnis für die entscheidenden Voraussetzungen für das Wirken des Himmlischen auf Erden". Und: „Es leuchtet ein, dass so vom Afrikaner hergesehen, der Europäer als Handlungsträger Gottes nur anerkannt leben kann, wenn er ihrem Gottgefühl nicht entgegenhandelt." Es ist ein gnadenloser akademischer Vortrag, dem praktisch nicht zu folgen ist. Dazu ist er in den hinteren Reihen kaum zu hören. Und dass ist vielleicht auch gut so. Denn Gutmann spricht vom Ansehen, welches der weißen Rasse in Afrika abhandenkommt. Vom vergessenen Gottesauftrag und den unmoralischen Aneignungen der Europäer in den Kolonialgebieten. Er spricht von einer friedvollen Partnerschaft von schwarzen und weißen Menschen, vom Neben- und Miteinander der Rassen. Die Nationalsozialisten und Hitler erwähnt er dabei mit keinem Wort. Das Lob der Schwarzen und der Tadel am verspielten Respekt der Europäer könnte ihm zu diesem Zeitpunkt zum Verhängnis werden. (S. 292-293)

In vielen Teilen des Reichs und den von der Wehrmacht besetzten Gebieten werden Schwarze wegen unbedeutender Bagatelldelikte in Konzentrationslager eingewiesen. Vermutlich schützt Gutmann, dass an diesem Tag im Dom niemand seinen Ausführungen so recht folgen kann. [...] Sein Sohn Gottfried tritt als Student der NSDAP bei und ist im Nationalsozialiastischen Studentenbund aktiv, wird aber von Hitler persönlich aus der Organisation geworfen, weil er sich bei einer Audienz über das unehrenhafte Benehmen des Studentenführers beklagt. So wird der frühere Nationalsozialist schon amtlich entnazifiziert, bevor es mit dem faschistischen Regime in Deutschland überhaupt losgeht. Hermann hingegen studiert Theologie [...] Er stirbt 1943 beim Russland-Feldzug unter ungeklärten Umständen. (S. 294)

Wie bereits in der Einführung erwähnt, ist es heute mehr denn je nötig, sich mit folgender Frage zu beschäftigen: Was war Gutmanns Kommentar zum 3. Reich? Als Herausgeber suchten wir vor allem in Gutmanns Veröffentlichungen nach dem Ende des 2. Weltkriegs, als die unerhörten Verbrechen an den Juden in die deutsche Öffentlichkeit gedrungen waren. Wir fanden nichts. Der sonst so begabte und wortgewandte Mann wurde genauso sprachlos wie der größte Teil der übrigen Deutschen. Außer den Beteuerungen von Gutmanns Nachfolger Ernst Jäschke, dass Gutmann trotz seines Vokabulars kein Nazi war, belegt der Urenkel Tillmann Prüfer mit der Schilderung des Vortrags seines Urgroßvaters 1942 in Berlin, dass Gutmanns Gedanken nicht der Unterstützung der damals schon erfolglosen Politik Adolf Hitlers dienten, sondern einen gesunden Gemeindeaufbau im Blick hatten.

Wir drucken diesen Vortrag hier in voller Länge ab, weil er Gutmanns Denken gut wiedergibt in der damaligen Sprache, und weil er nur noch in wenigen Exemplaren vorhanden ist. Allerdings haben wir uns entschieden, das N-Wort zu maskieren: Es unkommentiert zu lassen ist für uns mittlerweile unerträglich. Kaum zu ertragen ist auch Gutmanns Rekurs auf die damals als wissenschaftlicher Standard geltenden, heute erwiesenermaßen pseudowissenschaftlichen, rassistisch geprägten Untersuchungen an den Schädeln getöteter afrikanischer Menschen. Schließlich möchten wir anmerken, dass Gutmanns Verwendung des Begriffs „Rasse" heute ebenfalls nicht mehr zeitgemäß ist. Auch wenn Gutmann aus der Klassifizierung der Menschen in unterschiedlicher Völker und „Rassen" keine Wertung ableitet, so ist der Begriff in der Gegenwart weder wissenschaftlich noch mit seiner mehr als belasteten Historie haltbar.

Bruno Gutmann – Die Gottesfrage zwischen Schwarz und Weiß[*)]

Daß sie ein Volk sind, davon wissen die Menschen von innen her, aus den geistig-seelischen Bewegungen, die in ihren nächstenschaftlichen Beziehungen entstehen und jene moralischen Energien erzeugen, in denen völkisches Selbstbewußtsein zu leben beginnt bei allen Rassen. Daß sie eine Rasse sind, also eine biologische Sonderform des Menschengeschlechtes, erkennen die Völker erst in der Begegnung mit einer anderen Rasse, die artverschieden von ihrer eignen ist. In diesen Begegnungen kommt es zu Spannungen, die das Selbstbewusstsein der beteiligten Völker aufs stärkste herausfordern und belasten. Diese rassischen Spannungen zwingen sie nämlich heraus aus dem Ringe der inneren Selbstausgleiche in grundständig-nächstenschaftlichen Ordnungen oder berufsständischen Schichtungen und führen sie, die sich Höchstgebilde des irdischen Daseins fühlen, als Elemente hinein in eine Weiterbildung der Schöpfung, die ebenso spürbar erfüllt ist von einem zielstrebigen Handeln des Schöpfers wie umwittert von allen Dämonen des Chaos. Um die Tiefe dieses Neuerlebens zu

---

[*)]   Vortrag auf der Brandenburgischen Missionskonferenz in Berlin 1942.

verstehen, müssen wir uns vergegenwärtigen, daß sich jede Rasse von ihren völkischen Ordnungen her als die Verkörperung des echten Menschtums fühlt. Das steht nicht nur fest von Ariern und Semiten, sondern auch die Eskimos bezeichnen sich als die eigentlichen Menschen, und nennen die anderen die Barbaren. Und die Banturasse, also die Hauptmasse der Bewohner Afrikas, wurde ja so benannt, weil sie sich in allen ihren Sprachen Wandu oder Bantu: die Menschen, nennt. Demgegenüber sind wir Europäer für die ostafrikanischen Bantu die Wasungu, welches Wort zuerst einmal das Befremdliche der Erscheinung feststellt, wie im Zwielichte vor einer Entscheidung, die sie zu Gott oder den Dämonen verweist. In diesem Zwielichte wird die Erscheinung des weißen Mannes überall stehen, wo er den farbigen Rassen zum ersten Male begegnet. Ob man ihn aufnimmt als von oben her, oder als der Unterwelt entstiegen, hängt wesentlich von der Gottesvorstellung ab, die die in Frage kommende farbige Rasse entwickelt hat. So wissen wir, daß die Papuas an der Küste Neu-Guineas die ersten Weißen als ihre Vorfahren aus dem Totenreiche angesehen haben. Von diesen Küstenpapuas steht aber auch fest, daß sie als eine Folge ihrer weitgehenden sozialen Entartung auch ihre Gottesvorstellung verloren haben, die die volksorganisch noch ungeschädigten Inlandstämme noch aufweisen. Und so hängt sicherlich auch die chinesische Auffassung vom weißen Manne als eines dämonischen Wesens mit der Überwucherung des Teufelsglaubens und des Totenkultes zusammen. Damit erweist sich aber die erste Einstellung zum weißen Manne als ein untrüglicher Gradmesser der Tiefengliederung der fremden Rasse und dafür, ob auf dem Grundgefühle ihrer Seelen ein Gottgefühl lebt oder nicht.

Wir sind nun in der glücklichen Lage, bei der Frage nach der seelischen Spannung, die durch die Begegnung zweier artlich so verschiedener Rassen, wie die der Weißen und der Bantun****, entsteht, uns an eine Parallele halten zu können, die vom amerikanischen Kontinente vorliegt. Den wohl ersten Bericht überhaupt von Begegnungen unserer Rasse mit farbigen Rassen liefern die Isländer, die Amerika zuerst entdeckt haben. Sie nannten die Eskimo-Indianer, jene Leute, die sie als von kleiner Statur und bösartigem Aussehen beschreiben „mit breiten Backen, großen Augen und struppigem Haar" Skrälinger. Sie konnten sich mit ihnen nur in der Zeichensprache verständigen. Die Zeichensprache kennen wir nur noch als Andeutung animalischer Bedürfnisse und Affekte. Auf der Grenze aber zweier Kontinente und ihrer Rassen wird sie zum Organ der sie beide umschließenden Geistesmacht, und die Beziehung auf Gott steht gebietend über ihnen. Jene Skrälinger kommen in Lederbooten und schwingen von ihnen aus Stangen mit der Sonne, also wohl in der Richtung von Ost nach West. Die Isländer nahmen es als ein Friedenszeichen und gingen ihnen darum mit weißen, also leuchtenden Schilden entgegen. Das ermutigte die Skrälinger, aus den Booten zu steigen, – so begegneten sich die beiden Rassen zum ersten Male unter dem Zeichen der Sonne, also unter dem Frieden Gottes. Die zweite Begegnung führte unter dem gleichen Friedenszeichen zum Warenaustausch, bei dem die Skrälinger am Ende grimmig betrogen wurden. Darum wohl kamen sie das dritte Mal in kriegerischer Absicht. Deshalb schwenkten sie ihre Stangen gegen die Sonne, strichen also den Frieden aus, den sie unter der Sonne gelobt hatten, und die Isländer gingen ihnen mit roten Schilden entgegen, nahmen also den Kampf an. Sie mußten sich aber vor der Übermacht zurückziehen und waren nahe daran, zu erliegen. Da rettete sie eine ihrer Frauen wiederum durch die Zeichensprache und zwar, indem sie sich selbst zur heiligsten Vokabel machte, durch die der Schöpfer Menschen anspricht, die noch durch das Schamgefühl mit ihm verbunden sind. Sie war gesegneten Leibes und folgte nur schwerfällig und tieferzürnt über das Zurückweichen den Männern. So holten sie die Skrälinger ein. Da kehrte sie sich ihren Verfolgern zu und schlug mit der flachen Klinge eines Schwertes, das sie unterwegs von einem Gefallenen an sich genommen hatte, an ihre entblößten Brüste. Das machte einen so tiefen Eindruck auf die Skrälinger, daß sie nicht nur von ihr abließen, sondern sich den Booten zuwendeten und davonfuhren. Sie hatten die Beschwörung bei dem Heiligsten, was uns als Menschen alle vor Gott verpflichtet, verstanden. Und so ist die Gottesfrage immer wieder aufgestanden bei der Begegnung der Europäer mit den Ureinwohnern Amerikas. Daß man das nicht verstanden hat von seiten der führenden Rasse, sondern das ganze Verhalten wie jene geretteten Isländer nur als Glücksfall pries, das hat einen Fluch auf jenen Kontinent gelegt, der nur schwer zu entsühnen sein wird. Die entsprechenden Erfahrungen der Spanier mit der zentralamerikanischen Bevölkerung sind ja allgemein bekannt. Doch sei besonders hingewiesen auf die Erlebnisse des Alvar Nunez Cabeza de Vaca, die er als Schiffbrüchiger nördlich des Golfes von Mexiko unter den dortigen Indianerstämmen hatte. Seine Heilungen, die er unter ihnen durch Gebet und Kreuzeszeichen vollbringt, erregen schließlich ganze Stämme. Als Söhne der Sonne oder des Himmels werden er und seine Gefährten bezeichnet. Daß seine Bemühungen immer Erfolg hatten, führt man auf die besondere Beeinflußbarkeit der roten Rasse zurück. In Wahrheit wird sie begründet gewesen sein durch die tiefe Erregung ihrer Seelen vor Geschöpfen, die sie vom Himmel gekommen glaubten. Alle die vielen Einzelzüge aus der Begegnung der weißen mit der roten Rasse, die immer wieder an die Frage nach Gott erinnern, die zwischen ihnen steht, erscheinen wie zu einer symbolischen Handlung zusammengefaßt in der Begegnung Francis Drakes mit Indianern auf dem Boden späterer St. Francisko, wie sie Reinhold Schneider erzählt. Die Seefahrer rasten neben ihren an Land gezogenen Schiffen. Da steigt das rote Volk hernieder, in seiner Mitte der von Kriegern geleitete König. Gesandte beugen sich nieder vor dem Fremden und halten eine Ansprache, dann schreitet würdevoll der König heran, derweilen die Männer tanzen und singen, die Frauen aber sich Gesicht und Brüste schlagen, daß sie bluten. Der König verbeugt sich tief vor dem sitzenden Drake unter frohem Gesang, nimmt die Krone vom Haupte und setzt sie diesem auf, schmückt seinen Nacken mit Perlenketten und nennt ihn Hioh, König, worüber Männer und Frauen in Jubel ausbrechen, weil Gott selbst gekommen ist, ihr König zu werden. Drake sprach von der Königin, in deren Namen er die Krone annehme. Ihr sollten die Schätze und Reichtümer dieses Landes zugute kommen. Ob die Fremden gleich die Opfer zurückwiesen, die man ihnen täglich brachte, und nach dem Himmel deuteten, als ob dort der Mächtige wohne, dem sie gebührten, das Volk blieb dabei, daß sich sein Traum erfüllt und Gott selbst sich ihnen gezeigt habe. Bedenken wir: Ein wohlgeordnetes Volk fühlt sich bei der Begegnung mit dem weißen Manne von Gott her besucht und abgesprochen. Zu welchen Erkenntnissen wollte das diesen führen! Er aber fordert nur die Reichtümer und Schätze des fremden Volkes für seine Auftraggeberin an. Welch katastrophale Verkennung der eigenen Berufung vollzog sich da!

Dieses Bild bleibe vor unserer Seele stehen, wenn wir nun den Blick nach dem afrikanischen Erdteile richten. Die einzigartige Lage, in der uns Abendländer dieser Erdteil heute anspricht, erschließt sich uns nur, wenn wir auf die göttliche Fügung merken, die sie zustandekommen ließ. Zur selben Zeit, als die Spanier und Engländer ohne Verständnis und Ehrfurcht an der Gottesfrage vorübergingen, die sie aus dem Verhalten der neuentdeckten Menschenstämme ansprach, setzten sich ja die Portugiesen an den afrikanischen Küsten fest. Aus der Leichtigkeit, mit der es ihnen gelang, das große Kongoreich äußerlich zu christianisieren (freilich nur für solange, als ihre Herrschaft unbestritten bestand), darf man schließen, daß sie damals auch von den Afrikanern als Menschen göttlicher Sendung aufgenommen worden sind. Aber gerade hier erreichte der Frevel an der Gottesfrage zwischen den Rassen seinen Höhepunkt. Um kräftigere Arbeiter, als es die Indianer waren, für die Plantagen zu erlangen, schlug der Dominikaner Bartholomäus de Las Casas den Import von N****sklaven vor. Mit Zustimmung des Papstes entwickelte sich so jener Sklavenhandel, der in seinen Folgen die Bastardierung der beiden amerikanischen Kontinente unabwendbar machte und der arischen Rasse eine unheilbare Wunde geschlagen hat. Sie wäre zur tödlichen geworden, wenn sich unter solchen Voraussetzungen auch nur im gleichen Ausmaße die Erschließung Afrikas vollzogen hätte. Aber da bewährte sich nun jahrhundertelang der Riegel, den Gott vor den Erbteil Afrika geschoben hat. Von Norden her, der gefährlichen Einflußlinie, schloß die Sahara völlig von Europa ab. An seinen Küsten, sonderlich im Westen, bot es nur ungünstige Landemöglichkeiten, alle seine Ströme widersetzten sich der Schiffahrt, das Eindringen in sein eigentliches Inland durch Reit- und Zugtiere aber verhinderten bestimmte Tierkrankheiten. So blieb Afrika, obwohl unmittelbar vor den Toren Europas gelegen, ja als dessen unmittelbare Fortsetzung, der von Gott verschlossene Kontinent bis in unsere Tage. Nun aber kommt die Entscheidung wie nach einer Gnadenfrist mit unhemmbarer Gewalt.

Die moderne Zivilisation zerbricht die Tore Afrikas, und wieder droht, nur ungeheuerlich vergrößert wie vergröbert, die Gefahr, daß nun auch die von Gott zurückgehaltene letzte Reserve der weißen Rasse vor der Führungsaufgabe versagt, für die sie aufgespart geblieben ist. Diese Gefahr muß eintreten, wenn auch sie auf die Gottesfrage keine Antwort gibt, die ihr nun von Afrika her zum letzten Male gestellt wird. Diese Gottesfrage muß auch hier aus dem Verhalten der Afrikaner herausgehört werden, zeigt sich aber dann auf den gleichen Voraussetzungen aufgebaut wie die der amerikanischen Rasse, als wiederhole sich hier für die weiße Rasse die beim ersten Male so schlecht bestandene Aufgabe. „Kinder des Himmels", so nannte 1830 ein westafrikanischer Häuptling die ersten Weißen, die ihm begegneten. Er hatte sie, die Erforscher des Nigerstromes, Richard und John Lander, zuerst für Räuber gehalten und darum mit seinen Leuten angegriffen. Die Brüder aber traten dem Häuptling furchtlos und unbewaffnet entgegen. Schon hatte der Häuptling den Pfeil auf die Brust Richard Landers gerichtet und wollte ihn vom Bogen schnellen, als ihm sein Begleiter in den Arm fiel. Als nun aber Richard und John ruhig vor ihm standen und ihm friedlich die Hände entgegenstreckten, da ging plötzlich gleichsam ein Schauder über die riesigen Glieder des furchtbaren Wilden; starr blickte er sie an, dann sank er auf seine Knie, sein Körper zuckte krampfhaft zusammen, mit rollenden Augen und einem unbeschreiblichen Ausdruck des Entsetzens ließ er den Kopf sinken, ergriff die dargebotenen Hände und zerfloß in Tränen. Richard beugte sich nieder, „den von Gefühlen der Menschlichkeit überwältigten Gegner" aufzurichten und in sein Lager zu führen. Dort erklärte er sein Mißverständnis und schloß mit den Worten: Aber als ihr wehrlos herankamt und wir eure weißen Gesichter sahen, waren wir starr vor Schrecken, und als ihr näher kamet und mir die Hände entgegenstrecktet, da fühlte ich, wie mir mein Herz schmolz und ich glaubte, daß ihr Kinder des Himmels und von da zu uns herniedergestiegen wäret! Jetzt will ich nichts mehr als daß ihr mir vergebt. Wenn Richard Lander die Gemütsbewegungen des N****s in seinem Bericht auf Gefühle der Menschlichkeit zurückführt, so redet er im Geiste seines Zeitalters und verkennt völlig die seelische Situation des anderen. Denn nicht, daß er sich an einem wehrlosen Fremdling hatte vergreifen wollen, erschütterte den Riesen, sondern die plötzliche Erkenntnis, als Angreifer vor Gott zu stehen. So ist dann der eingeborene Afrikaner im ganzen neunzehnten Jahrhundert mit seinem Hauptanliegen vom weißen Manne mißverstanden worden, weil man seinen Äußerungen darüber ganz naiv aus dem eigenen Anschauungsbereiche beantwortete, ohne sich um jene Seelenkräfte zu kümmern, die es hervortrieben. Das zeigte sich deutlich in der Erstbegegnung des Dschaggastammes am Kilimandscharo mit den Weißen im Jahre

1848. Rebmann, der Entdecker dieses höchsten afrikanischen Gebirges, berichtet selbst, wie lebhaft ihn die Braunen nach dem Himmel und der Sonne gefragt hätten. Er bemühte sich, ihre Anschauungen darüber naturwissenschaftlich zu berichtigen und versuchte, unter Verwendung von Küchengeräten, ihnen die astronomische Situation zu veranschaulichen. Das mußte die Eingeborenen aufs tiefste enttäuschen, denn sie fragten ihn ja nach seiner Heimat aus und hätten so gerne gewußt, wie es zu Hause bei Gott beschaffen sei, weil sie ihn für den Himmelsmenschen oder doch für einen Abgesandten von ihm hielten. Ein Menschenalter später hat Stanley am Ukerewe-See, dem heutigen Viktoria Nyansa, dasselbe Erlebnis gehabt. Er kam dem Anliegen schon ein wenig näher, wenngleich auch er nicht erkannte, in welchem Sinne er selbst der Ursacher der Fragen war. Stanley berichtet nämlich von einem auffälligen Interesse der Eingeborenen an den Engeln, das er ihnen aus seiner Bibel zu befriedigen suchte. Was dem allen aber wirklich zugrunde lag, zeigt sehr deutlich ein Vorgang, der sich etwa wieder ein Jahrzwölft später am Ufer des Rufuflusses, dem Oberlaufe des Pangani in D. O. A., abspielte und von dem ich zuverlässige Kunde bekam bei der Aufnahme der Geschichte der Häuptlinge des dort ansässigen Okumastammes. Danach ist ihnen in den achtziger Jahren des vorigen Jahrhunderts der erste Europäer zu Gesicht gekommen. Er war auf dem Marsche zum Kilimandscharo und forderte einen Wegweiser. Die Eingeborenen überfiel vor seiner Erscheinung eine große Furcht. Hatte ihnen die Fama doch die Warnung zugetragen: Wenn dich der Msungu zweimal anblickt, dann mußt du sterben. Keiner wollte ihm darum vor's Angesicht kommen. Nur einer opferte sich, stellte sich dem Weißen zur Verfügung und führte ihn durch das Land, bis er seinen Pfad zum Kilimandscharogebirge wieder sicher unter den Füßen hatte. Bei seiner unversehrten Rückkehr entsühnten die Okumaleute ihren Stammesgenossen. Dann opferten sie ein Mutterschaf und besprengten mit seinem Blute die Fußstapfen des Fremden. Dazu sprachen sie: „Wir entsühnen das Angesicht des Europäers und sein Geleucht. Gott ist vorübergegangen, und wir möchten verderben". Metschili Mpuru hieß der Mann, der den Europäer zu bestehen gewagt hatte. Die Okumaleute machten ihn in der Folge zu ihrem Häuptling und gaben ihm den Ehrennamen des Kühnen. Seine Häuptlingswürde sollen sie wirklich geachtet haben, während sie sonst im Rufe stehen, ihre Häuptlinge unter dem Einfluß der Masai, denen sie verwandt sind, gering zu schätzen. Unmittelbar an die Gegenwart heran führt, was Vertreter des Jägerstammes der Wandorobo in D.O.A., die in den einsamen Litemabergen am Nordrande des abflußlosen Gebietes ihre letzte Zuflucht haben, zur Erklärung ihres Verhaltens gegen den weißen Mann angeben. Sie glauben, daß die Weißen Gottes Lieblinge seien, aber ihnen selbst, den Wandorobo, sei Gott gram, und zwar um der Schuld willen eines Vorfahren, die der am ganzen Menschengeschlecht auf sich geladen habe. In der Urzeit sei nämlich Gott auf Erden gewesen und mit ihm Sonne, Mond und alle Sterne. Im

Übermute aber habe jener Vorfahr seinen Pfeil dem Monde ins Antlitz geschossen, wovon noch heute feine schwarze Flecken zeugen. Darüber zürnte Gott so, daß er die Erde verließ und alle Gestirne mit sich nahm. Damit begründen es die Wandorobo, daß sie sich vor den Europäern als den Lieblingen Gottes verstecken. – Einwandfrei bezeugen die zwei letzten Beispiele, daß hier wirklich an die Herkunft des weißen Mannes von Gott gedacht ist und an ein unmittelbares göttliches Hereinwirken in des Afrikaners Lebenssphäre durch ihn.

Zweifellos entspringt die Einstellung der Auffassung, die sie von Gott haben, und die durch ihr einzigartiges Verhältnis zu Sonne und Himmel bestimmt wird. Ihren lebendigsten Ausdruck hat sie wohl in der Gestalt des Himmelsmenschen gefunden, unter welchem Namen die Dschaggan**** Gott anzurufen pflegten, die aber höchstwahrscheinlich, wie aus Stanleys Erlebnis geschlossen werden darf, eine weitere Verbreitung besaß. So scheint es denn zu genügen, die Gottesfrage des Afrikaners vor dem weißen Manne auf einen der vielen falschen Analogieschlüsse des primitiven Menschen zurückzuführen, die von der äußeren Gestalt her zu unzulässigen Vergleichen kommt. Nun ist es ja wahr, daß die Afrikaner auch schon unter sich die lichtere Hautfarbe für vornehmer halten und ihre Häuptlinge nicht nur hochwüchsig, sondern auch hellfarbig wünschen. Außerordentlich bezeichnend ist dafür ein Vorkommnis, das die Dschagga aus einem ihrer Kriegszüge erzählen. An einem Flusse hatte die Kriegerschar halt gemacht. Eine Gruppe besonders hellfarbiger Männer betrachtete wohlgefällig ihr Spiegelbild im Wasser. Plötzlich aber brachen sie in Tränen aus. Sie weinten über ihr Schicksal, daß ihre hellen Leiber verstümmelt und getötet werden sollten. Auch wo mir Eingeborene von visionären Begegnungen berichteten, handelte es sich immer um lichte Gestalten in weißen Gewändern, die ihnen erschienen waren. Fraglos macht die äußere Erscheinung des Europäers bis zum heutigen Tage einen tiefen Eindruck auf den Afrikaner. So offen und frei er uns auch entgegentritt, unser Auge wagt er nicht zu fixieren. Dieses Auge mit seinen Ausstrahlungen, die unabhängig von jeder Mimik sind, ist ihm das wunderbarste, was er an uns wahrnimmt und wozu ihm die Parallele bei anderen Rassen fehlt. Aber diese besondere Bedeutung des Auges zeigt uns nun auch, daß wir völlig irre gehen würden, wenn wir glauben wollten, es sei die äußere Erscheinung unserer Rasse allein und vor allem, die der Afrikaner für eine Verkörperung dessen halte, was er sich unter Gottes Wesen vorstelle. Die Strahlungskraft des Auges unserer Rasse wird von ihnen durchaus als etwas Geistig-Göttliches gefühlt und baut sich damit aufs beste ein in ihr Gottgefühl, das ihre Weltanschauung durchdringt. Der Ausdruck Gottgefühl darf nicht so aufgefaßt werden, als sei ihre Abhängigkeit von Gott ihnen nicht deutlich bewußt und nur eine rein gefühlsmäßige Ahnung von einer übergeordneten Macht, sondern die Bezeichnung Gottgefühl will gerade ausdrücken, daß sie Gott nicht nur als die allumfassende Macht kennen, die sie in dem weiten Ring von Himmel und Erde umspannt hält, sondern, daß er als die allerfeinste geistige Macht auch die Spannungen aufbaut und durchdringt, die ihr persönliches Leben gestalten und bestimmen. In diesem Sinne ist ihre Auffassung von Gott eine durchaus geistige, wie sich z.B. aus den Stammeslehren der Dschaggas ohne Schwierigkeiten nachweisen läßt. Ahmt ein Kind seines Vaters Tätigkeit spielend nach, so hat es der Himmelsmensch in seinem Kopfe angestoßen und zu ihm gesagt: Tue es deinem Vater nach. Kommt es darüber zu einer Auseinandersetzung mit dem Vater und das Kind gibt eine altkluge Antwort, so hat sie ihm der Himmelsmensch eingegeben, so daß das Zwiegespräch des Söhnleins mit dem Vater gewissermaßen ein solches des letzteren mit dem Himmelsmenschen ist. Der Himmelsmensch kennt das Kind im Mutterleibe. Die Mutter ist darum Gottes Mitarbeiterin. Er, der Himmelsmensch, bestimmt das Geschlecht der Kinder, zeichnet auch wohl einmal eines durch eine Abnormität als seiner besonderen Obhut unterstellt, prüft mit einem Tölpel, den er einem Hause geboren werden läßt, dessen Ehrfurcht vor ihm; er schließt die Menschen in Familienverbänden zusammen und gibt diesen Zusammenhängen verpflichtende Kraft, und bewirkt unausweichliche verhängnisvolle Schickungsfolgen für den, der seinen Ergänzungsstand zu seinen Nächsten nicht anerkennt und durch Vernachlässigung ihren Tod verschuldet. Schenkt ein unmündiges Kind in plötzlicher Zuneigung einem Fremden etwas, etwa ein Lamm, mit dem es auf dem Hofe spielt, so darf ihm das nicht wieder abgefordert werden. Der Himmelsmensch hat ihm eingegeben, so zu handeln, dem darf man nicht entgegen sein. Sie nennen Gott den Himmelsmenschen und reden ihn als Person an, versuchen aber nicht, sich ihn durch eine Sonderform vorstellbar zu machen. So erleben sie ihn als den weitesten Abstand, der sie im Ringe von Himmel und Erde in sich begreift und zugleich als die alldurchdringende Spannkraft, die sowohl das Körpergefüge aufrecht erhält wie das ganze Stammesgefüge, so, daß sie auch dem Häuptling noch einmal ein Gegenüber aus der führenden Altersklasse erweckt, der sein und des Volkes Gewissenswart zu sein berufen ist.

Es wird nun verstanden werden, daß das Glied der weißen Rasse im Bereiche solcher Spannungsfelder nicht einfach als eine Merkwürdigkeit aufgenommen werden kann, mit der man sich so oder so abzufinden hat, sondern daß er hier durchaus als Träger einer Spannung höherer Ordnung aufgefaßt werden muss.

Es ist notwendig, daß auch wir unsererseits zu voller Klarheit darüber kommen, wie das Wahrnehmungsorgan für diese Spannung höherer Ordnung geschaffen ist. Echtes Volk besteht nicht aus einzelnen, sondern aus Gruppeneinheiten, die schöpfungsmäßig gegeben sind. Wie sich die einzelnen Gruppenglieder in diesen Ursprungseinheiten entsprechen und ergänzen, das macht den menschlichen Grundstand aus. Er ist nur dort völlig gesund, wo ihm

noch ausnahmslos alle Einzelnen einbeschlossen sind und die Linien seiner Ent-
sprechungen und Ergänzungen in allen Verflechtungen und Überschneidungen
mitverantworten, so daß diese volkselementischen Gruppen in unabgebrochener
Selbstverantwortung stehen. Sie entzünden das erste Geistbewußtsein, durch
das sich ein Volk als eigenständiges Wesen selbst versteht. Dieses Erste für eine
gesunde Auseinandersetzung mit vor- oder nachgeordneten Rassen unerläßliche
volksorganische Selbstverständnis hat aber zwei unabdingliche Voraussetzungen; sie heißen: Position und Funktion. Es bedeutet, daß der Wert jedes Einzelnen bestimmt bleibt durch die Stellung, die er innerhalb des Grundstandes in
den volksorganischen Gefügeeinheiten einnimmt und daß die Führungskerne
dieser Gruppen in das Recht setzendem Ausgleiche miteinander stehen. Das ist
der Ring der inneren Selbstausgleiche in grundständigen-nächstenschaftlichen
Ordnungen, der in der Einleitung angedeutet wurde. Dieser Ring des volksorganischen Selbstausgleiches ist auch das Wahrnehmungsorgan des völkischen
Geistbewußtseins, mit dessen Hilfe es sich in der Begegnung der Rassen orien-
tiert. Es ist dem Auge zu vergleichen, das dem ganzen Leibe Licht gibt, wenn es
richtig mittelpunktbezogen ist und eine sicher funktionierende Netzhaut hat.
Wie sich der Körper als Träger eines solchen Auges in der ganzen Sinnenwelt zu-
rechtfindet, so erkennt ein noch grundständig orientierter Menschenstand in
der Welt des Geistes seine Position, wenn ihm die nächstenschaftliche Stellungs-
wertigkeit des Einzelnen und die Rechtsmündigkeit im volksorganischen Aus-
gleichsstande den freien Umblick gewährleisten. Erst wenn uns der Grundstand
des Menschen als Voraussetzung seines geistigen Wesens wieder ein Begriff geworden ist, können wir verstehen, wie innig sich Gottgefühl und Rechtsgefühl
im afrikanischen Menschen durchdringen, so daß sie eine polare Einheit bilden,
die mit anziehender und abstoßender Kraft sein Urteil formt.

Das ist also das innerlichste Anliegen der Gottesfrage zwischen Schwarz und
Weiß, vom Afrikaner her gesehen: der weiße Mann von Gott her bevollmächtigt
zum Aufbau einer höheren Ordnung im Spannungsstande zu den Stammesver-
bänden der Afrikaner. Es leuchtet ein, daß so vom Afrikaner her gesehen, der
Europäer als Handlungsträger Gottes nur anerkannt bleiben kann, wenn er
ihrem Gottgefühl nicht entgegenhandelt. In die Atmosphäre dieser Erwartung
tritt der weiße Mann ein, ohne dafür ein Wahrnehmungsorgan zu besitzen,
wenn er sich vor ihren einfachen Lebensformen und wohl auch von ihrem Aussehen dazu verleiten läßt, sie für unentwickelt zu halten und als einen Rohstoff
zu nehmen, den man selbstherrlich formen könne. In Wahrheit steht er vor der
schwierigsten Aufgabe, die seiner Rasse aufbehalten ist und die mit größter Be-
hutsamkeit und echtem Zartgefühl angefaßt sein will, soll sie gelingen. Denn die
schlichte Ordnung, in der wir die noch gesunden Stämme Afrikas antreffen und
die den Umgang mit ihnen so erleichtert, weil ihn eine überall spürbare Ehr-

furcht durchwaltet, ist nicht Natur, sondern Geist, nicht Veranlagung, sondern Erziehung. Die erstmalig an über 4000 Exemplaren durchgeführte anatomische Untersuchung des Gehirns ostafrikanischer N**** hat ergeben, daß die Basis, in dem man die Affekte und Triebe des Menschen lokalisiert, größer ist als bei dem des Weißen, die graue Gehirnrinde aber, als der Sitz der edleren Regungen und der Hemmungen gegen unbedachtes Handeln von 9 Prozent kleiner. Nicht genug damit stellt es sich auch heraus, daß die Gehirnzellen kleiner und weniger gut durchgebildet waren.

Die Ergebnisse stellen uns mit einem Male klar vor Augen, daß es in einer solchen Rasse der Mensch schwerer haben muß, mit sich selbst fertig zu werden, und ein ungebärdiges Verhalten mehr als bei uns das Gemeinschaftsleben bedrohen wird. Hier ist die Not also besonders groß, die überall mit der Schöpfungstatsache gegeben ist, daß die Einzelwesen bei aller scheinbaren Freiheit der Bewegung und des Handelns doch in geistleiblichen Einheiten zusammen gehören und einen vielgliedrigen Organismus überindividueller Artung bilden, der sie in sich befaßt und zur Erfüllung ihrer Aufgaben nötigt, die mit ihrer Stellung im Entsprechungsstande zu anderen gegeben sind. Diese Spannung zwischen individueller Bewegungsfreiheit und überindividuellem Verbundensein erzeugt ein erstes grundständiges Geistbewußtsein der Menschenstämme. Es nötigt nicht nur zu zielstrebiger Lenkung und Erziehung des Nachwuchses, sondern auch zur Schaffung von Ausgleichmöglichkeiten für überlastete Spannungen. Darum sprechen die Stammeslehren der Dschagga, die das volkgeisterfüllte Ringen um grundständige Lebenszucht besonders eindrucksvoll zeigen, immer wieder von den Ungebärdigkeiten des jungen Menschen und nennen als Ziel den gestillten oder ausgeschmiedeten Menschen, der sich in größter Selbstbeherrschung in den Spannungsfeldern bewegt, die ihn einbegreifen. Es ist aber nicht nur die bleibende Spannung zwischen den wechselnden Generationen, die ein ständiges Wachsein des Geistes bedingt, sondern das Gemeinbewußtsein bleibt auch dauernd bedroht durch das Individuum, das die Lenkung des Schicksals unter Umgehung der Verantwortung im gegliederten Verbande erstrebt. Der Europäer begegnet im Zusammentreffen mit dem Afrikaner nicht nur der Gottesfrage, sondern auch ihrem Widerspiel, der Dämonie. Diese Dämonie lebt in jedem Versuche, sich durch Magie und Zauberkräfte unabhängig von Gott zu machen und das Ziel vom Einzelmenschen her durch Einsatz seiner Seelenkräfte und derer der ihm verbündeten Umwelt zu erreichen. Hier wandelt sich das belehrende ins beschwörende magisch zwingende Wort. Diese Dämonie, aus der sich die erste geheimbündische Organisation der Zauberer und Beschwörer im Organgefüge der afrikanischen Stämme entwickelt, empfiehlt sich dem Menschen als besonders wirksam nicht nur für die Heraufführung einer neuen Generation, sondern auch zum Schutz und Frieden des Gemeinwesens, erweist sich aber durch Bejahung aller Motive der Furcht und des Mißtrauens als das gefährlichste Gift in den volksorganischen Beziehungen. Die Gottesfrage zwischen Schwarz und Weiß, die vom Gottgefühl des Afrikaners her Antwort heischt, findet also ein Störungsfeld vor in der Dämonie des Zauberwesens. Während aber das Gottgefühl des Afrikaners vom Europäer her eine Sendung an die Gesamtheit erwartet, entwickelt sich im Strebungsbereiche der Magie die Frage nach den Zauberkräften, die man dem einzelnen Weißen zutraut, entweder um sie von ihm zu erlernen oder aus ihm zu verwerten.

Die Haltung des Weißen ist bei der Durchdringungskraft seiner Entscheidung folgenschwer für das gemeinsame Schicksal, das sich unausweichlich anbahnt. Erstarkt an ihm die afrikanische Dämonie, dann geht es mit allen sittlichen Kräften in den Abgrund, findet von ihm her das Gottgefühl der Afrikaner seine letzte Entsprechung, dann entsteht jene übergreifende Spannung die alle Kammern des Gemeingeistes in lotrechtem Stande hält. Dieses Entweder-Oder sei versinnbildlicht an der Gestalt des Warners oder Gewissenswartes des Stammes und seines Gegenspielers, des Einbläsers aus der Fremde. Der Warner erwächst dem Häuptling als letzter singularer Gegenpol aus dem Gottgefühl seiner Leute, das alle ihre grundständigen Gruppen durchdringt. Als solcher Gegenpol verkörpert er in allseitiger Unabhängigkeit und aus unbedingter Ehrfurcht vor der Scham Gottes das Volksgewissen und bringt es furchtlos zur Geltung. Die Überlieferungen der Dschaggas berichten bis in die jüngste Vergangenheit eindrucksvolle Begebenheiten aus dem Auftreten solcher Warner. Sie wurden nicht vom Volke bestellt, sondern als von Gott berufen, an ihrem Auftreten von Volk und Häuptling erkannt. Das Gegenbeispiel zu ihm ist der Einbläser aus der Fremde. Er verkörpert die gewissensfremde Dämonie, die vom nicht zugegliederten Einzelnen her auch nur entgliedernd auf den Einzelnen wirkt, bis er seinem Eigenwahne gerade die Nächstverbundenen zum Opfer bringt. Diese tiefste Not Afrikas hat aus arteigenem Erfühlen heraus ihre Verkörperung gefunden in der Darstellung eines Zulus namens Thoma Mafolo, der in der Gutosprache den Werdegang des berühmtesten Afrikaners, des Häuptlings Chakka, schildert. Nach der Stammessitte wird dem Knäblein Chakka ein Zauberschutz eingeflößt in Form einer Medizin, deren Hauptbestandteil die Leber eines Kriegers ist. Darauf führt sich seine unbändige Kampflust zurück. Später hat er eine Begegnung mit einer riesigen Schlange, „dem Herrn der tiefen Wasser", der ihm zurief: Die Welt ist dein, Kind meines Volks. Im Exil begegnet Chakka der geheimnisvollen Gestalt des Isanusi, die ihm gegen das Gelöbnis unbedingten Gehorsams die Erfüllung seiner Herrschaftswünsche verspricht. Isanusi weiß sein Machtbegehren immer höher zu steigern, bis er ihn dazu bringt, als das stärkste Zaubermittel das Blut seiner Lieblingsfrau Noliwe anzuwenden, die er zu diesem Zweck mit eigener Hand erwürgen muß. Diese Tat wandelt ihn ganz zum Bösen und macht ihn zu jedem Erbarmen unfähig. Er nimmt ein schreckliches Ende, als ihn sein Gewissen als Noliwes Stimme und Gesicht bedrängt. Dieser Ausgang, den der Afrikaner seinen Helden nehmen läßt, zeigt deutlich, daß auch für ihn alle Dämonie des Zauberglaubens ein Vorletztes ist und in einer Gewissenskatastrophe endet, also das Gottgefühl siegen läßt, allerdings als zerschmetternden Richter.

Damit sind wir vorgestoßen auf das Feld, auf dem die Entscheidung des Kampfes zwischen der Dämonie des Zauberglaubens und dem Gottgefühl des Afrikaners herbeigeführt werden wird unter dem unwiderstehlichen Einfluß des weißen Mannes. Die Stärke des Gottgefühls im Afrikaner ist seine rein schöpfungsmäßige Bestimmtheit, seine Gebundenheit also an die richtige Einordnung und ihre Erfüllung. Die Unbedingtheit und Unausweichlichkeit wechselseitiger Zugehörigkeit bildet dabei den innersten Kern dieses Gottgefühls, mit polaren Spannungen durch und durch geladen. Die Störungen und Konflikte, die sich aus dem Fehlverhalten des eigensüchtigen und affektverfallenen Einzelnen immer wieder ergeben, bedürfen einer beständigen Bereitschaft zur Vermittlung und Wiederausgleichung, nehmen aber nicht selten einen tragischen Verlauf, der ihnen das Mitzürnen Gottes mit den beleidigten Autoritäten eindrucksvoll zum Bewußtsein bringt. Hier im Umgange mit den zugestammten Nächsten entwickelt sich ein Schuldbewußtsein, das den Afrikaner mitten in seinem so sicheren Gottgefühl der gefährlichsten Ungewißheit ausliefert. Denn er kennt Gott nur als den Gestalter und Durchwalter aller Ordnungen, aber nicht als den Entschulder und Versöhner, der das Gewissen erneuern kann aus der Vollmacht einer Vergebung, die sich in Gott selber vollzieht, der allein wieder umkehren kann zu dem, was vergangen ist. Das allen Menschen einwohnende Schuldbewußtsein hat seinen Ursprung in den seelischen Erlebnissen des menschlichen Grundstandes und besitzt darum bei dem Afrikaner, dessen Gemeinbewußtsein von allen grundständigen polaren Spannungen noch voll durchströmt wird, seine ungebrochene Kraft. Um so stärker unterliegt er da aber auch der Gefahr, den Notweg zu gehen, der die unausweichliche Verantwortung doch zu umgehen scheint. Darin liegt die Dämonie des Zauberglaubens beschlossen. Sie lehrt, die Schuld immer beim andern zu suchen und bietet Hilfen an, die zur selbstherrlichen Verfügung des Einzelnen stehen für Abwehr und Angriff. Aber dieser scheinbare Ausweg steigert die Not nur ins Unerträgliche, weil sich nun das Mißtrauen und die Furcht voreinander bis in die nächstverbundenen Gruppen eindrängt. Das ist die geheimste und beschwerlichste Gewissensnot Afrikas. In diesem Zwiespalt zwischen seinem unbestechlichen Gottgefühl und der für ihn unüberwindlich gewordenen Dämonie des Zauberglaubens ist jene Tiefe seelischen Erlebens erreicht, aus der emporblickend der Afrikaner den weißen Mann als Sendling Gottes gegrüßt in der Erwartung, daß er eine Botschaft von Gott habe, die den Bann löst. Dürfen wir nun diese Gottesfrage des Afrikaners an uns ablehnen, indem wir zu ihm sagen: Du denkst zu hoch vom weißen Manne! Was du ihm zutraust, das kann er nicht? Nein, damit würden wir Gott selbst ins Unrecht setzen, der diese Erwartung in den nachgeordneten Rassen schon durch unsere äußere Erscheinung erweckt und sie durch die geschichtliche Führung noch so stark unterstreicht, daß wir unverzeihliche Schuld auf uns laden würden, wollten wir das Ziel darin auch jetzt noch verkennen. Wir müssen nur Gott ganz ernst nehmen für uns selber und unseren Stand in der Welt, dann formt sich die von uns erwartete Antwort nicht aus leeren Worten, sondern aus unserem Tun. Dazu gehört zu allererst, daß wir nicht Schranken sehen, wo keine sind und nicht hineinbrechen wollen in das, was Gott umschränkte. Schranken sehen, wo keine sind, das tut jene These, die da behauptet, das Bewußtsein um Gott sei ein Mitergebnis der Rasse und bleibe darum an sie gebunden als nicht übertragbar. Das Gottesbewußtsein lebt vielmehr im menschheitlichen Grundstande, der aus den Urlinien der Blutstammeinheit, der Bodengesellung und der Generationenfolge gebildet wird. Das darf nun nicht so verstanden werden, als ob sich in diesen echten Vernächstungen der Sippe, Nachbarschaft und Kameradschaft der Begriff Gott wie etwas Abgeleitetes erst bilde, sondern in ihnen wird er erlebt und erkannt als der Lebensgrund, der sie formt und erfüllt. Darum eben kommt diesen Urzügen in ihrer Verflochtenheit die Bezeichnung Grundstand zu, weil nur aus ihnen und an sie gebunden echtes Menschtum besteht. Und solches echte Menschtum ist immer mit Gott zusammen gegeben. Der Afrikaner begegnet uns nun noch völlig an diesen Grundstand gebunden, aber aus ihm auch erfüllt mit einem gesunden Gemeinbewußtsein, das ihn in geradezu idealer Weise für das Zusammenwirken mit der führenden weißen Rasse vorgebildet erscheinen läßt. In dieser Beziehung ist das Gottgefühl der Afrikaner als mit dem menschheitlichen Grundstande urgegeben nicht eine ausgeformte Religion, die durch Machtproben gegen andere zu erweisen oder zu überwinden wäre, sondern es ist einfach die unentbehrliche Voraussetzung für jede gesunde Weiterentwicklung in der Begegnung der Völker und Rassen. Darin liegt dann aber für uns die Verpflichtung, das Gebilde, dessen Skelettgefüge Gott selbst gezogen hat und zusammenhält, auch als unantastbar zu ehren. So ist das der gebotene erste Schritt, wenn wir unsere Führungsaufgabe an Afrika anpacken, daß wir den Afrikaner in seiner grundständigen Verfassung erhalten und damit auch die Schranken anerkennen, durch die Gott jede schöpfungswidrige Vermischung verhüten will. Hier in der Begegnung mit den dem Afrikaner angestammten Autoritäten können wir auch nur sein Geistbild gewinnen, das uns Rücksicht und Ehrerbietung abfordert, wie jenem schon das Erscheinungsbild unserer Rasse. So kommen wir auch selbst erst zur Erfassung unserer Bestimmung und dessen, was der Erscheinung unserer Rasse zugrunde liegt und ihr Geistbild geworden ist. Denn unser Erscheinungsbild ist ja nur der Auslöser der Erwartungen, die der Afrikaner von Gott her in sich trägt.

Die Gottesfrage, die zwischen Schwarz und Weiß steht, beginnt nicht dort, wo man fragt: Ist Gott? Auch nicht dort, wo man fragt: Welcher Gott? Sondern sie bricht dort auf, wo der Afrikaner von seinem grundständigen Gottgefühl aus erkennt, daß Gott es ist, der vom Weißen her auf ihn zukommt. Hier geht es um das Besondere, was Gott selber aus sich herausstellte und mit der weißen Rasse emporwachsen ließ als sein Zeichen, das den Gegenpol setzt und mit seiner Strahlkraft die Ursachen der magischen Störung in den Schwingungskreisen des menschheitlichen Grundstandes überwindet. Diese Erscheinung ist die Gestalt Jesu Christi, wie sie aus der Geschichte des Abendlandes vor die Völkerwelt tritt, ganz besonders nahe und zum Verständnis vorbereitet dem afrikanischen Menschen. Der Afrikaner besitzt aus seiner grundständigen Verfassung heraus das Verständnis der zwei entscheidenden Voraussetzungen für das Wirken des Himmelsmenschen auf Erden. Das ist die in ihm für alle Menschen vollzogene Stellvertretung und die sie alle verpflichtende Sühne. Diese im Opfertode vollzogene und in seiner Auferstehung bestätigte Selbstoffenbarung Gottes führt den Menschen in seine Grundstellung vor Gott und zum Nächsten zurück. Mit der Annahme dieser Offenbarung gewinnt der Afrikaner nicht nur die untrügliche Auswägekraft seines Gewissens im Entstehungsbereich seines Gemeingeistbewußtseins, sondern auch die übergreifende Ausprägekraft für die Beziehungen zu den übergeordneten Lebenskreisen, sonderlich aber für das Folgschaftsverhältnis zur weißen Rasse. Denn die sittlichen Werte, die im Zellengefüge des grundständigen Schwingungskreises entstehen, geben ihm nun auch in ihrer Ausrichtung von Gott her den Maßstab für die Beurteilung aller Beziehungen, die darüber hinausliegen. Er kann sie nur grundständig-geistig beurteilen. Eine andere Auffassung steht ihm nicht zu Gebote und lernt er auch unter fremdgeistiger Führung nicht hinzu, weil seine Veranlagung als der nachgeordneten Rasse, die auf geistorganische Führung durch die vorgeordnete Rasse angelegt ist, sich nun eben auch in einem einzigartigen Gemeinbewußtsein erschöpft, das seine letzte Spannungsverdichtung gerade gegenwärtig in der Begegnung mit der weißen Rasse erlebt. Hier erhöht er nun in äußerster polarer Spannung das Verhältnis zwischen Schwarz und Weiß zu einer letzten Vergeistigung des Spannungsstandes: Älter-Bruder-Jung-Bruder, Vater-Sohn, Schutzherr-Schirmling. Es ist klar, daß es einer solchen Geisteshaltung gegenüber nicht genügt, sich zu verlassen auf ein selbsttätiges Weiterwirken des Erscheinungsbildes unserer Rasse, an das sich die Kinder Afrikas als eine äußerliche Anzeige der göttlichen Sendung zuerst gehalten haben. Wohin das führen müßte, deutet sich erkennbar genug schon an, nämlich zu dem primitivsten und rohesten Fetischismus, der aus der Vermischung europäischen und afrikanischen Aberglaubens nur denkbar ist, wie sie schon jetzt in bedauerlichen Ansätzen vorliegt. Es kommt jetzt alles darauf an, daß sich auch die abendländische Rasse zu ihrem Geistbilde bekenne, wie es ihr unter Gottes besonderer Führung aufgeprägt worden ist. Dieses Geistbild steht in geradezu überraschender Entsprechung dem grundständigen Geistbilde des Afrikaners gegenüber, denn es ist das der Gotteskindschaft in Christo. Erst im Herzen des Abendlandes, wo die Berufung zu Gottes Dienst am tiefsten gefühlt wurde und der Widerstand dämonischer Mächte von innen und von außen anhaltend spürbar ist, kam es zu jener Begegnung mit dem Gottmenschen, die ihn als Crucifixus in den Mittelpunkt stellte und als seine Ritterschaft den Kampf gegen Sünde, Tod und Hölle führte, und dabei von Anfang an das Bewußtsein in sich trug, Gottes Vorkämpfer zu sein im Ringen um der Erde Schicksal, und stellvertretend für die Zu- und Nachgeordneten Schwert und Schild zu führen. Schwert und Schild aber trugen das Zeichen des Kreuzes, unter das sich der Gotteskämpfer immer wieder beugte, weil er aus feinem Erleben das Gesetz anerkannte: Der Vergebung bedarf, wer sein Schicksal wagt.

Bis heute sind die zwei Hintergrundlinien deutlich erkennbar, vor denen nun seit tausend Jahren das Geistbild der abendländischen Menschheit steht. Die eine Linie ist das Bleiben der abendländischen Rasse in der ursprünglichen Gotteszucht der Einehe, und die andere Linie ist das Bedürfnis gerade der schöpferisch tätigsten Rasse nach Gewissensentlastung und Schuldentledigung. Erst hier, vor dem Geistbilde der abendländischen Menschenart und seinen zwei Hintergrundlinien, begegnet dem grundständig bedingten Zuordnungsstreben der nachgeordneten Rasse jene Gegenspannung, die den höheren Schwingungskreis ausweitet, in dem beider Wesen im Ergänzungsstande zu einer letzten Entfaltung kommt, die sich aus einer gemeinsamen Tiefe herauf vollzieht. Sie liegt bei der nachgeordneten Rasse in der Festigung ihrer Grundstellung und der Entschlackung ihrer Spannkräfte von allen dämonischen Einsprengungen, so daß sie sich als göttlicher Setzung selbst verwalten und ihre Folgschaftstellung im Ergänzungsstande mit der weißen Rasse frei bejahen kann. Bei der führenden Rasse aber liegt sie in dem volkhaften Selbstverständnis, mit dem sie das Geistbild ihrer Erstberufung zur Gotteskindschaft erfaßt und nun ritterschaftlich treu seiner Verkörperung dient. Die abendländische Sendung ist, will sie sich nicht an ihrer Berufung verfehlen, die christliche. Ihr Gegenpol ist die grundständige Verfassung der nach- und zugeordneten Rassen und das darin beschlossene Gemeinbewußtsein. Im Spannungsfelde dieser beiden Geisteswelten muß bleiben, wer dazu helfen will, die Gottesfrage zwischen Schwarz und Weiß richtig zu beantworten. Das ist die Gewissensfrage sonderlich für die Evangelische Deutsche Mission, die von Luther her schon den richtigen Ansatzpunkt dazu empfangen hat.

Die Gottesfrage steht zwischen Schwarz und Weiß. Sie bedrängt den Afrikaner, sie sollte auch uns bedrängen. Warum tut sie es nicht? Weil uns eine Voraussetzung verloren gegangen ist, die erst in der Gegenwart Naturwissenschaft und Philosophie mühsam genug wieder heranzuholen versuchen, die aber dem

Afrikaner als der Kern des Urwissens erhalten geblieben ist. Diese Voraussetzung ist das erfühlte Wissen um die Durchseelung des Raumes. Für unsere An-
schauung, die sich allein aufs Auge verläßt, existiert leerer Raum. Daß wir dieser
Täuschung im Denken und Fühlen erliegen konnten, ist in unserer rassischen
Haltung begründet, die sich alle Umwelt bis zum Mitmenschen hin vergegen-
ständlicht und zweckdienlich macht. Das mag unsere sachlichen Leistungen ver-
vielfacht haben, unserer Frömmigkeit, d. h. der Ehrfurcht vor dem lebendigen
Gott, hat es ungeheuren Abtrag getan. Der Afrikaner ist vor dieser fatalen Täuschung bewahrt geblieben, weil er im menschheitlichen Grundstande verharrte,
also nicht in die Versuchung kam, seinen volkgliedlichen Nächsten für ein frem-
des, in sich unabhängiges Wesen zu halten, nur weil sie umeinander herumge-
hen können, sondern er fühlte den echten Nächsten als ein Stück seiner selbst
und die Spannungen zwischen sich und den anderen als eine geistig-seelische
Welt, die sie trägt. Und so steht er im Fühlverbande auch mit Tier und Pflanze,
mit Erde und Himmel. Vollbewußt wird ihm aber dieses Verhaltensein in Gott
durch die Vergliederungen mit seinen Nächsten in volksorganischen Einheiten.
An den Geistesanstößen, die durch diese Spannungsfelder hindurchgehen, fühlt
er Gottes Wirken als Persönlichkeit. So sieht er in der Begegnung mit dem weißen Manne Gott selber auf sich zukommen. Möchte uns noch rechtzeitig die Erkenntnis geschenkt werden, daß auch wir in dieser Begegnung nicht durch einen
leeren Raum schreiten, sondern getragen werden von den ewigen Armen, die
mit uns noch einmal die ganze himmlisch-irdische Geisteswelt emporheben und
in Bewegung setzen wollen, die aus dem Gehorsam unserer Väter gegen Gottes
Offenbarung in abendländischer Entscheidung heilbergend für alle Welt entstanden ist. Aber während uns diese Bewegung unaufhaltsam vorwärtsführt, sollte
durch unsere Reihen der Ruf zur Sammlung und Bereitschaft gehen, der uns voll
einstimmt auf diese Begegnung, die sich in Gott vollzieht. Dieser Ruf muß lauten:
Vergiß nicht, daß auch du Nächster bist und nächstenschaftlich vergliedert die
Gotteskindschaft leben sollst, denn nur unter Christo zur Gemeinde der Vergebung kannst du selbst die rechte Antwort werden, die Afrika erwartet, wenn es
uns die Gottesfrage stellt.

III. Reflexionen und Wirkungen

Petra Albert beschreibt 1996 in ihrer Untersuchung Bruno Gutmanns Prinzipien des Gemeindeaufbaus bei seiner missionarischen Arbeit unter den Chagga. Alle wesentlichen Stichworte aus dem umfangreichen Schrifttum Gutmanns werden abgehandelt und durch praktische Beispiele veranschaulicht. Mit einem kritischen Blick auf Bruno Gutmann, der sich von dem anderer abhebt, schließt sie ihre Arbeit ab. Da Gutmanns Gemeindeaufbau-Prinzipien oft dargestellt und gewürdigt wurden – auch in dieser Dokumentation – geben wir hier nur Alberts abschließenden Teil „Rezeption und kritische Auswertung" wieder.

Petra Albert – Kritische Blicke auf Bruno Gutmann

1. Rezeption

Die Wirkungsgeschichte der Werke Gutmanns gliedert sich in zwei Etappen. Während die erste Etappe der theologischen Aufnahme der Gedanken Gutmanns, welche mit dem Ende des Zweiten Weltkrieges abbrach, von Gesprächsbeiträgen der verschiedensten Art gekennzeichnet ist, versuchen die Vertreter der zweiten Etappe in ihren Veröffentlichungen zumeist das Gesamtwerk Gutmanns unter einem bestimmten Gesichtspunkt historisch zu fassen.[1] Während die Hauptkritikpunkte an Gutmann im nächsten Abschnitt aufgezeigt werden und daran anschließend in einem eigenen Abschnitt offene Probleme, welche m.E. bis heute in der Auseinandersetzung mit Gutmann nicht oder nicht genügend gesehen werden, benannt werden, sollen die in der zweiten Etappe der Wirkungsgeschichte Gutmanns hervorgehobenen Themenschwerpunkte in dem Kapitel „Anregungen für heutige Fragestellungen" Beachtung finden.

Bereits in der ersten Etappe der Aufnahme und Diskussion der Gedanken Gutmanns wurde vielfältig Kritik geübt, dessen inhaltliche Anliegen sich zu Schwerpunkten zusammenfassen lassen, welche im folgenden kurz dargestellt werden sollen.[2]

Nach J. Raum, Senior der Leipziger Mission am Kilimanjaro zur Zeit Gutmanns, sind die urtümlichen Bindungen, d.h. die Sippenordnung der Chagga, „ein Erzeugnis der Geschichte und damit nicht schöpfungsmäßig".[3] „Die Gesetzlichkeit und Unmenschlichkeit der tatsächlichen Stammesethik widerspricht ihrem angeblich schöpfungsmäßigem Charakter und einer christlichen Ethik, die sich in Kontinuität zur Schöpfung verstehen will."[4] Kritisiert wurde weiterhin, besonders von Holsten, Gutmanns einseitige, immanenzgebundene Auslegung der Hei-

---

1   vgl. Bochinger, S. 25.
2   vgl. Jäschke, S. 177-287; Bochinger, S. 25-40. Beide bieten jeweils ausführliche Darstellungen der einzelnen Diskussionsbeiträge.
3   Bochinger, S. 26.
4   ebd., S. 35.

ligen Schrift.[5] In dem Buchtitel „Zwischen uns ist Gott" sieht Holsten das „Zentrum der Gutmannschen Bibeltheologie" enthalten, welche sowohl den „Gott in uns" als auch den „Gott über uns"[6] nicht im Blick hat und „in der Konsequenz in den Gegensatz zum paulinischen σύν Χριστῶ [tritt]."[7] Weitere Kritikpunkte sind Gutmanns „intoleranter Lutherismus", seine nicht immer sachgemäße Lutherinterpretation, Gutmanns „allgemeine[n] Tendenz des Zivilisationspessimismus", welcher seinen „archaisierenden Romantizismus" begründet, sein Ethnozentrismus, die Nivellierung von Gesetz und Evangelium und der Wegfall von Christologie, Rechtfertigungslehre und Eschatologie.[8] Dabei kam die schärfste Kritik an Gutmann von Seiten der dialektischen Theologie, deren Vertreter in Gutmann einen Verfechter der natürlichen Theologie sahen.

2. Offene Fragestellungen – eine Problemanzeige

Die rege theologische Resonanz, welche Gutmanns Gedanken im deutschen Sprachraum erfuhren und die in der Auseinandersetzung der Meinungen zur Schärfung von Gutmanns theologischem Ansatz führte, brach mit dem Ende des Zweiten Weltkrieges auf Grund der scheinbaren Nähe der Gedanken und Begrifflichkeiten Gutmanns zu den Deutschen Christen ab. Bedauerlicherweise hat m.E. bis zum heutigen Tag noch keine umfassende Auseinandersetzung mit dieser Thematik stattgefunden. Die schwersten Vorwürfe kamen von der Seite der dialektischen Theologie, welche besonders Johannes Christiaan Hoekendijk (1912-1975) in der Missionswissenschaft fruchtbar zu machen versuchte, indem er das bisherige Missionsverständnis, und somit auch Gutmann, radikal infrage stellte. „Was aufgrund von Erfahrung und Geschichte missionarisch geboten hieß, erwies sich theologisch oft als höchst suspekt oder rundheraus verwerflich. M.a.W. während man in der Theologie damit beschäftigt war, mit dem 19. Jahrhundert und all seinen bedenklichen Pseudomorphosen abzurechnen, gab die Mission gerade zu erkennen, daß ihr unendlich viel daran gelegen sei, dieses hochgepriesene ‚Missionsjahrhundert' fortwähren zu lassen. Gustav Warneck, der Exponent einer vergangenen Epoche, bestimmte weiterhin im großen und ganzen den Kurs. Und Bruno Gutmann und Christian Keysser, bei denen man so ungefähr alles finden konnte, was, sobald es von den Deutschen Christen kam, die Alarmglocke in Bewegung setzte, wurden von den tonangebenden Missionswissenschaftlern nicht resolut off-side gesetzt (einige wenige Ausnahmen zugestanden), sondern erhielten (notabene!) als zwar extreme, aber doch immer noch legitime Repräsentanten eines Anliegens, wie es einst u. a. Karl Graul und

---

5   a.a.O.
6   ebd., S. 91.
7   Bochinger, S. 29.
8   ebd., S. 34f.

Gustav Warneck vor Augen gestanden hatte, einen Ehrenplatz in der deutschen Missionswissenschaft zugewiesen."[9] „Wohin diese ‚Sowohl-als-auch-Theologie' [gemeint ist das u.a. auf Warneck zurückgehende Nebeneinander von Kultur und Mission, Anthropologie und Theologie; Anm. d. Verf.] in ihren letzten Konsequenzen führt, wird jedoch erst bei B. Gutmann deutlich. Das Gleichgewicht ist hier radikal gestört, das Pendel ist endgültig zur Anthropologie hin ausgeschlagen. Bei Gutmann sind wir in eine mythologische Ordinologie gelangt, die sich z.B. von der Ideologie Rosenbergs c.s. kaum noch unterscheiden läßt."[10]

Jäschkes Argumente unter der Überschrift „Politische Unterstellungen"[11] vermögen nicht zureichend zu überzeugen, im Gegenteil weicht Jäschke m.E. einer inhaltlichen Auseinandersetzung letztlich durch die Reduzierung der Fragestellung auf ein bloßes „Ja" oder „Nein" der Übernahme nationalsozialistischen Gedankengutes durch Gutmann aus. Es kann nicht darum gehen, Gutmann nachzuweisen, er habe seine Ideen von den Nationalsozialisten bezogen. Eine negative Antwort auf diese Frage entkräftigt Hoekendijks Vorwürfe keinesfalls. Auch ist mit einem Hinweis darauf, daß Gutmann nicht zu den Deutschen Christen gehörte, die Problematik keinesfalls erledigt.

Denoch scheint Jäschkes Position in der deutschen Diskussion eine Art „stillschweigender Konsenz" zu sein. Das bedeutet, daß unter Berufung auf Jäschke unliebsame Äußerungen Gutmanns ohne vorherige Auseinandersetzung mit der Thematik, welche sowohl die Gemeinsamkeiten als auch die Unterschiede und vor allen Dingen die gemeinsamen Wurzeln aufzuzeigen (und theologisch aufzuarbeiten) hätte, (bewußt oder unbewußt) unbeachtet gelassen werden. Dabei geht es um mehr als „um das Für oder Wider der oder jener theologischen Behauptung"[12], da es sich bei den scheinbaren Parallelen zwischen Gedanken Gutmanns und der Ideologie des Nationalsozialismus um keine „Nebensächlichkeiten" in Gutmanns Denken handelt, sondern Gutmanns gesam-

---

9 Hoekendijk, S. 302f. „Karl Barth hat einmal auseinandergesetzt, weshalb man die DC nicht einfach für einen bizarren Auswuchs einer verwirrten Zeit halten durfte: er sah in ihnen vielmehr das logische Produkt von anderthalb Jahrhunderten konfuser Theologie und stellte sich deshalb mit vielen anderen entschlossen im Gegenlager auf. Analog dazu könnte man die Missionsmethodik (in der die Missionsideologie ihren deutlichsten Niederschlag fand), wie sie zwischen den beiden Weltkriegen in Deutschland entwickelt wurden, als das Produkt eines knappen Jahrhunderts unklarer Missiologie bezeichnen – mit all jenen für uns so durchsichtigen Rationalisierungen von nur halb verdauten Brocken Romantik und Historismus, und das ganze zusammengefaßt in eine ausgesprochen ‚bürgerliche' Sicht von Mensch und Gesellschaft, wobei natürlich ein gehöriger Schuß westlichen – oder einfach nationalen – Überlegenheitsbewußtseins (das deutsche Missionscharisma!) nicht fehlte." (ebd.)
10 ebd., S. 223f.
11 Jäschke, S. 241-245.
12 Küchler, S. 13.

tes Konzept von Gemeindeaufbau, auf Grund der engen Verflechtung von „urtümlichen Bindungen", Gemeindeaufbau und Weltordnung, grundlegend betroffen ist.

Allgemein gesehen scheint in den Veröffentlichungen der zweiten Etappe oft
ein auf die jeweiligen Umstände „zurechtgestutzter", von „unliebsamen Neben-
klängen gereinigter" Gutmann Verwendung zu finden. Diese Beobachtung, welcher nachzuspüren sicher lohnenswert ist, soll im folgenden an einigen wenigen
Beispielen verdeutlicht werden.

Möller interpretiert Gutmanns Zusammenfassung der Aufgabe des Missionars,
welchen dieser als Ratschlag an seinen Nachfolger Jäschke gegeben hat: „Hüten
sie sich davor, zu meinen, Sie könnten den Afrikanern befehlen. ... Bestand wird
nur das haben, was unsere Afrikaner selbst wollen. Und die Kunst des Missionars
ist es, die Afrikaner dahin zu bringen, daß sie selbst ihren Weg klar erkennen
und ihn selbst gehen wollen."[13] mit folgenden Worten: „Es ist die Kunst des Gemeindeaufbaus, daß die Gemeinde zu der Erkenntnis kommt, welchen Weg sie
gehen will."[14] Dieser Interpretation Gutmanns durch Möller muß aufs schärfste
widersprochen werden. Nach Gutmann ist es die Kunst des Hirten, seine „Kinder" dahin zu bringen, daß sie den von Gutmann bzw. dem Hirten bereits als
richtig und biblisch erkannten Weg letzten Endes auch, nach Möglichkeit freu-
dig, gehen. Somit ist es „die Kunst des Gemeindeaufbaus", daß die Gemeinde zu
der Erkenntnis kommt, welchen Weg sie gehen muß um „echte" Gemeinde Jesu
Christi zu sein. „Freie Meinungsbildung", jegliche Form von „Demokratie" u.ä.
gehören für Gutmann eindeutig auf die Seite der entarteten Zivilisation. **Der
Weg steht bereits fest** und ist kein Gegenstand der Diskussion. Der Weg sind die
patriarchal strukturierten „urtümlichen Bindungen", unter deren „natürliche
Führer" es sich fügsam unterzuordnen gilt. Demnach ist es die „Kunst des Missionars" und jeden Gemeindeaufbaus, die Afrikaner (bzw. die Gemeinde) dahin zu
bringen, daß sie selbst diesen einen und einzigen Weg der urtümlichen Bindungen klar erkennen und ihn selbst, in Anerkennung der gottgegebenen „natürlichen Führerschaften", gehen wollen. Die einzigen Unterschiede in
verschiedenen Gemeinden sind, nach Gutmann, ausschließlich im Bereich des
„volkstümlichen" möglich.[15]

---

13   ebd., S. 164.
14   Möller, S. 165.
15   Jäschkes Ansicht, daß „wenn es auch an einzelnen Stellen so klingen mag", Gutmann „doch
     weit davon entfernt [ist], seinen von ihm erkannten Weg als den alleinigen, ausschließlichen
     zur vollen Kindschaft zu erklären" (a.a.O., S. 97) ist m.E. aus Gutmanns Werken nicht ersicht-
     lich. Unter vielen sei ein Zitat ausgewählt: „Es ist doch die einzig richtige Menschenweise. Wo
     man es aber anders macht, in Europa wie in Afrika, da macht man es falsch und verdirbt die
     Menschenseele." (Gutmann, Unter dem Trutzbaum, S. 103) Im Gegenteil geht m.E. gerade von

M.E. ist der Tatsache, daß Gutmanns Prinzipien des Gemeindeaufbaus nicht nur „rein zufällig" patriarchal-hierarchisch strukturiert gedacht sind, sondern ohne diese spezielle Struktur nicht funktionsfähig sind, da Gutmanns gesamtes System grundlegend und untrennbar auf diesem Strukturprinzip aufbaut, bis heute keinerlei Beachtung entgegengebracht worden. Diese patriarchale Struktur bei Gutmann ist nichts nur „Zufälliges" bzw. „Zeitbedingtes", wovon zu abstrahieren ohne eine entsprechende Thematisierung und Auseinandersetzung möglich wäre. Gutmanns gesamtes Gedankengebäude basiert ausschließlich auf dem Patriarchat und auf einer entsprechend patriarchal-hierarchischen Vorstellung von Christentum und Gemeindeaufbau. Gutmanns gesamtes Werk läßt sich unter diesem Gesichtspunkt lesen. Dies gilt es bei einer wie auch immer gearteten Aufnahme der Gedanken Gutmanns in die gegenwärtige Diskussion unbedingt zu beachten. Eine missionswissenschaftliche Aufarbeitung dieser Beobachtung ist sicherlich wünschenswert, wenn nicht sogar unumgänglich.

Gutmann wird oft als eine Art Vorkämpfer der Durchbrechung der „Mission als Einbahnverkehr von Europa nach Afrika"[16] angesehen. In einem gewissen Sinn verstanden, ist an dieser Formel nichts auszusetzen. Hingegen gilt es wachsam zu sein, damit keine modernen Vorstellungen der gegenwärtigen ökumenischen Diskussion auf Gutmann projiziert werden. Es ist falsch, daß von Gutmann schon 1925 Mission „als gegenseitige Partnerschaft praktiziert [wurde]"[17]. Für

---

der Ausschließlichkeit, mit welcher Gutmann seinen von ihm als richtig und allgemeingültig erkannten Ansatz verfolgt, die bleibende Faszination, welche Gutmanns Gedanken trotz aller möglichen Kritiken bis heute ausüben, aus. M.E. hat Hoekendijk recht, wenn er schreibt: „Mit einer massiven, sicheren Selbstverständlichkeit trägt er [Gutmann] seine Ideen vor; mit Nachdruck preist er sein Heilmittel als das einzige an, das in der äußersten Not, in der sich Volk und Kirche befinden, noch Heil bringen kann." (a.a.O., S. 140)

16   Möller, S. 165.

17   ebd.; „Der Wendepunkt in der Entwicklung der Beziehungen zwischen den Missionen des Westens und den ‚Missionskirchen', zwischen den ‚sendenden' und ‚werdenden' Kirchen ... kam mit der Einberufung zur Weltmissionskonferenz nach Whitby bei Toronto (Kanada) [1947] durch den Internationalen Missionsrat. Es war dies die erste Weltmissionskonferenz, in der sich Vertreter der Weltchristenheit als Partner gegenüberstanden. ... So wurde die Formel ‚partnership in obedience' gegenüber dem Missionsbefehl Jesu Christi, der wegweisend für die Verhältnisbestimmung der Kirche zueinander werden sollte, eingeführt." (G. Menzel, in: Lexikon missionstheologischer Grundbegriffe, Artikel: Partnerschaft, S. 364) Der Begriff „wirkliche Partnerschaft" wurde zum ersten Mal 1928 auf der Tagung des Internationalen Missionsrates in Jerusalem verwendet. Der „Ruf nach Partnerschaft" muß hingegen nicht notwendigerweise mit der Praxis identisch sein. Die Weltmissionskonferenz in Bangkok kommt 1972 zu dem Ergebnis, daß „Partnerschaft in der Mission' ... ein leeres Schlagwort [bleibt]. Selbst wo Autonomie und gleichberechtigte Partnerschaft theoretisch verwirklicht sind, wird in der Praxis durch die Eigendynamik der Geschehnisse ein Verhältnis von Beherrschung und Abhängigkeit aufrechterhalten. Die Machtverhältnisse zwischen Missionsgesellschaften in Europa, Nordamerika und Australien und den Kirchen in anderen Gebieten spiegeln das wirtschaftli-

Gutmann ist „Partnerschaft"[18] (auch wenn dieser Begriff bei Gutmann m.E. nicht vorkommt) die Auflösung der „urtümlichen Bindungen" (besonders der „natürlichen Führerschaften") und somit „Entartung" und „Vereinerleiung". Gutmanns „früher ‚Zweibahnverkehr'"[19] bestand darin, daß er sein Konzept von Gemeindeaufbau, welches er **u.a.** in Afrika in engem Kontakt mit der Sippenstruktur der Chagga entwickelt hat, nicht nur in Moschi, sondern auch in Deutschland angewendet sehen wollte und insofern „ähnlich wie bei Karl Graul ... die abendländische Theologie vom Missionsfelde her neue Impulse und Einsichten empfing."[20] Es gilt hingegen zu beachten, daß die Afrikaner nicht als eigenständige Subjekte in Erscheinung treten, sondern deren „urtümliche" Sippenstruktur **Objekt** von Gutmanns Betrachtung ist. Weitere Gründe dafür, daß in Zusammenhang mit Gutmann nicht in dem modernen Begriff der Praktizierung „gegenseitiger Partnerschaft" zwischen Europa und Afrika geredet werden kann, lassen sich an den oben dargestellten Prinzipien des Gemeindeaufbaus verdeutlichen und finden ihre deutlichste Ausprägung in der u.a. aus der Sippenstruktur der Chagga abgeleiteten Führerrolle der nordischen Rasse. Das Recht der Europäer, Afrika zu regieren, wurde auch von Gutmann nicht grundlegend in Frage gestellt.[21]

Eine weitere kritisch anzumerkende Beobachtung, welche m.E. ebenfalls im Zusammenhang mit Gutmann bis zum heutigen Tag noch nicht zureichend thematisiert ist, ist Gutmanns dualistisches Denken. Bei Gutmann gibt es entweder „urtümliche Bindungen" oder „entartete Zivilisation", „Organeinheiten" oder „Organisation", „Volk" oder „Masse", „natürliche Führerschaften" (d.h. Patriarchat) oder „Vereinerleiung" etc. Diese vereinfachte Denkweise ist nicht (mehr) geeignet, (heutige) erfahrene Wirklichkeit zureichend zu erfassen und zu beschreiben. Daran würde auch eine durchaus denkbare „Modernisierung" der

---

che Gefälle zwischen den Nationen wieder." (Raiser, S. 29)

18   „Partnerschaft bedeutet, daß aller Ungleichheit zum Trotz der Partner als solcher akzeptiert wird, ihm die volle Gleichberechtigung gewährt ist, seine Entscheidungsfreiheit respektiert wird." (G. Menzel, in: Lexikon missionstheologischer Grundbegriffe, Artikel: Partnerschaft, 366)

19   Jäschke, S. 283.

20   ebd.

21   „Ein mit Recht erhobener Vorwurf lautete von seiten afrikanischer und asiatischer Kirchen: bisher habt ihr uns geleitet und bestimmt, was gut für uns war. Wir wurden nach euren Mustern und Vorbildern geprägt. Es war euer Lebensstil, der für uns vorbildlich war, ihr habt uns die Botschaft in europäischer Verkleidung gebracht, wir waren nicht eure Partner, sondern ihr wart die Väter, wir die Kinder, ihr die Lehrer, wir die Schüler." (G. Menzel, in: Lexikon missionstheologischer Grundbegriffe, Artikel: Partnerschaft, S. 365) Wie oben bereits deutlich geworden ist, bildete auch Gutmann in diesen Zusammenhängen keine Ausnahme unter den Missionaren.

Sprache Gutmanns mit heutigen Begrifflichkeiten nichts ändern. Dieser Tatsache sollten sich alle Missionswissenschaftler bei einem Rückgriff auf Gutmann bewußt sein.

3. Anregungen für heutige Fragestellungen

In Anbetracht der im vorhergehenden Kapitel angedeuteten grundlegenden und tiefgreifenden Kritiken an Gutmanns theologischem Konzept, welches aufs engste mit seinen Prinzipien des Gemeindeaufbaus verwoben ist, und in dem Bewußtsein der in den letzten Jahrzehnten stattgefundenen, alle Lebensbereiche umfassenden Wandlungen sowohl im gesellschaftlichen, technisch-wissenschaftlichen, als auch im (missions)-theologischen Bereich[22], ist auf die zu Beginn dieser Arbeit skizzierte Frage nach der möglichen Relevanz der Gedanken Gutmanns für unsere heutigen von Nord-Süd-Konflikt und ökologischen Problemen gekennzeichneten Fragestellungen im Zeitalter (u.a.) der Globalisierung, der Ökumene, des Pluralismus und des Feminismus zurückzukommen. In der gegenwärtigen Diskussion sind im Zusammenhang mit Gutmanns Denken folgende Themenbereiche zu beobachten: „Christentum und (außereuropäische) Kultur, Kirche und Volk, Individuum und Gesellschaft, Ekklesiologie und Eschatologie."[23]

Dem Themenbereich „Christentum und außereuropäische Kultur" zuzuordnen, ist die heute weit verbreitete Bezeichnung Gutmanns als einer der „bedeutendsten Vorläufer einer afrikanischen Theologie".[24] M.E. sollte die Bezeichnung Gutmanns als „Vorläufer einer afrikanischen Theologie" nur mit äußerster Vorsicht, wenn überhaupt, Verwendung finden, da u.U. Mißverständnisse, d.h. in erster Linie ein neokolonialer bzw. neopaternalistischer Klang (westliche, weiße Missionare bzw. Theologen entwerfen eine „einheimische" Theologie für Afrikaner), nicht auszuschließen ist. Gutmann hat, unter Einbeziehung seiner in Tanganyika gesammelten Erfahrungen (d.h. der Kultur des zu missionierenden Volkes) ein Modell der Indigenisierung des Christentums entwickelt, welches auf Grund der „[Verbreiterung] afrikanische[r] Volksstruktur zu einer anthropologischen Grundstruktur"[25] und mit Hilfe der Unterscheidung von „volkstümlich"

---

22 In Bezug auf die ökumenische Missionstheologie spricht Werner sogar von einem „Paradigmenwechsel", da es „in diesem Jahrhundert, vor allem in der Epoche nach dem 2. Weltkrieg einen derart umfassenden Wechsel der zugrundeliegenden Leitvorstellungen, theologischen Begründungen und des hermeneutischen Vorgehens gegeben hat, daß man diesen zusammenfassend als einen missionstheologischen Paradigmenwechsel bezeichnen kann." (a.a.O., S. 45)

23 Bochinger, S. 40.

24 Rzepkowski, S. 182; vgl. Jäschke, S. 234; auch Dammann, welcher in dem Aufsatz „Vorläufer einer afrikanischen Theologie" eine „historische Kontinuität zwischen den Anschauungen früher europäischer Missionare und Wissenschaftler einerseits und afrikanischer Theologie der letzten Jahre andererseits" aufzuzeigen bemüht ist. (a.a.O., S. 147)

25 Hoekendijk, S. 143.

und „volklich" bzw. „volkartlich", weltweite Bedeutung beansprucht. Aus diesem Grund wäre die Bezeichnung Gutmanns als „Vordenker der Entwicklung eines Modelles von Inkulturation" sicher zutreffender. Natürlich ist festzustellen, daß die ökumenische Diskussion der „gesamte[n] Problematik der Relation von Kultur und Evangelium", welche „nicht nur vor fast einem Jahrzehnt in Nairobi [5. Vollversammlung des Ökumenischen Rates der Kirchen 1975; Anm. d. Verf.], sondern auch jetzt noch als eine der bedeutendsten unerledigten Fragen der Weltchristenheit bezeichnet werden kann"[26], heute, im Gegensatz zu Gutmann, zu anderen Erkenntnissen gekommen ist. Dazu gehört u.a., daß die „traditionelle Unterscheidung von unveränderlichem Gehalt und veränderlicher Form der Botschaft ... im Horizont der Kontextualisierung offensichtlich nicht unbesehen weiter zu verwenden ist"[27]. Dies bedeutet hingegen in Bezug auf Gutmanns Leistung in seiner Zeit im Bereich der Problematik der Inkulturation des Christentums keinerlei Abbruch.

M.E. ist die Bezeichnung Gutmanns als „Vorläufer einer afrikanischen Theologie" nur innerhalb dieses Gesamtzusammenhanges des von Gutmann vertretenen, weltweite Gültigkeit beanspruchenden Entwurfes der Inkulturation des Christentums legitim. „Vorläufer einer afrikanischen Theologie", in Bezug auf Gutmann gebraucht, bedeutet m.E. in erster Linie, daß Gutmann im Rahmen seiner Tätigkeit als Missionar, die Grundlagen für ein eigenständiges, christlich-theologisches Nachdenken in Afrika geschaffen hat. Die selbstverständlich nicht zu leugnende Tatsache, daß die praktische Ausformung der Gedanken Gutmanns sich in erster Linie mit seiner Wirkungsstätte in Moschi verbinden, und insofern „afrikanische Theologie" zu sein beanspruchen könnten, bedarf m.E. einer detaillierten wissenschaftlichen Auseinandersetzung, welche das Verhältnis von Gutmanns Gedanken und Methodologie zur heutigen sogenannten „afrikanischen Theologie", z.B. an afrikanischen unabhängigen Kirchen dargestellt, zum Thema haben könnte. Dabei gilt es zu beachten, daß der Begriff der „afrikanischen Kultur" nicht notwendigerweise statisch zu verstehen ist. Fiedler plädiert dafür, Elemente der ehemaligen afrikanischen Kultur, welche ihre Funktion verloren haben, aufzugeben und Elemente europäischer oder anderer Kulturen (bei Bedarf) neu zu integrieren.[28] Diese Sicht der „afrikanischen Kultur" hat natürlich Einfluß auf eine Definition dessen, was „afrikanisch" meint. „Dann ist nicht das afrikanisch, was irgendwelche Wurzeln in der Vergangenheit hat, sondern das, was die gegenwärtigen Bedürfnisse der Afrikaner erfüllt. Zu den gegenwärtigen

---

26 Gensichen, Kontextualität und Universalität: Das Christentum im Dialog mit den Kulturen, in: Mission, S. 161.
27 Gensichen, Evangelium und Kultur: Neue Variationen über ein altes Thema, in: Mission, S. 120.
28 Fiedler, S. 17.

Bedürfnissen der Afrikaner gehört sowohl der Wunsch, Elemente ihrer traditionellen Kultur zu bewahren als auch der Wunsch, ihnen nützlich erscheinende
Elemente anderer Kulturen aufzunehmen."[29] Im Zusammenhang mit der Definition des Begriffes „afrikanische Theologie" wäre zu prüfen, ob „afrikanische
Theologie" nicht gerade einen eigenständigen Beitrag (bzw. eigenständige Beiträge) afrikanischer Christen zum weltweiten ökumenischen Gespräch meint
und Europäer in diesem Fall ausschließlich als Dialogpartner geduldet sind. „Das
Wort eines afrikanischen Theologiestudenten sollte zu denken geben: ,Gebt uns
das Beste an Theologie, das ihr habt – und dann wartet, wartet, damit bei uns etwas Neues daraus wachsen kann!'"[30]

In der heutigen Diskussion wird Gutmann gern als ein Mahner, welcher die
Schäden der Zivilisation aufzeigt und somit das prophetische Amt wahrnimmt,
gesehen.[31] Diese Zivilisationskritik bei Gutmann ist in ihren Grundzügen in Anbetracht der vielfältigen ökologischen, wirtschaftlichen, sozialen und politischen Probleme sicherlich nicht abzulehnen, sondern durch heutige
Erfahrungen und Erkenntnisse zu erweitern und zu konkretisieren. Der Weg
Gutmanns, durch den Versuch der Konservierung „vorzivilisatorischer" Strukturen unter Rückgriff auf eine Ordinologie „von sehr zweifelhaftem Gehalt"[32], die
Schäden abzuwenden, ist hingegen gescheitert. „Inzwischen ist die Geschichte
über diese Versuche hinweggegangen – weniger in der Weise, daß deren theologische Problematik bewältigt worden wäre, als dadurch, daß der Wandel der politischen und sozialen Situation die äußeren Voraussetzungen dafür ein für
allemal zerstört hat."[33] Was bleibt, ist die Summe seines Werkes, „die Gutmann
so wiedergegeben hat: das Finden des Nächsten und das Aktivieren der Gemeinden, denn ,in Wirklichkeit ist die falsche Definition des Nächsten in allen Konfes-

---

29   ebd. Vgl. dazu auch die von Fiedler geschilderten Konflikte in der Gemeinde in Moschi zwi-
      schen dem „konservativen" Missionar Gutmann und den zumeist in den Missionsschulen vor
      Gutmanns Kommen nach Moschi ausgebildeten „progressiven" Lehrern. ,,Konservativ' be-
      zeichnet solche Missionare, die den Wert historisch gewachsener Institutionen stärker beto-
      nen, während die als ,progressiv' bezeichneten werden, die dem Neuen und der plötzlichen
      Veränderung mehr Raum geben." (ebd., S. 11) „Über die Jahre hin war die Stärkung der Stel-
      lung der Ältesten (und damit auch der des Missionars) und die Schwächung der Stellung der
      hauptamtlichen Mitarbeiter (als mögliche Konkurrenten des Missionars) eines der wesent-
      lichsten Ergebnisse von Gutmanns Kommen nach Moshi. Am Anfang war die Kirche in Moshi
      eine äußerst progressive Kraft. Unter Gutmanns Führung näherte sie sich immer mehr den
      Konservativen und verlor dadurch weitgehend das Engagement (nicht die Mitgliedschaft) der
      gebildeten Elite." (ebd., S. 52)
30   Gensichen, „Einheimische" Theologie und ökumenische Verantwortung, in: Mission, S. 97.
31   z.B. Jäschke, S. 81.
32   Hoekendijk, S. 158.
33   Gensichen, Glaube, S. 146.

sionen und die Ausschaltung vom Amte der Schlüssel die ernstere Sache der Abweichung vom Evangelium'."[34]

Diese Summe des Werkes von Bruno Gutmann trifft heutige Defizite im ekklesiologischen, gesellschaftlichen und globalen Bereich und ist m.E. ein wichtiger Grund der bis heute andauernden Rezeption der Gedanken Gutmanns. Dabei gilt es sich zu verdeutlichen, daß die heutige Suche nach gangbaren Wegen, sei es im Bereich des Gemeindeaufbaus, zum Thema Individualismus und Gesellschaft, angesichts der drohenden ökologischen Katastrophen oder in Bezug auf Fragestellungen des weltweiten Zusammenlebens (Nord-Süd-Konflikt), mit Gutmanns Gedanken kaum mehr als das Thema „der zwischenmenschlichen oder mitmenschlichen Beziehungen"[35] gemeinsam haben dürfte. Dies schließt es hingegen nicht aus, daß Gutmanns Gedankengänge bzw. von ihm unterbreitete Vorschläge als Anregungen, und somit als Bereicherung des eigenen Nachdenkens und Praktizierens, empfunden werden. Hingegen sollten auch bei einer Aufnahme einzelner Gedanken Gutmanns als Impulse, die Unterschiede, welche zumeist schon in den vielfältigen, berechtigten Kritikpunkten thematisiert sind, deutlich benannt werden.

So sieht z.B. Möller die „bleibende Bedeutung Gutmanns für die Frage nach Gemeindeaufbau ... darin, daß er [Gutmann] von seinen afrikanischen Erfahrungen her leidenschaftlich an den Artikel der Schöpfung erinnert, während heute über Gemeindeaufbau, zumal über missionarischen Gemeindeaufbau, fast ausschließlich nur vom zweiten und vom dritten Artikel her gedacht wird, was zweifellos zu einer Verkürzung führen muß."[36] Dabei gilt es festzuhalten, daß bei Gutmann der Artikel der Schöpfung hauptsächlich in Gestalt der heute „fragwürdig[en]"[37] Lehre von den Schöpfungsordnungen Beachtung findet. Diese Verengung wird heutigem Denken und Notwendigkeiten nicht gerecht. Ein Nachdenken über den Artikel der Schöpfung hat in der Theologie angesichts der drohenden ökologischen Katastrophen bereits in neuer Weise begonnen. Inwieweit Ergebnisse dieser Diskussion für Fragen des Gemeindeaufbaus nutzbar zu machen sind, ist m.E. eine lohnenswerte und notwendige Aufgabenstellung.

Desweiteren vermutet Möller, „daß Gutmanns Anregungen für Europa und Nordamerika noch wichtiger sind, um der Faszination des Machens, Planens, Herstellens und Organisierens bis in den Gemeindeaufbau hinein wiederstehen zu können, und stattdessen sensibler und dankbarer für das in der Gemeinde Gewachsene und die wirklichen Bindungen zu werden, in denen die Menschen le-

---

34 Hoekendijk, S. 164, zitiert aus einem Brief Gutmanns vom 19.3.1943.
35 Jäschke, S. 285.
36 Möller, S. 170.
37 Joest, S. 252.

ben und die vom Evangelium her in den Leib Christi integriert werden wollen."[38] Aber auch an diesem Punkt bleibt von Gutmann „nur" die Anregung, denn „hinter die zentralen theologischen Aussagen der dialektischen Theologie [kann man] nicht mehr zurück. Kirche und Volk, Gemeinde und Stammesgemeinschaft, das christliche und das vorchristliche ‚wir' können nicht mehr in der Art Gutmanns identifiziert werden."[39]

M.E. besteht eine weitere lohnende Anregung für heutiges theologisches Nachdenken in dem von Gutmann aufzuzeigen versuchtem Zusammenhang zwischen Individualismus und Sünde. Natürlich ist Sünde nicht in der Art Gutmanns mit der Ablehnung der patriarchalen „urtümlichen Bindungen" gleichzusetzen. Es ist hingegen zu prüfen, ob das Aufgeben des Gedankens des Angewiesenseins alles Geschöpflichen aufeinander zu Gunsten eines „Rechtes des Stärkeren" mit dem Begriff der „Sünde" zu beschreiben ist.

Auch Bochingers Versuch, Gutmanns Werk unter dem Aspekt der „Ganzheit", welche ein „Resultat der Schöpfung, nicht irgendeiner menschlichen Kulturleistung [ist]"[40] zu sehen, verdient in diesem Zusammenhang Beachtung. Aber auch hier ist deutlich zu machen, daß „Ganzheit" nicht mit Unterordnung unter die „natürlichen Führer" gleichzusetzen ist.

Abschließend ist als weiterer Impuls, im Sinne Gutmanns, zu sagen, „daß es der Begegnung mit der außereuropäischen Situation bedarf, um wesentliche Elemente christlichen Glaubens und Kirchenverständnisses in das Leben der Kirche umzusetzen."[41] Diese Begegnung, welche heute weit über die „väterliche" Rolle Gutmanns hinausgehen sollte und in eine wirkliche Partnerschaft, d.h ein Gegenüber gleichberechtigter Partner münden sollte, muß immer wieder neu geschehen. Christlich-abendländische Theologie sollte verstärkt an der Umsetzung dieser, im Bereich der ökumenischen Diskussion gewonnenen Einsicht arbeiten. Vielleicht wäre es auf diesem Weg der verstärkten Rezeption außereuropäischer (kontextueller) Theologien durch europäische Theologen und Missionswissenschaftler (auch und gerade, wenn abendländische Denkstrukturen verlassen werden) möglich, daß abendländische Theologie und Missionswissenschaft ihre (innereuropäische) Trennung überwinden. Nur so wird abendländische (lutherische) Theologie im ökumenischen Dialog auch glaubwürdig zu vertreten sein.

---

38 Möller, S. 171.
39 Bochinger, S. 40.
40 ebd., S. 76.
41 Bürkle, S. 68.

4. Thesen

1. Bruno Gutmann (1876-1966) hat, unter Einbeziehung verschiedener Zeit-strömungen, theologischer Denkmodelle und seiner Erfahrungen im Missions-land (Tanganyika – heutiges Tansania), ein Modell von Inkulturation entwickelt, welches die Problematik von Kultur und Evangelium zu lösen versucht, indem Gutmann unter Rückbezug auf die Lehre von den Schöpfungsordnungen Kultur und Evangelium eng miteinander verknüpft und dabei das Evangelium der Kon-servierung einer bestimmten Vorstellung von Sozialordnung und Moral nutzbar macht.

2. Gemeindeaufbau bedeutet bei Gutmann, das Beziehungsgeflecht der von ihm als Schöpfungsordnungen begriffenen (patriarchal-hierarchischen) „urtüm-lichen Bindungen", welche bei Gutmann zum unveränderlichen Gehalt des Evan-geliums werden und als revelatio generalis die Voraussetzung der revelatio specialis in Jesus Christus bilden, als Strukturprinzip in die christliche Gemeinde zu übernehmen und durch neue Ämter zu erweitern. Die Leitung der Gemeinde wird von den „natürlichen Führern" der einzelnen „Organeinheiten" wahrge-nommen, die Aufsicht und Lenkung obliegt dem Hirten. Die weltweit nach die-sem Muster entstehenden „Volkskirchen", die sich formal betrachtet ausschließlich in dem Bereich des „volkstümlichen" (d.h. Sitte, Sprache, Tracht, Brauch etc.), niemals hingegen in dem Bereich des „volklichen" bzw. „volkhaf-ten" (d.h. die „urtümlichen Bindungen") unterscheiden, sind in Analogie zu dem Beziehungsgeflecht der „urtümlichen Bindungen" miteinander in Beziehung zu setzen, wobei die (weltweite) „natürliche Führerschaft" der „nordischen Rasse" (und innerhalb dieser „Rassenzugehörigkeit" den deutschen Lutheranern) zu-kommt.

3. Der Versuch Gutmanns, die (Welt)-Kultur mit Hilfe des Christentums zu „vollenden", ist gescheitert. Die missionstheologische Aufarbeitung der Gedan-ken Gutmanns, welche auch die auf Grund der Erfahrungen des Zweiten Welt-krieges heute eher verschwiegenen Konsequenzen aus Gutmanns Denken zu berücksichtigen hätte, steht noch aus.

4. Gutmanns Thema „der zwischenmenschlichen oder mitmenschlichen Bezie-hungen" (Jäschke, 285) ist heute auf Grund der „fundamentalen Infragestellung der westlichen Kultur angesichts der durch sie bedrohten Überlebensfähigkeit der Menschheit" (Werner, 368) in ganz neuer Weise aktuell. Heutige Auseinan-dersetzungen mit dieser Problematik können einige Impulse aus Gutmanns Wer-ken gewinnen, weiterreichende Übereinstimmungen sind auf Grund vielfältiger, berechtigter, fundamentaler Kritiken an Gutmanns Werk, grundlegend geänder-ten Situationen in allen Lebensbereichen und neuen theologischen Einsichten nicht möglich.

Literatur

Bochinger, Christoph: *Ganzheit und Gemeinschaft: zum Verhältnis von theologischer und anthropologischer Fragestellung im Werk Bruno Gutmanns* (Religionswissenschaft; Bd.3), Frankfurt am Main / Berlin / New York / Paris 1987.

Bürkle, Horst: *Missionstheologie.* Helmut Thielicke zum 70. Geburtstag am 4. Dezember 1978 (Theologische Wissenschaft; Bd. 18), Stuttgart u.a. 1979, S. 67f.

Dammann, Ernst: *Vorläufer einer afrikanischen Theologie,* in: *Zeitschrift für Missionswissenschaft und Religionswissenschaft,* 60/2, 1976, S. 138-148.

Fiedler, Klaus: *Christentum und afrikanische Kultur: Konservative deutsche Missionare in Tanzania, 1900 bis 1940 (Edition afem: Mission academics; Bd. 2),* Bonn 1993³.

Gensichen, Hans-Werner: *Glaube für die Welt: Theologische Aspekte der Mission.* Gütersloh 1971.

--: *Mission und Kultur: Gesammelte Aufsätze (Theologische Bücherei; Neudrucke und Berichte aus dem 20. Jahrhundert; Bd. 74; Religionen und Mission),* hrsg. von Theo Sundermeier und Wolfgang Gern, München 1985, S. 71-98; 112-129; 153-166.

Hoekendijk, Johannes Christiaan: *Kirche und Volk in der deutschen Missionswissenschaft (Theologische Bücherei; Neudrucke und Berichte aus dem 20. Jhd.; Bd. 35; Mission und Ökumene),* bearbeitet und hrsg. von Erich-Walter Pollmann; gekürzte, mit einem Anhang des Verfassers versehene Ausgabe des holländischen Originals: *Kerk en Volk in de Duitse Zendingswetenschap* (Amsterdam 1948), München 1967.

Holsten, Walter: *Bruno Gutmanns Exegese,* in: Ders.: *Das Evangelium und die Völker: Beiträge zur Geschichte und Theorie der Mission.* Berlin-Friedenau 1939, S. 89-124.

Jäschke, Ernst: *Gemeindeaufbau in Afrika: die Bedeutung Bruno Gutmanns für das afrikanische Christentum (Calwer Theologische Monographien; Reihe C; Praktische Theologie und Missionswissenschaft; Bd. 8),* Stuttgart 1981.

Joest, Wilfried: *Die Lehre von den Zwei Regimenten Gottes und der Gedanke der Schöpfungsordnungen: Kritische Überlegungen zu zwei Leitbegriffen lutherischer Theologie,* in: *Schöpfungsglaube und Umweltverantwortung: Eine Studie des Theologischen Ausschusses der VELKD (Zur Sache - Kirchliche Aspekte heute; Heft 26),* hrsg. von Hans Christian Knuth und Wenzel Lohff, Hannover 1985, S. 239-263.

Küchler, Martin: *D. Dr. Bruno Gutmann: Lebenslauf und Würdigung der Lebensarbeit D. Dr. Bruno Gutmanns,* Erlangen 1951.

Lexikon missionstheologischer Grundbegriffe, hrsg. von Karl Müller und Theo Sundermeier – Berlin: Dietrich Reimer Verlag, 1987.

Mellinghoff, Gerhard: *Missionar - Experte - Mitarbeiter,* in: *Lutherische Kirche Tanzania: ein Handbuch (Erlanger Taschenbücher; Bd. 39),* hrsg. von G. Mellinghoff in Verbindung mit J. Kiwovele. Beratung S. Kolowa, Erlangen 1990 (2., erg. Aufl.), S. 227-234.

Möller, Christian: *Lehre vom Gemeindeaufbau: Bd. 1: Konzepte - Programme - Wege.* Göttingen, 1991, bes. 159-171.

Raiser, Konrad: *Partnerschaft und Einheit: Referat bei der 64. Jahrestagung der Westfälischen Missionskonferenz am 11.2.1984 in Gelsenkirchen,* in: *Wir stehen noch am Anfang: Ökumene in einer veränderten Welt,* Gütersloh 1994, S. 28-40.

Rzepkowski, Horst: *Lexikon der Mission: Geschichte, Theologie, Ethnologie*. Graz u.a. 1992.

Werner, Dietrich: *Mission für das Leben – Mission im Kontext: Ökumenische Perspektiven missionarischer Präsenz in der Diskussion des ÖRK 1961-1991*. Rothenburg 1993.

Winter, Dr. J. C.; Litt, B.: *Missionsmethoden der größeren protestantischen Missionsgesellschaften in Tanzania im Überblick,* in: *Lutherische Kirche Tanzania: ein Handbuch*. hrsg. von G. Mellinghoff in Verbindung mit J. Kiwovele. Beratung S. Kolowa, Erlangen 1990 (2., erg. Aufl), S. 77-95.

Ilona Gruber Drivdal – Die Übersetzung von Gutmanns Werken ins Englische

Mit Bruno Gutmann machte ich Bekanntschaft, als ich während meines Studiums der Anthropologie an der Universität in Bergen meine Feldarbeit am Kilimanjaro vorbereitete; Gutmanns Werke gehören zu den wichtigsten ethnographischen Werken zur Erforschung des Chagga-Volkes; die Artikel sind allerdings nur in Archiven zu finden. – Das war im Jahre 1998, ein gutes Jahrhundert nach Gutmanns Aufenthalt im damaligen Tanganjika (heute Tansania), und die vor so langer Zeit geschriebenen Werke Gutmanns wirken dementsprechend antiquiert in ihrer Schreibweise, mit Wörtern, die so altmodisch sind, dass sie in keinem moderneren Wörterbuch zu finden sind. Glücklicherweise ist das Deutsche meine Muttersprache, und mit einigem Raten fand ich mich zurecht. Für nicht-deutschsprachige Leser wäre das schwieriger.

Abgesehen davon fand ich Gutmanns Aufzeichnungen engagiert geschrieben; seine Bücher und Artikel sind geprägt von einer Beobachtungsgabe und einem Einleben in die Bräuche und das tägliche Leben der Menschen, wie ich es in der anthropologischen Literatur nur selten erlebt habe. Ich interessierte mich vor allem für die Imkerei und die Tradition der Honigjäger, und ich war erstaunt, zwei Aufsätze zu finden, wo der Autor selbst beim Honigsammeln im Urwald mitgemacht hat – mit allen Strapazen, die solche Expeditionen mit sich führten. Diese Teilnahme am täglichen Leben des Volkes spiegelt sich auch in Gutmanns Schriften.

Gutmann kam nicht, wie die Wissenschaftler es normalerweise tun, mit vorgefassten Theorien, die es zu prüfen galt, sondern als Missionar – und als Mitmensch. Seine Berichte sind von seinem aufrichtigen Interesse nicht nur an der Kultur, sondern auch am Wohlergehen der Menschen, mit denen er einige Jahrzehnte zusammenlebte, gezeichnet. In seinen Beobachtungen hat er auch einen strengen Blick für alles Negative, wie auch große Einsicht in alle Bräuche und Verhaltensweisen, die fördernd sind für das Gedeihen der dörflichen Gemeinschaft – mit dem Ziel, das Chagga-Volk letztendlich durch die Lehre des Evangeliums und die Einsicht in eigene Fehler zum Christentum zu führen. Dabei fand ich nirgendwo Vorurteile oder nur Andeutungen von Überlegenheit, sondern liebevolles Einleben in die Welt dieser Menschen und ihrer Kultur. – Ich habe von Gutmann viel über den Sinn der Mission und der Evangelisierung gelernt.

Solche Ausdrücke wie „Einleben" oder „liebevolle Teilnahme" werden freilich nicht gerne gehört an der Universität, wo es gilt „objektiv" zu sein... Aber ich fand die Schilderungen Gutmanns so lebendig, dass ich mir lebhaft vorstellten konnte, wie dieser Deutsche unter dem afrikanischen Volk gelebt und gearbeitet hat. Ein Besuch in Old Moshi mit Gutmanns ehemaligem Wohnhaus und der Bibliothek mit seinen Werken haben mein Interesse an seinem Leben und Werk noch verstärkt.

Allerdings hat es mich während meiner Feldarbeit berührt, wie sehr sich eine Gesellschaft im Laufe von hundert Jahren verändern kann. Von den ehemaligen Bräuchen, wie Gutmann sie beschreibt, ist nicht viel geblieben. Die Chagga sind heute, wie es in der Anthropologie bekannt ist, eines der meist „entwickelten" und „modernen" Völker Ostafrikas. – „Wir sind christlich und zivilisiert", habe ich sehr oft von den Chagga gehört, wobei die Wörter „christlich" und „zivilisiert" synonym angewandt werden. Die Kirche als Institution ist von sehr großer Bedeutung für das soziale Leben in den Dorfgemeinschaften. Das Christentum ist eine Selbstverständlichkeit geworden.

Was ich dabei vermisse, besonders bei der jüngeren Generation, ist das Wissen über ihre eigene Kultur und die Prozesse der Christianisierung. Die Schriften Gutmanns sind zwar unter den Repräsentanten der Evangelischen Kirche bekannt, aber die Bücher verstauben im Museum. Es ist vielleicht ein Problem der Sprache; Gutmann schrieb seine Ethnologie in der Sprache der Chagga – und in deutsch! Die lokale Sprache, mit ihren zahlreichen Dialekten, ist mit der älteren Generation am Aussterben, und wer kann schon deutsch? – Die jungen Menschen sprechen meistens Swahili, die offizielle Sprache in Tansania, gemischt mit sehr vielen englischen Wörtern, und der Gebrauch von Handys und Computern, der auch hier in rasendem Tempo um sich greift, beschleunigt diesen Prozess. Mit anderen Worten: Das Wissen um die Kultur des Chagga-Volkes ist dabei, verloren zu gehen, wie ich es rasch bei meiner Feldarbeit im Zeitraum 1998-1999 (100 Jahre nach Gutmann) feststellte.

Als ich dann – wir schreiben das Jahr 2009 – von Mr. Tucker um eine Übersetzung von Gutmanns Arbeiten ins Englische gebeten wurde, sagte ich sofort zu. Wir trafen einander zufällig im YMCA in Moshi, und nach nur etwa 5 Minuten Gespräch war es abgemacht: Die Arbeit Gutmanns ist es wert, ins Englische übertragen zu werden! Die Schwierigkeiten mit der Übersetzung habe ich bereits erwähnt: Dank meiner Muttersprache und mit etwas „Intuition" konnte ich das Geschriebene „entschlüsseln". Die Herausforderung war jedoch, die passenden Ausdrücke im Englischen zu finden.

Mit dem Übersetzen hoffte ich einen Beitrag zu leisten, um die Arbeiten Gutmanns zu revitalisieren und die soziokulturellen Änderungen am Kilimanjaro zu reflektieren. Und letztendlich geht es auch darum, durch Gutmanns Beispiel zu lernen, wie die Christianisierung, ohne Vorurteile und ohne Zwang, die negativen Elemente einer Kultur eliminieren und die positiven fördern konnte. Gutmanns Ideen für eine bessere – oder wie wir heute gerne sagen würden: „nachhaltige" – Gesellschaftsordnung sind zwar historisch gesehen veraltet, aber von ethischen, sozialen und psychologischen Standpunkten aus auch heute noch wertvoll. Ich sehe den Auftrag mit den Übersetzungen nicht nur aus der Perspektive des Anthropologen und im Dienste der Wissenschaft, sondern auch aus der Sicht der Menschen in Tansania, die über ihren Ursprung sowie auch über die Entwicklung ihres Volkes und über den Sinn der Christianisierung reflektieren möchten – und gerne in englischer Sprache.

Klaus Fiedler – Bruno Gutmanns konservative Modernität[*)]

1. Gutmann der Erzkonservative?

In den 1930er Jahren war Gutmann ein bedeutender Name in der deutschsprachigen Missiologie. Seine missiologischen Bücher wurden viel gelesen, und Missionare und Missionswissenschaftler diskutierten seine Ideen. Bruno Gutmann (1876-1966) arbeitete als Missionar der Leipziger Mission viele Jahre in dem Gebiet des heutigen Tansanias und wurde insbesondere durch seine Forschungen zur Chagga-Kultur bekannt. Aber in jener Zeit konnte kein Missiologe mal eben zu den Hängen des Kilimanjaro reisen, um Gutmanns Arbeit zu beobachten und das Leben seiner Gemeinde zu studieren. Mehrere Dissertationen wurden über Gutmann geschrieben, die jedoch alle nur auf seinen Veröffentlichungen basieren. Dadurch entsteht ein einseitiges Bild, was zum einen an dem systematisch-theologischen Ansatz der Forscher liegt, zum anderen wohl auch an seinen Büchern. Aber auch fehlende Informationen sind ein entscheidender Grund für diese Sicht auf Gutmann.[1]

Ein Beispiel für die verbreitete Sicht auf Gutmann ist die Studie von Marcia Wright über die Berliner und Herrnhuter Mission in den Southern Highlands von Tanzania Bruno Gutmann.[2] Ich schätze ihr Buch sehr, aber in dieser Einschätzung liegt sie völlig falsch. Denn dabei wird großzügig übersehen, wie modern Gutmann war.

Als ich mich entschloss, auf Anregung von Professor Noel Q. King, Gutmann in den Mittelpunkt meiner Arbeit zu stellen, ging ich anders vor. Ich bin Kirchengeschichtler und versuchte, zu den Quellen zu gelangen und die Wirklichkeit zu beschreiben – und ich hatte die Gelegenheit, mit meinem Rucksack per Bus nach Moshi zu reisen. Ich hatte natürlich auch Gutmanns Bücher gelesen, aber den Vorrang der Forschung nahmen die Protokollbücher der Gemeinde Kidia und

---

*) Wir drucken hier die zwischenzeitlich in der Zeitschrift Evangelische Missiologie 33 (2017) S. 38-56 erschienene Version des Vortrags ab.

1 So stellt z.B. Peter Beyerhaus fest, dass Bruno Gutmanns Gemeinde nicht missionarisch gesinnt war und dass es keine afrikanischen Pastoren in der Gemeinde gab (Peter Beyerhaus, *Die Selbständigkeit der jungen Kirchen als missionarisches Problem*, Wuppertal, 1956). Doch faktisch betrieb die Gemeinde systematische Missionsarbeit in Okuma und Kahe, und sie hatte zwei afrikanische Pastoren, Imanuel Mkony und Ndesanyo Kitange.

2 Marcia Wright, *German Missions in Tanganyika 1891-1941. Lutherans und Moravians in the Southern Highlands*, Oxford: Clarendon, 1971. Dies sind einige der Zitate, mit denen sie die conservative Haltung belegt: „his priorities set on the tribal fortress" (127); „Gutmann's elaboration of the divinely ordained difference between races und nations" (171); „believed that the office [of pastors] could not be legitimate because it had no precedent in Chagga social institutions" (178); „the Gutmann doctrine of tribalized Christianity" (199); „Gutmanns assumption of racial isolation". — Ich konnte in diesen Zitaten jedoch keine Belege für Wrights Schlussfolgerung finden.

alle anderen historischen Informationen ein, die ich sammeln konnte.[3] Durch diese Vorgehensweise entstand ein sehr anderes Bild.

Ich beendete meine Forschungsarbeit im Jahre 1975,[4] erhielt den Doktortitel von der Universität Daressalam 1978, und die Deutsche Gesellschaft für Missionswissenschaft veröffentlichte meine deutsche Übersetzung der Doktorarbeit 1983.[5] Das Buch fand einiges Interesse bei deutschsprachigen Missiologen, aber ich habe keine Weiterentwicklung im missiologischen Diskurs über Gutmann beobachtet.[6] Danach habe ich mein Forschungsinteresse dem Thema der interdenominationellen Glaubensmissionen in Afrika zugewandt.[7] Seit 1992 lebe ich in Malawi, und da habe ich auch nicht den Kontakt gehalten zu weiteren missiologischen Entwicklungen um Bruno Gutmann, aber natürlich habe ich den „Heiligen Bruno" mit Interesse und Vergnügen gelesen.[8]

Vor 50 Jahren, als ich Student an der Makerere University in Kampala war, sagte Professor King zu mir: „Klaus, die Missionare waren Kinder ihre Zeit, genauso wie wir die Kinder unserer Zeit sind." Das habe ich mir zu Herzen genommen. Gutmann lebte und arbeitete in einer anderen (und zudem sehr seltsamen) Zeit, und die Themen, die die Missionswissenschaftler damals beschäftigten, sind nicht die Fragen von heute. Darum ist mein Anliegen, Gutmann in seinem eigenen Kontext darzustellen und ihn mit seinen Zeitgenossen zu vergleichen, statt zu versuchen, bei ihm heutige Ideen zu finden oder ihn an diesen zu messen.

---

3   Es war für mich von großem Gewinn, dass einige der Hauptakteure noch am Leben waren und in Old Moshi wohnten. Ich erinnere mich noch sehr gut (und sehr gerne) an die Gespräche mit Joseph Merinyo, Immanuel Mkony und Yohane Kimambo.

4   Klaus Fiedler, *Missionary Cultural Conservatism: Attempts to Reach an Integration between African Culture and Christianity in German Protestant Missionary Work in Tanzania 1900-1940*, PhD, Daressalam 1977, betreut von Prof. Isariah Kimambo und Prof. Cuthbert Omari.

5   Klaus Fiedler, *Christentum und afrikanische Kultur. Konservative deutsche Missionare in Tanzania 1900-1940*. Missionswissenschaftliche Forschungen 16, Gütersloh 1983; [2]1984; [3]1993 (Bonn: Verlag für Kultur und Wissenschaft, edition afem – mission academics, Bd. 2). Eine revidierte und erweitere Ausgabe ist 2016 erschienen: Klaus Fiedler, *Christentum und afrikanische Kultur. Konservative deutsche Missionare in Tanzania 1900-1940*, Mzuzu 2016 (erhältlich als POD oder ebook von African Books Collective, Oxford).

6   Parallel zu mir arbeitete J.C. Winter (wesentlich gründlicher) in Kidia. Wir begegneten uns dort zwar kurz, aber ich konnte seine Arbeit nicht mehr aufnehmen. Ich danke ihm für seine frühere Arbeit: J.C. Winter, Bruno Gutmann. *A German Approach to Social Anthropology*, Oxford 1979.

7   Veröffentlicht als: Klaus Fiedler, *Ganz auf Vertrauen, Geschichte und Kirchenverständnis der Glaubensmissionen*, Gießen/Basel 1992 (freier Download unter http://tinyurl. com/fiedler). Auf Englisch erschien eine bearbeitete Version: Klaus Fiedler, *The Story of Faith Missions*, Oxford [2]1995 (1994). Eine revidierte Ausgabe ist in Arbeit (Mzuzu 2017).

8   Siehe: Tillmann Prüfer, *Der Heilige Bruno. Die unglaubliche Geschichte meines Urgroßvaters am Kilimandscharo*, Reinbek 2015.

Ein Problem bei der Erforschung Bruno Gutmanns ist die Sprache, denn alles ist in Deutsch geschrieben und außerdem ist sein Deutsch schwierig, selbst für seine Zeitgenossen.[9] Es war gut, dass ich meine Arbeit in Englisch schrieb, denn das zwang mich zum Übersetzen. Dieser Artikel beruht also auf Forschungsarbeit, die ich vor 40-50 Jahren getan habe. Ich präsentiere hier meine Beobachtungen und Ideen mit großem Respekt für einen bedeutenden Missionar und Missiologen.

2. Bruno Gutmann und die Kultur

Das Thema dieses Abschnittes ist nicht Gutmann und die afrikanische Kultur, sondern Gutmann und die Kultur. Denn für Gutmann gab es nur eine Menschheit. Gott schuf den Menschen nach seinem Bilde, nicht als isolierte Individuen, sondern er schuf den Menschen als „Mensch in Gemeinschaft"[10], und diese Gemeinschaft wird durch die drei primären Bindungen[11] definiert. Gutmann mag die primären Bindungen durch die Erforschung der Chagga entdeckt haben, aber dort entdeckte er sie für die ganze Menschheit.

Als Theologe war Gutmann der Soziologie der Romantik verpflichtet, die sich besonders dem Normativen verpflichtet fühlte.[12] Diese Art von Theologie und Soziologie zeigt sich dann auch in seinen Büchern und verschiedenen Artikeln. Ich als Kirchengeschichtler bin aber mehr der „beschreibenden Soziologie" verpflichtet. Das heißt, mich interessiert nicht so sehr, wie die Kirche sein soll, sondern wie sie ist oder war.[13] Gutmann spricht immer von drei primären Bindungen, aber er beachtet dabei eine klare Rangordnung: (1) Familie[14] (2) Nachbarschaft (3) Altersgruppe.[15] Er maß immer der Altersgruppe die geringste Bedeutung bei. Für die Zeit in Kidia habe ich den Eindruck, dass die (erweiterte)

---

9   Bei meiner Übersetzung ins Englische wählte ich als Übersetzung für „urtümliche Bindungen" nicht „primordial ties", sondern „primal ties" (primäre Bindungen). Denn diese Bindungen sind nichts Altertümliches, sondern Gottes Gabe für alle Zeiten und für alle Menschen.

10   Vielleicht hat die „Ubunthu Theology" hier einige Ideen von Gutmann übernommen.

11   Man könnte den Begriff „primäre Bindungen" als auch durch „Grundbindungen" ersetzen, was zu Gutmanns Schlusswerk „Der grundständige Mensch" passen könnte.

12   Ich danke J.C. Winter für diesen Hinweis bei unserer Begegnung in Kidia.

13   Hierfür bieten die von Gutmann selbst geschriebenen Protokollbücher der Gemeinde hervor ragendes Material. Auch seine Bücher, obgleich oft präskriptiv, enthalten manche Information über die reale Situation.

14   Gutmann benutzt den Begriff „Sippe", um den Unterschied zur Kleinfamilie zum Ausdruck zu bringen. Aber heute spricht man in Afrika eher von der „extended family", die das Leben sehr konkret prägt (ich gehöre selbst zu einer), wogegen der Begriff „Sippe" hier kaum eine Bedeutung hat.

15   Gutmann schreibt, dass die erste Bindung auf dem Blut beruhe und die zweite auf dem Boden. Der Gebrauch dieser beiden Begriffe ist aber kein ausreichender Grund, ihn den „Blut und Boden"-Ideologen zuzuordnen.

Familie an erste Stelle rückte, während ich für die Zeit danach in Deutschland bei ihm die Nachbarschaft im Vordergrund stehen sehe.

Wichtig ist, dass er weder Staat noch Volk in die primären Bindungen einschließt. Er erkennt an, dass das Häuptlingstum (und damit auch andere Regierungsformen) seinen Ursprung in der Primärbindung der Familie hat, aber trotzdem hat für ihn keine Regierung Anteil am imago dei. Das erlaubte eine enge Zusammenarbeit mit den Häuptlingen (und anderen Autoritäten),[16] und Verehrung für die besten unter ihnen,[17] aber eben nicht mehr als das. Dieselbe Distanz bewahrte Gutmann zum Volk. Gutmann hatte nie etwas dagegen, Deutscher zu sein, aber er war genauso (und wahrscheinlich sogar mehr) zu Hause unter den Chagga. Die Völker sind eine Realität, aber sie sind keine göttliche Schöpfung und haben nichts Göttliches in sich. Sein Konzept der Primären Bindungen beruht auf Genesis 1, und ich habe nie einen Bezug auf Genesis 11 gefunden, einem Kapitel, das eine Begründung (oder eher eine Ausrede) für die Verehrung von Volk, Rasse usw. hätte liefern können.[18]

Volk war für ihn eine deskriptive Bezeichnung von Gruppen wie die der Chagga, die Pare, die Siebenbürger Sachsen oder die Serben. Gutmann war kein Vertreter des deutschen Kolonialismus, und als die Briten den Deutschen diese Bürde abgenommen hatten, war er nicht darauf aus, dass die Deutschen sie wieder aufnehmen sollten.[19] Er war kein Verfechter oder Vertreter des Deutschtums und kein Anhänger des Nationalsozialismus oder irgendeiner damit verwandten Ideologie. Er wollte, dass das deutsche Volk (wie jedes andere Volk) sich aus den primären Bindungen erneure, und in dieser Richtung hatte der Nationalsozialismus (wie andere völkische Bewegungen) absolut nichts anzubieten.

Für Gutmann war Kultur der Gegensatz zur Zivilisation,[20] die er in einem seiner wenigen englischen Artikel eine „himmelschreiende Gotteslästerung" nannte,[21] die die Menschen nicht aus ihrem Volk entwurzelte, sondern aus den primären Bindungen. Zivilisation vereinsamt den Menschen und formt organische Gemeinschaften um in Massen von Individuen, isoliert und egoistisch. In

---

16   Gutmann arbeitete eng mit Häuptling Salima zusammen, aber erst dessen Sohn wurde Christ.

17   Typisch für diese Verehrung ist sein Buch über Häuptling Rindi (*Häuptling Rindi von Moshi – Ein afrikanisches Helden- und Herrscherleben*, Köln 1928.

18   Ich selbst halte Genesis 11 für keine stichhaltige Begründung dafür, dass Völker von Gott geschaffen seien, da ich die Aufteilung in Völker in Genesis 11 als Strafe für menschlichen Größenwahn verstehe.

19   Hier unterschied er sich von einigen seiner Leipziger Kollegen wie Ittameier, die glaubten, dass Tanganyika „rechtens" deutsch wäre.

20   Hier ist ein weiterer Bezug zur Soziologie der Romantik.

21   „blatant blasphemy", siehe Bruno Gutmann, „*The African Standpoint*" in: *Journal of the International Institute of African Languages und Cultures*, 1935, S. 1-17.

diesem Konzept ist wenig Raum für Vereine und ähnliche Gruppen,[22] und auch wenig Raum für die Demokratie (mit ihrem Individualismus und ihren Masseneffekten) und noch weniger Raum für Populisten und Demagogen. Um Gutmann gerecht zu werden, müssen wir seine unterschiedliche Bewertung von Kultur und von Sitten und Gebräuchen verstehen. Sitten und Gebräuche waren für ihn ein nützlicher Ausdruck von Kultur, aber doch nur ein vorübergehender Ausdruck. Das ermöglichte es ihm, problemlos deutsche und Chagga-Sitten zu mischen, wie die wunderschöne Weihnachtskrippe in Kidia zeigte, und er konnte ohne Schwierigkeiten Kleiderkriege und ähnliche Kontroversen vermeiden.[23] Er hatte auch keine Probleme mit Frau Merinyos großem Hut, den sie beim Empfang des Abendmahls trug.[24] Gutmann förderte jede Sitte und alle Gebräuche, die die Menschen näher an die primären Bindungen heranführen konnten, ganz gleich, wo sie herkamen.[25] Marcia Wright sagt von Gutmann, er habe ein „Stammeschristentum" (tribalistic Christianity) gewollt.[26] So etwas war ihm jedoch völlig fremd, und schon gar nicht glaubte er an rassische Überlegenheit oder Vorrang. Marcia Wright schreibt auch, dass Gutmann keine afrikanischen Pastoren haben wollte. Die Quellen, die sie angibt sind jedoch zweifelhaft.[27] Falls Gutmann je etwas gegen die Ordination afrikanischer Pastoren hatte, muss er das sorgfältig verborgen haben, denn er hieß die beiden Old Moshi zugeteilten Pastoren herzlich willkommen, gab ihnen eigenverantwortliche Arbeitsbereiche und schrieb als Hilfe für ihre Arbeit eine sorgfältig verfasste Pastorenordnung.[28]

---

22 Er erhielt positive geistliche Einflüsse durch den CVJM in seiner Jugend, aber er schuf nichts Vergleichbares in seiner Gemeinde.

23 Er wies darauf hin, dass der Kanzu, den viele als „afrikanische Kleidung" ansahen, nur eine neuere kulturelle Anleihe von den Swahili war.

24 Was Kleidungsfragen anging, unterschied er sich von seinem Nachbarn Georg Fritze. Über die Bemühungen des Missionars Blumer, seiner Gemeinde in Arusha die richtige Kleidermode beizubringen, konnte er nur den Kopf schütteln.

25 Weil Gutmann z.B. meinte, dass sich neuverheiratete Paare, traditioneller Sitte folgend, viel zu langsam von der Kirche zu ihrem Gehöft bewegten, schuf er ein Lied für diese Strecke mit der deutschen Melodie „Ich hatt' einen Kameraden, einen bessren findst du nicht". – Wenn eine Sitte traditionelle Wurzeln hatte, war das in seinen Augen umso besser. Solch ein Beispiel ist das Brautexamen: *Evangelisches Missionsblatt*, 1903, 108ff; Bruno Gutmann, *Afrikaner–Europäer in nächstenschaftlicher Entsprechung. Gesammelte Aufsätze*, hg. von Ernst Jäschke, Stuttgart 1966, S. 192-196.

26 Marcia Wright, *German Missions*, 199.

27 Sie belegt ihre Meinung mit Paul Fleisch' Geschichte der Leipziger Mission (die nichts über Gutmanns Opposition sagt) und durch Interviews mit Merinyo und Bishop Moshi, für die es keine Niederschrift gibt. – Merinyo erwähnte mir gegenüber nichts von Gutmanns Abneigung.

28 „Einweisung in den Hirtendienst an einer christlichen Gemeinde", *Die Dorfkirche*, 1941, 85ff; auch *Lutherische Blätter*, 1960, S. 40-53; am leichtesten zugänglich in *Afrikaner - Europäer in nächstenschaftlicher Entsprechung*, S. 150-165. Die Hirtenordnung zeigt keine Kritik an afrikanischen Pfarrern, nur den Wunsch, ihren Dienst fruchtbar zu machen.

3. Gutmann und die Sprachen

Gutmann scheint das Verständnis der Romantik fraglos geteilt zu haben, dass ein Mensch nur in seiner Muttersprache richtig zu Gott beten könne. Diese Überzeugung war so allgemein in jenen Jahren, dass sie auch mir in meiner Jugend (in den 1950er Jahren) noch als fraglose Wahrheit erschien.[29] Bei Gutmann habe ich keinen direkten Bezug auf diese Überzeugung gefunden, aber er nahm die tiefe Implikation dieser Überzeugung sehr ernst. Als ich meine Arbeit tat in Kidia, wurde mir mehrmals gesagt, dass er besser Chagga gesprochen habe als die Chagga. Ich bin mir bewusst, dass Missionare manchmal unverdiente Komplimente bekommen, aber bei Gutmann war das kein unverdientes Kompliment, sondern tiefe Wirklichkeit. Er vertiefte sich in das Studium der Chagga-Sprache,[30] übersetzte das Neue Testament[31] und produzierte ein Gesangbuch,[32] die beide auf jeden Fall 1975 noch benutzt wurden.

Gutmann zeigte seine Beherrschung der Chagga-Sprache, als er alle Lehren für die Initiationen von Jungen sammelte und veröffentlichte, welche ihm die letzten alten Lehrer anvertraut hatten, damit sie nicht verloren gehen sollten. Auf 778 Seiten veröffentlichte er diese Lehren für alle Stufen der Initiation, übersetzte sie ins Deutsche und ließ sie drucken. Genauso deutlich zeigt sich seine Beherrschung der Chagga-Sprache in seinem Buch über das Recht der Chagga.[33]

Für ihn als lutherischem Theologen waren die Namen, die Eltern ihren Kindern gaben, ein Adiaphoron, etwas das weder gut noch böse war und der Jurisdiktion der Gemeinde unterstand. Damals gaben Chagga ihren Kindern gerne fremde Namen, vorzugsweise englische oder biblische. Er war dagegen und ließ seine Gemeinde entscheiden, dass nur Chagga-Namen zugelassen seien.[34] Gutmann war immer ein Realist. Als dann missionsweit entschieden wurde, dass ne-

---

29   Dieses Konzept ist wohl Johann Gottfried Herder zuzuschreiben.

30   Es geht die Geschichte um, dass ihm in Mombasa auf der Straße ein Gepäckstück gestohlen wurde. Er schrie „Dieb", aber niemand kam ihm zur Hilfe, weil er in Chagga rief, dass niemand dort verstand. Falls die Geschichte nicht wahr ist, ist sie zumindest gut erfunden. Ein Artikel, der sein tiefes Engagement zeigt, ist: „Der Kampf um das Sonnenwort", *Ev.-Luth. Missionsblatt*, 1925, 162-165, auch in: *Schildwacht am Kilimanjaro*.

31   Ich habe immer noch keine Antwort darauf gefunden, warum er nicht wenigstens Teile des Alten Testaments übersetzte.

32   Dieses Buch nannte er nicht Gesangbuch, sondern Gemeindebuch (Kitabu kya Siri), weil es mehr als Lieder enthielt, einschließlich eines Beitrages über den Missbrauch von Bier (*The Congregations of Moshi und Mbokomu, Kitabu kya Siri*, gedruckt in Nördlingen, 1931).

33   Bruno Gutmann, *Das Recht der Chagga*, München, Beck, 1928.

34   Seine Ablehnung englischer Namen ist leichter zu verstehen als seine Ablehnung biblischer Namen. Andererseits werden seine Gründe hierfür verständlich aus seinem Hinweis, der biblische Name „Philippus" bedeute nur „Pferdefreund".

ben Chagga-Namen auch biblische erlaubt seien, nahm er das an. Ich denke, er war froh, dass englische Namen, die viele Chagga so liebten, verboten blieben.[35]

Gutmann und Englisch

Unter den deutschen Missionaren war der Englischunterricht heiß umkämpft. Was die Gemeinden am Kilimanjaro anging, hatte Gutmann damit kein Problem. Gutmann war kein Befürworter des Unterrichts in der Sprache der Kolonialmacht, weswegen er den Deutschunterricht von Schwester Bertha Schulz auf seiner Station ablehnte – aber wohlgemerkt nicht stoppte. Als die Sprache der Kolonialmacht Englisch wurde, war er auch kein Befürworter des Gebrauchs von Englisch als Unterrichtssprache. Aber Gutmann war sich des dringenden Verlangens der Chagga bewusst, Englisch zu lernen, und er wusste auch, dass das gesamte Bildungssystem auf dem Englischunterricht beruhte. Deswegen identifizierte sich Gutmann, der immer seinen Leuten nahe war, mit ihrem Wunsch nach Moderne und unterstützte das Lehren und Lernen des Englischen von ganzem Herzen.

Gutmann liebte die Muttersprache, und deswegen investierte er so viel in das Lernen, Lesen und Schreiben der Chagga-Sprache. Aber er war nicht restriktiv, seine Liebe zum Chagga machte ihn nicht zum Feind des Swahili, der Lingua franca des Landes, und sie machte ihn auch nicht zu einem Gegner des Englischen, weil er wusste, das Englisch nötig war für die weitere Welt, und diese weitere Welt begann mit dem Schulsystem im Chagga-Land. Ja, man sollte in seiner Muttersprache beten und Gottesdienst feiern. In Moshi und an der Küste war Swahili nötig, und für höhere Ausbildung ist Englisch die nötige Sprache. Diese Überzeugung teilte er mit Ernst Johanssen von der Bethel-Mission,[36] aber sie wurde von vielen deutschen Missionaren abgelehnt, die sich dann für ihre reaktionären Ansichten auf Gutmann beriefen. Hier mag Gutmann Mitschuld treffen, weil er vorzugsweise seine *normativen* Ideen veröffentlichte.

Seine Einstellung zu den Sprachen ist typisch für seinen Konservativismus, der für ihn (und für Johanssen) eine positive Kraft war, nicht eine engführende Idee, wie bei anderen, zum Beispiel für die Herrnhuter Missionare Schnabel, Busse und Rietzsch unter den Nyakyusa.[37] Gutmann wollte mit Herder, dass jedes Volk sich seiner Sprache, Geschichte und Kultur erfreuen solle. Fichtes Idee, die Deutschen seien das „Urvolk" (was immer das genau bedeuten soll), waren ihm fremd.

---

35 Siehe Kidia Taufregister.

36 Ernst Johanssen, *„Heraus aus der Isolierung"*, in: *Evangelisches Missionsmagazin*, 1930, S. 51-59, 7478.

37 Siehe dazu Klaus Fiedler, *Christianity und African Culture*, Kapitel 7, S. 136ff.

4. Gutmann und das Schulsystem
4.1 Gutmann und die traditionelle Erziehung

Für alle Missionen in jener Zeit waren die Schulen das Hauptwerkzeug ihrer Arbeit, und Gutmann war nie gegen diese Vorgehensweise. Die Schulen waren für ihn in keiner Weise Teil der primären Bindungen, und er war sich der individualisierenden und modernisierenden Kräfte der Schule bewusst. Darum gab er sich alle Mühe, den Schülern den Bezug zur (erweiterten) Familie zu erhalten, und ihnen darüber hinaus beim Prozess des Erwachsenwerdens beizustehen. Denn er hatte beobachtet, wie die Initiationsriten zunehmend verkürzt und individualisiert wurden.[38] Seit Urzeiten war für die Chagga die Beschneidung (für Mädchen und Jungen) ein unabdinglicher Aspekt der Initiation. 1910 hatte Leipzig entschieden, dass die Beschneidung ein Adiaphoron sei, was bedeutete, dass Chagga ihre Töchter und Söhne beschneiden lassen konnten, „solange alles Heidnische vermieden wird".[39] Damit wurde die Beschneidung für Christen nicht nur erlaubt, sie wurde auch privatisiert. Weder die Gemeinschaft (wie es bei den Jungen gewesen war) noch die Kirche hatten eine Rolle zu spielen.[40]

Deswegen konnte Gutmann die Beschneidung nicht christianisieren, aber er bemühte sich, den Gemeinschaftscharaker der Initiation zu erhalten und zu stärken. Dieser Gemeinschaftscharakter war in den Schildschaften institutionalisiert, die in der traditionellen Kultur jeweils zwei Jungen, die einander gewählt hatten, lebenslang an einander banden. Gutmann erweiterte dieses Konzept der Gemeinschaft und bezog es sowohl auf den Konfirmandenunterricht als auch auf die Schule. Dazu verband er es mit der Institution der Paten. Damit war er sehr erfolgreich, solange er das traditionelle Verständnis dieser Institution nicht kritisierte oder durch dem Evangelium gerechte Elemente erweiterte.[41] Es fällt mir schwer zu messen, wie erfolgreich Gutmann in der Verringerung der individualisierenden Elemente des Schulsystems war und inwieweit er die Schulen besser

---

38 Noch vor 1910 vollzog die letzte Altersgruppe gemeinsam Initiationsriten, die jedoch auch schon erheblich verkürzt worden waren.

39 Siehe Klaus Fiedler, *Christianity und African Culture*, S. 37.

40 Deswegen konnte die Chaggakirche nicht dem Beispiel von Bischof Vincent Lucas folgen, der in Masasi in Südtansania die Jungeninitiation (mit Beschneidung) christianisierte zusammen mit anderen Initiationsriten. Dazu siehe Robin Lamburn, „*The Life of a Yao: The Christianized Rites*", in: Klaus Fiedler, *Christianity und African Culture*, S. 189-205 [189-197]. Siehe auch: Klaus Fiedler, „*Bishop Lucas' Christianization of Traditional Rites, the Kikuyu Female Circumcision Controversy und the 'Cultural Approach' of Conservative German Missionaries in Tanzania*", in: Noel Q. King und Klaus Fiedler (Hg.), *Robin Lamburn – From a Missionary's Notebook: The Yao of Tunduru und other Essays*, Saarbrücken, 1991, S. 207-217.

41 Solche Neuerungen waren, dass die Schwachen in eine Schildschaft aufgenommen werden sollten; dass sie mehr als zwei Schildkameraden umfassten, insbesonders bei Mädchen; dass sie samstags als Teil des Konfirmandenunterrichts Alten und Schwachen helfen sollten usw.

mit den primären Bindungen vereinen konnte. Aber dieser Ansatz erlaubte es ihm, das Schulsystem voll zu bejahen, ohne seine individualisierenden Kräfte zu ignorieren.

4.2 Gutmann und die Grundschulen

Unter den evangelischen Missionen in Tansania war die Leipziger Mission im Schulwesen immer führend, was dem starken Interesse der Chagga an Bildung entsprach. Gutmann kannte die Leipziger Praxis, in einem neuen Gebiet mit einer „Kostschule" die Missionsarbeit zu beginnen. Als ihm die Aufgabe anvertraut wurde, in Masama eine neue Arbeit zu beginnen, eröffnete er jedoch keine „Kostschule", weil er sich der individualisierenden Aspekte solcher Schulen bewusst war.

Als er die Gemeinde in Kidia/Mbokomu (Old Moshi) übernahm, fand er gute Grundschulen vor. Während die deutschen Missionare 1920 bis 1925 im Exil waren, führten die Chagga-Lehrer die Schularbeit weiter, für längere Abschnitte ohne jede Bezahlung. Als Gutmann 1926 nach Old Moshi zurückkehrte, fand er das Schulwesen in guter Ordnung vor.

1926/27, nach dem Besuch der *Phelps Stokes Commission*, begann die Regierung Interesse am Schulwesen zu zeigen und schlug eine Partnerschaft zwischen Regierung und Missionen vor, in der die Regierung Zuschüsse zahlen würde für alle Schulen und Lehrer, die die festgelegten Anforderungen erfüllen würden. In der Leipziger Mission waren Bruno Gutmann (der „Erzkonservative") und Paul Rother (sein Schwager) die einzigen, die bereit waren, das Angebot anzunehmen, während die anderen Missionare weder die Unterstützung noch die Aufsicht der Regierung haben wollten. Glücklicherweise entschied die Leitung der Leipziger Mission anders und damit so, wie es den Wünschen der Chagga entsprach. Als erster Schritt wurden Modellschulen eingerichtet, die den für Grundschulen gestellten Anforderungen entsprachen und damit Anspruch auf staatliche Zuschüsse hatten. Dass Gutmann in Kidia eine solche Modellschule einrichtete, war zu erwarten. Mbokomu, das in einer anderen Häuptlingsschaft lag, hatte auch einen gut begründeten Anspruch darauf. Gutmann errichtete aber auch in Tela und Shia, im Südosten und im Westen von Kidia, Modellschulen. Solche Schulen machten eine gute Lehrerausbildung nötig, und deswegen bejahte Gutmann von ganzem Herzen die Lehrerausbildung in Marangu – inklusive dem dafür erforderlichen Englisch als Unterrichtssprache.

So blieb Old Moshi führend im Schulwesen, und als Gutmann von einem Jahr in Deutschland nach Moshi zurückkehrte, beklagte er sich offiziell bitter, dass sein Vertreter Fritze in diesem Jahr, eine „gesunde Entwicklung" unterbrochen hatte.[42] In vielen Diskussionen unter den Leipziger Missionaren über das Schulwesen waren es Gutmann und Rother, die das progressive Schulsystem befürworteten, und für Gutmann war es kein Problem, dass der Englischunterricht dazugehörte. Als Gutmann 1938 nach Deutschland reiste, war der Plan, dass er nach einem Jahr als Senior und Koordinator des gesamten Schulwesens nach Marangu gehen würden. Der Krieg machte es ihm unmöglich zu zeigen, wie seine konservative Modernität sich auswirken würde, aber eins ist klar: Er identifizierte sich voll mit den Ambitionen seiner Christen.[43]

5. Gutmann und die Vertreter der Modernität

In der Geschichte von Old Moshi sehe ich drei Vertreter der Moderne: die Schule, die Regierung und den Kaffeeanbau. Unter diesen drei Gruppe waren die Schulen die mächtigsten, die Regierung die unvermeidlichsten und der Kaffee die umstrittenste. Gutmann war sehr klar in seiner Meinung, dass keiner dieser Vertreter der Moderne seine Wurzeln in den primären Bindungen habe, aber er kam dennoch gut mit ihnen klar. Er unterstützte die (modernisierenden) Schulen voll und ganz. Die koloniale Herrschaft schob die Häuptlinge zunehmend beiseite. Gutmann arbeitete dagegen eng mit den Häuptlingen zusammen, während er zur deutschen und englischen Regierung (oder besser: zu ihren Vertretern in Moshi) Distanz hielt, ohne dass er ihr Daseinsrecht anzweifelte. Für die Kaffeekooperative hatte er wenig Sympathien, aber persönlich verstand er sich gut mit Joseph Merinyo, ihrem wichtigsten Vertreter in Old Moshi. All das heißt, dass er sich erfolgreich mit allen Kräften der Moderne arrangierte. Wie aber sah seine Haltung gegenüber den Vertretern dieser Systeme der Modernisierung in Old Moshi und Mbokomu konkret aus?

5.1 Gutmann und die Regierungsvertreter

Gutmann respektierte die koloniale Herrschaft, aber ich habe keine Hinweise auf eine persönliche Freundschaft mit Vertretern der Kolonialbehörde gefunden. Obwohl Moshi Town (Boma) Teil seiner Pfarrei war, habe ich nichts über eine pastorale Betreuung der dortigen Deutschen durch Gutmann oder persönli-

---

42 Siehe Jahresbericht Moshi 1933.
43 Vergleiche dazu die Situation in Rungwe, wo Chief Korano damit drohte, die Weißen Väter zu rufen (Chief R. Korano – Lordbishop [Gemuseus], nd. [c. 2/1937].

che Beziehungen gefunden.[44] Die Siedler waren zwar nicht Teil der Regierung, aber standen doch in einer Beziehung zu ihr.

Als Gutmann noch ganz neu als Missionar war, schrieb er einen Artikel „Wie ich den Buren begegnete". An die Ansiedlung der Buren in der Steppe knüpfte er Hoffnungen, denen die Missionsleitung übrigens kritische Bemerkungen hinzufügte. Aber das war die erste und letzte positive Bezugnahme auf Siedler in seine Veröffentlichungen oder in den Protokollbüchern der Gemeinde. Im Jahre 1911 verteidigte er den Chagga Mikaeli gegen die schlechte Behandlung durch einen deutschen Siedler namens Sauerbrunn.[45] Er verlor den Prozess, und die Leipziger Mission, die ihn unterstützte, riet ihm, in der Zukunft mit solchen Bemühungen vorsichtig zu sein.

5.2 Gutmann und die Lehrer

Gutmann unterstützte voll das Schulwesen der Mission. Aber wie stand er zu den lokalen Vertretern dieses Schulwesens, den Lehrern in Old Moshi und Mbokomu? Gutmann wusste sehr wohl, dass die meiste Gemeindearbeit in den verschiedenen Bereichen der Gemeinde von den Lehrern getan wurde, und er schätzte ihre Arbeit sehr. Jeden Freitag traf er sich mit ihnen, um den Sonntagsgottesdienst vorzubereiten. Die Lehrer waren de facto die Leiter der Gemeinde, und Gutmann versuchte diese Tatsache mit seiner Präfenz für die Leitung der Gemeinde durch die Ältesten zu vereinen, die der lutherischen Ekklesiologie der Leipziger Mission entsprach. Grundlegend war Gutmanns Entscheidung, dass Lehrer nicht als Gemeindeälteste gewählt werden konnten, die er schon bald nach seinem Eintreffen in Old Moshi traf, und die den Lehrern immer unsympathisch blieb.[46] Dass die Lehrer zwei Vertreter aus ihren Reihen in den Gemeinderat wählen konnten, befriedigte sie nicht, genauso wenig wie das gemeinsame halbjährliche Treffen aller Lehrern mit Gutmann, da dort nichts Wesentliches verhandelt wurde.[47] Gutmann bemühte sich anhaltend, den Ältesten den ihnen zustehenden Einfluss zu verschaffen. Dabei verlor er viel Unterstützung durch die Lehrer, und als er monatliche „Christenversammlungen" in den Bezirken

---

44 Mir liegen keine Statistiken vor, aber basierend auf deutschen demographischen Angaben, nehme ich an, dass es unter den Regierungsvertretern in Boma einige Lutheraner gegeben hat, für die sich also eine pastorale Betreuung durch Gutmann nahegelegt hätte.

45 Bruno Gutmann, „Bericht über den Prozeß Mikaeli/Sauerbrunn vor dem Eingeborenengerichte Moschi und meine Beteiligung an ihm", Moschi, 12.2.1911. Leipzig versprach zu versuchen, das Material dem deutschen Kolonialamt vorzulegen.

46 Das mag erklären, dass man Gutmann nachsagte, er habe einige Lehrer „verflucht" (*anawalaani*). Gutmann war niemand, der andere verfluchte. Deswegen mag die mir gegebene Erklärung korrekt sein, er habe von einzelnen Lehrern, die sich nicht gut benahmen, gesagt habe, dass aus ihnen nichts werden würde (Mitteilung Pastor Lyatoo).

47 Siehe Klaus Fiedler, *Christianity und African Culture*, S. 46-47.

(mitaa) einführte, half das wenig,[48] weil weder die Lehrer noch die anderen Führer der Gemeinde viel Sinn darin sahen, diese Versammlungen zu besuchen. Der Konflikt mit den Lehrern wurde nie gelöst, aber Gutmann war fähig, mit den Lehrern, die ihm nahestanden, gut zusammenzuarbeiten.[49] Sowohl seine Grundeinstellung als auch sein Realitätssinn kamen auf den Prüfstand, als aufgrund des Versailler Vertrages alle deutschen Missionare für fünf Jahre Tansania verlassen mussten. Wie auch in allen anderen Gemeinden wurden in Moshi Lehrer als „Halbpastoren" (Gemeindepfleger) eingesetzt. Filipo Njau wurde der Gemeindepfleger für Old Moshi, und Yohane Kimambo für Mbokomu. Gutmann ließ die Lehrer (jetzt „Gemeindepfleger") versprechen, in vollem Einklang mit der Gemeinde zu arbeiten. Der Ältestenrat in Kidia sollte nicht von Filipo Njau geleitet werden, sondern von einem Gemeindeältesten, wahrscheinlich Zakayo Olotu.[50] Das bewirkte wenig, da Filipo Njau doch den Ältestenrat dominierte, was seine reale Macht (und Verantwortung) bezeugt. Obwohl Kimambo und Njau andere Ambitionen für die Gemeinde hatten als Gutmann, so blieben doch die meisten von Gutmanns Einrichtungen und Regelungen bestehen.

5.3 Ein Konflikt zwischen den progressiven Lehrern und der konservativen Gemeinde

Obwohl sie nur „Halbpastoren" waren, übernahmen Njau und Kimambo die Position der Missionare und den entsprechenden Respekt und die dazugehörige Verantwortung. Diese Stellung wurde ihnen nicht von der Gemeinde gegeben, aber diese war ja eh nicht gewohnt, ihre Gemeindeleiter selbst zu berufen. Gemeinde und Gemeindepfleger kamen wohl ebenso gut miteinander aus, wie es bei Gutmann in den Jahren zuvor gewesen war. Dies änderte sich mit dem Ausbruch der Beschneidungskontroverse. Sie entstand nicht in der Gemeinde, sondern wurde ihr aufgezwungen durch die kollektive Entscheidung aller Gemeindepfleger, die Beschneidung abzuschaffen, weil sie „gegen die Bibel" sei. Filipo Njau war nicht der Initiator dieser Entscheidung, und er unternahm die vorbereitenden Schritte in Kidia sehr langsam. Aber als einmal die kollektive Entscheidung aller „Lehrer" gefallen war,[51] vertrat er sie mit allem Einsatz in der Gemeinde Kidia.[52] Er repräsentierte zwar seine Gemeinde, aber er hatte entwe-

---

48 Älteste 22.7.1914.
49 So betonte z.B. Filipo Njau, dass er all seinen Kindern Chagga-Namen gegeben habe.
50 Bruno Gutmann, *Gemeindeaufbau aus dem Evangelium*, Leipzig 1925; Mitteilung J.C. Winter 24.1.1974).
51 Streng genommen war es die Konferenz der Gemeindepfleger und Ältesten, aber die Ältesten spielten eine geringe Rolle. Älteste aus Moshi sagten, dass sie den Vehandlungen nicht folgen konnten, weil sie in Swahili gehalten wurden.
52 Klaus Fiedler, *Christianity und African Culture*, S. 78-80.

der ihre Einstellung nicht wahrgenommen oder sich entschieden, sie bewusst zu ignorieren. Das führte zu dem schlimmsten Konflikt, den die Gemeinde je durchgemacht hatte. Njau ignorierte die Haltung der Gemeinde und versuchte, Gehorsam durch strenge Kirchenzucht zu bewirken. Damit gab er den (korporativen) Entscheidungen der (progressiven) Lehrer Vorrang vor den tief gefühlten Bedürfnissen seiner (konservativen) Gemeinde.[53] Gutmann war kein Freund der Beschneidung, schon gar nicht der Beschneidung von Mädchen,[54] aber für ihn (wie für die Leipziger Mission) war Beschneidung ein Adiaphoron. Natürlich hatte die Gemeinde (und auch Gruppen von Gemeinden) das Recht, über Adiaphora zu entscheiden, aber für Gutmann, der seine Gemeinde kannte und schätzte, stand fest, dass die Gemeindepfleger ihre eigenen Ambitionen verträten und nicht die Ambitionen derer, die sie repräsentierten.[55] Sein Realismus machte ihn zum Verbündeten derer, die die Abschaffung der Beschneidung ablehnten. Er zwang die progressiven Lehrer nachzugeben und ihre bittere Niederlage einzugestehen.[56] Gutmann agierte nicht gerade demokratisch, aber er setzte mit patriarchalischen Mitteln und viel Druck den Wunsch der breiten Mehrheit durch, gegen den sich eine Minderheit gestellt hatte.

Während der gesamten Auseinandersetzung wurde kein Unterschied zwischen weiblicher und männlicher Beschneidung gemacht. Auch Gutmann tat es nicht, da er die Realität seiner Gemeinde kannte und respektierte. War Gutmann in diesem Punkt konservativ? Ja, und zwar genauso konservativ wie die große Mehrheit der Chagga-Christen. Als ihr Hirte stellte er sich, da es um ein Adiaphoron ging, aus Gründen der pastoralen Fürsorge auf die Seite der großen Mehrheit. Dass beide Seiten in diesem Punkt eine konservative Haltung hatten, betrachte ich dagegen als einen Zufall. Gutmann wollte nicht die Beschneidung an sich bewahren als ein wertvolles Element der afrikanischen Kultur. Sondern ihm ging es um etwas, das seiner Gemeinde in ihrer großen Mehrheit ungemein wichtig war. Gutmann war ein Realist, der, wenn es sein musste, auch konservativ sein konnte.[57]

---

53 Einige wenige ließen sich nicht beschneiden. Die meisten von ihnen gehörten zu einer der Filialgemeinden, und Gutmann nahm sie ab 1926 immer gegen Anfeindungen und Spott in Schutz.

54 In diesem Punkt teilte er die Meinung der Leipziger Missionare, wie sie sie bei Missionarskonferenzen bis 1914 zum Ausdruck gebracht hatten.

55 Es existieren Schreiben von verschiedenen Mitgliedern der Gemeinde in Moshi, aber bisher ist keine Antwort von Gutmann gefunden worden.

56 Siehe Missionarskonferenz 3.-7.9.1925.

57 Hieraus schließe ich, dass er den 1974 beginnenden Kampf der Chagga-Christinnen in Kidia und an anderen Orten voll unterstützt hätte, die Mädchenbeschneidung als *Female Genital Mutilation* ablehnten. – Dies ist heute auch die offizielle Politik der Regierung und der Lutherischen Kirche in Tansania.

5.4 Die Kaffee-Unruhen

Was die Lehrer anging, war Gutmann widersprüchlich. Er unterstützte das Schulsystem voll, hatte aber genug Probleme mit seinen Vertretern, den Lehrern. Mit der Kaffeegenossenschaft war es genau anders herum: Er hielt nicht viel von ihr, aber er hatte immer ein gutes Verhältnis zu Joseph Merinyo, dem führenden Vertreter der Kaffeegenossenschaft in Old Moshi.

Diese scheinbar gegensätzliche Haltung wurde deutlich, als Gutmann 1931 in Deutschland war und in seiner Gemeinde durch den Nachbarn Georg Fritze (Mamba) vertreten wurde. Da geschah es eines Tages, dass Frau Merinyo zum Abendmahlsempfang kam und einen schönen und großen Hut trug und Fritze ihr den abnahm – ob behutsam oder nicht so, darüber gehen die Meinungen immer noch auseinander.

Zu derselben Zeit gab es viel Unruhe wegen des Kaffees und der Kaffeegenossenschaft, bei denen es an verschiedenen Orten zu Übergriffen kam.[58] Superintendent Raum fühlte sich verpflichtet, die Agitation zu bekämpfen, und er stellte zufrieden fest, dass „die Gemeinden als solche von Merinyos Agitationen unberührt geblieben waren".

Fritze fühlte sich verpflichtet, seinen Teil zum Kampf gegen die Agitation beizutragen, und er schloss Merinyo aus der Gemeinde aus wegen der Anklage des Ehebruchs, der weder bewiesen noch verhandelt worden war, mit dem Vermerk dass, wenn die Anklage sich als falsch erweisen würde, die Frage der „Agitation" erst noch einmal aufgegriffen werden müsse.[59] Gutmann, in Deutschland weit weg vom dramatischen Geschehen, verstand sofort, was passiert war, und er fürchtete, dass das verständnislose und rücksichtslose Vorgehen der Missionare zur Bildung einer afrikanischen unabhängigen Kirche führen könnte.[60]

Gutmann mag dabei auch an die „Kleiderkriege" gedacht haben, die auf verschiedenen Missionsstationen geführt wurden.[61] Für diese Streitigkeiten hatte er keinerlei Verständnis, denn Kleidung war nur ein *zufälliger* Ausdruck der Kultur,

---

58 Solche Übergriffe fanden in Kidia und Mbokomu nicht statt.

59 Älteste Moshi 13.10.1930; 30.12.1930; 27.1.1931.

60 Ich denke, dass er auf diesem Hintergrund den Artikel schrieb „Sektenbildung und Rasseerlebnis in Ostafrika", *Evangelisches Missionsmagazin*, 1934, S. 277-292. Dazu gehörte auch seine Einschätzung der Beschneidungskontroverse.

61 Ein herausragendes Beispiel war Arusha, wo Leonard Blumer vier Jahre Krieg gegen die Moderne (und gegen die Haltung der Gemeinde) führte, wobei er mehrere Male die Kirche zunagelte als Strafe für das schlechte Benehmen seiner Gemeinde. Er wurde von Leipzig entlassen, weil er in diesem Zusammenhang die hochschwangere Frau Lazaros Laisers, des Gemeindepflegers geschlagen hatte (Gutmann – Missionsrat 29.12.33). Siehe auch Max Pätzig, Lasaros Laiser, Erlangen 1959, 14-15.

und nicht wert, darum zu kämpfen, weil Kleidung nichts mit den primären Bindungen zu tun hatte.

Als Gutmann dann in seine Gemeinde zurückkam, war seine erste Handlung, das Merinyo angetane Unrecht wiedergutzumachen.[62] Gutmann war kein Freund der Kaffeegenossenschaft, aber das schloss für ihn weder persönliche Beziehungen noch pastorale Verantwortung aus.

Ich fasse zusammen: Gutmann stand beiden wichtigen Kräften der Modernisierung (Schulen und Kaffeegenossenschaft) kritisch gegenüber, aber er hatte sich so weitgehend mit den Chagga-Christen identifiziert, dass er ihr tiefes Verlangen nach Modernität durch Lernen verstand und akzeptierte, und dass er sich ein gutes Verhältnis zu Merinyo bewahrte und sich nicht der Agitation anderer Missionare gegen die Kaffeegenossenschaft anschloss.

6. Gutmann und die Ordination afrikanischer Pastoren

Als Merinyo seinen Anklagebrief wegen der Hutabnahme nach Leipzig schickte, betonte er im zweiten Teil die Notwendigkeit, Chagga-Pastoren zu ordinieren.[63] Der Brief mag die Entschlossenheit der Missionare gestärkt haben zu tun, was nötig war, da sie, wie allgemein die Lutheraner und Herrnhuter, ziemlich langsam in der Sache der Ordination waren. 1927 hatte die Missionarskonferenz noch von „ordinierten afrikanischen Gehilfen" gesprochen, wogegen die Missionsleitung in Leipzig auf afrikanischen Pastoren bestand. Diese wurden dann in einem (für die damalige Zeit) gründlichen Kurs von Senior Raum in Machame ausgebildet.[64] Nach ihrer Ordination waren die meisten Pastoren eher als Gehilfen ihrer Missionare eingesetzt, aber Gutmann gab ihnen vorwiegend unabhängige Arbeit. Imanuel Mkony wurde Mbokomu anvertraut, Ndesanyo Kitange wohnte zwar in Kidia, tat aber seine Arbeit vorwiegend in Shia. Imanuel Mkony war auch für die Missionsarbeit der Gemeinde in Okuma und Uru zuständig,[65] und Ndesanyo Kitange betreute die Missionsarbeit in Msaranga und Kahe.[66]

In seiner Einstellung zu den afrikanischen Pastoren bewies Gutmann, dass er die Wirklichkeit und die Bedürfnisse der Gemeinde verstand. Ich kann in dem historischen Material keine Hinweise finden für Marcia Wrights Vorwurf, Gutmann habe grundsätzliche Bedenken gegen afrikanische Pfarrer gehabt, weil deren Amt keine Wurzeln in der traditionellen Kultur der Chagga hätte. Dagegen

---

62   Älteste 13.10.1930, 30.12.1930, 27.1.1931.
63   Merinyo sagte mir, das sei der Beginn der Ordination afrikanischer Pastoren gewesen. Aber die Missionare hatten schon 1927 und 1931 den Prozess (langsam) begonnen.
64   Beide Pastoren bewahrten ihre Mitschriften auf und nutzten sie für ihre Arbeit.
65   Älteste 2.7.1935; Interview Imanuel Mkony 26.5.1971.
66   Interview Ndesanyo Kitange 27.5.1971.

spricht auch die von ihm einfühlend und gut durchdacht verfasste Anleitung für den Dienst der afrikanischen Pastoren, die für diese selbständigen Aufgaben mit eigener Verantwortung vorsieht.[67]

War Gutmann konservativ? Ja, denn er wollte die Werte, die Gott in den primären Bindungen gegeben hatte, bewahren. War er modern? Ja, denn er bejahte die Ordination afrikanischer Pastoren und gab ihnen volle Verantwortung. Das war die grundlegende Entscheidung, um ihnen zwanzig Jahre später die Übernahme der vollen Verantwortung für die Kirche zu ermöglichen. Er hatte vermutlich nicht gedacht, dass es so bald geschehen würde, aber er traf die nötigen Vorbereitungen dazu.

7. Bruno Gutmann und die Missionare

Gutmann war zuallererst ein Missionar, der über mehr als zwei Jahrzehnte hin seine Gemeinde mit Hingabe und Liebe betreute. Was ihn aber berühmt gemacht hat, waren seine Bücher.[68] Die umfassendsten Bücher waren seine anthropologischen Studien,[69] während seine missiologischen Bücher von geringerem Umfang waren und vorwiegend Artikel enthielten, die er zuvor veröffentlichte hatte, und daher keine systematische Darstellung seiner missionarischen Ansätze und seiner Theologie boten.[70] Sein großes systematisches Buch „Der grundständige Mensch" schrieb er erst, als er wieder in Deutschland war, und es ist leider bis heute nicht veröffentlicht worden.

7.1 Gutmann und die Leipziger Missionare

Gutmann war ein Leipziger Missionar von vielen, Pastor einer etablierten Station und gut angesehen. In der Mission gab es weder Pro- noch Contra-Gutmann Fraktionen. Sein engster „Verbündeter" und Freund war sein Schwager Paul Rother, der Direktor des Lehrerseminars in Marangu. Am wenigsten wohl gesonnen

---

67 Nach einer allgemeinen Einführung beginnt er mit der Fürbitte, dann geht es um Seelsorge und danach um die Sonntagspredigt. Hier betont er, dass der Pastor nicht über die Sünden und Mißstände in der Gemeinde predigen solle, sondern dass er viel Wichtigeres zu tun habe, nämlich seiner Gemeinde „Christus vor Augen zu malen".

68 Für eine fast komplette Liste seiner Schriften mit 500 Einträgen siehe Bruno Gutmann, *Afrikaner – Europäer in nächstschaftlicher Entsprechung. Gesammelte Aufsätze*, hg. von Ernst Jäschke, Stuttgart 1966, 215-232.

69 Bruno Gutmann, *Das Recht der Chagga*, München 1928; Bruno Gutmann, *Die Stammeslehren der Dschagga*, 3 Bde., München, 1932, 1935, 1938.

70 Für Prof. King schrieb ich einen Aufsatz „Gutmann for English Readers", in dem ich versuchte, Gutmanns Theologie zusammenzufassen, bevor ich das erste Mal nach Old Moshi kam. Ernst Jäschke schrieb später *Gemeindeaufbau in Afrika. Die Bedeutung Bruno Gutmanns für das afrikanische Christentum*, Stuttgart 1981, und *Bruno Gutmann, his Life, his Thoughts, and his Work: An Early Attempt at a Theology in an African Context*, Makumira 1985.

war ihm wohl vermutlich sein Nachbar, Georg Fritze, der in Mamba stationiert war, was insofern erstaunt, als er ähnliche Konzepte für seine Arbeit hatte wie Gutmann.[71] Ich kann seine Abneigung gegen Gutmann nicht erklären, aber es scheint mir, dass Gutmann die Wünsche und Bedürfnisse seiner Gemeinde bestens verstand, während Fritze eher darauf bedacht war, seine Ideen durchzusetzen. Zudem war Fritze jünger, und es könnte ihn auch der zunehmende Nationalismus in Deutschland ein wenig beeinflusst haben. Er investierte einen großen Teil seiner Energien in die Rika-Schulen, in denen er den Konfirmandenunterricht mit den Lehren und dem Erleben der traditionellen Initiation verband. Aber er verstand seine Gemeinde nicht gut genug, so dass sein gut gemeinter Ansatz nach einigen „erfolgreichen" Durchgängen von der Gemeinde beendete wurde,[72] weil er unbeschnittene Jungen in die Rika-Schulen aufnahm, wo ihnen auch Aufklärungsunterricht erteilt wurde, obgleich das für die Chagga nicht akzeptabel war.[73]

In seiner Mission unterschied sich Gutmann von Missionaren, die meinten, Tanganyika gehöre „rechtens" Deutschland, und er unterschied sich auch von den Missionaren, die wie Blumer in Arusha verlustreiche Kämpfe gegen „europäische" Kleidung ausfochten und darüber das versäumten, was in Gutmanns Augen wirklich von Nöten war, nämlich die primären Bindungen und die wahren Bedürfnisse der Gemeinden. Im Vergleich zu ihnen war Gutmann modern und fortschrittlich, obwohl man seine missionarischen Grundsätze durchaus als konservativ bezeichnen könnte.

7.2 Gutmann und Nicht-Leipziger Missionare

Unter den Missionaren, die nicht zur Leipziger Mission gehörten, war besonders Ernst Johanssen mit Gutmann verbunden.[74] Hoekendijk meint, Johanssen sei derjenige, der Gutmann am besten verstand. Hoekendijk weist darauf hin, dass Johanssen die Afrikaner nicht von der weiteren Welt abschotten wollte, weswegen er 1930 den Ruf ausgab „Heraus aus der Isolierung"[75]. Johanssen traf viel Kritik, weil er u.a. Englisch förderte, doch diese Kritik kam nicht von Bruno

---

71 Klaus Fiedler, *Christianity und African Culture*, 213-214.

72 Fritze war davon überzeugt. Anders als Gutmann sah er die Beschneidung nicht als Adiaphoron, sondern als ein heidnisches Ritual, eine Einführung in die Geisterwelt. Er beschrieb seine Arbeit in Georg Fritze, *Rika lyikanyie*, n.d., (1931), Leipzig Archives, 101 Seiten.

73 Diese Information, die ich nicht in den Leipziger Archiven fand, erhielt ich, als ich Mamba besuchte, wo der Pastor mir das mitteilte, nachdem er alle Fenster und Türen geschlossen hatte, damit keine Kinder zuhören konnten.

74 Ernst Johanssen, *„Die Bedeutung der Gutmannschen Gedanken für unsere Mission"*, in: *Unsere Erfahrung*, 1932, S. 27-36.

75 Ernst Johanssen, *„Heraus aus der Isolierung"*, in: *Allgemeine Missionszeitschrift*, 1930, S. 56.

Gutmann. Johanssen förderte das Englische explizit, und Gutmann tat dasselbe implizit, indem er das Schulwesen förderte.[76]

Ich bin sicher, dass viele deutsche Missionare Gutmanns Ideen diskutierten, aber zureichende Information habe ich nur von den Herrnhutern nördlich des Nyassa-Sees, die vorwiegend unter den Nyakyusa arbeiteten. 1936 waren Gutmanns Ideen das Hauptthema der jährlichen Missionarskonferenz, wo Hermann Schnabel ein faires Bild von Gutmanns Ideen zeichnete, mit besonderer Betonung der primären Bindungen.[77] Die Reaktionen gingen wesentlich über das hinaus, was Schnabel über Gutmann vorgetragen hatte. Schnabel stellte fest, dass erst Gutmann das Evangelium für ihn bedeutsam gemacht habe und sein ähnlich gesinnter Kollege Rietzsch schloss sich ihm mit der Aussage an, dass Gutmanns Schriften ihm ein „ganz neues Verständnis des Evangeliums und Luthers" ermöglicht hätten.[78] Andere Missionare behaupteten, Gutmann vergewaltige das Evangelium, und sie waren überzeugt, dass Jesus nicht so gedacht und gesprochen habe, wie Gutmann es darstelle.[79] Da über Gutmanns Grundsätze keine Einigung möglich war, beschloss man, traditionelle Tänze als „unschuldiges Vergnügen" und als Beitrag zur Erhaltung der afrikanischen Kultur zu erlauben, eine Erlaubnis, die bald wieder zurückgenommen wurde. Gutmann bemerkte dazu, dass sie sich um Folklore bemüht hätten, statt die primären Bindungen im Volkstum zu fördern.[80] In den nächsten Konferenzen verloren Gutmanns Gedanken an Bedeutung, weil diejenigen, die 1936 seine „Anhänger" waren, Themen zur Auseinandersetzung fanden, die dem nationalistischen Gedankengut des Dritten Reiches näher standen, wie zum Beispiel die Leugnung jeder „speziellen" Offenbarung Gottes für und durch die Juden. Bei der letzten Konfrontation anlässlich der Missionarskonferenz 1939 waren die Fronten klar: Nur noch zwei Missionare (Schnabel und Busse)[81] identifizierten sich mit extrem nationalsozialistischen Ideen. Nach der Repatriierung 1940 tat Joseph Busse Buße und schloss sich der Bekennenden Kirche an, während Schnabel zuerst seine Zugehörigkeit zur Herrnhuter Mission aufgab und dann auch seinen christlichen Glauben.[82]

---

76 Für meine Darstellung siehe: Klaus Fiedler, *Christianity und African Culture*, S. 63-72.
77 Schnabels Vortrag erhielt ich damals dankenswerter Weise neben anderen Dokumenten von den Herrnhuter Archiven als Microfilm zugeschickt.
78 Dieser Abschnitt beruht auf den Konferenzprotokollen. Ich habe die allermeisten Texte Gutmanns gelesen, und es erscheint mir, dass diese Stellungnahmen Chiffren für tieferliegende Konflikte waren. Das gilt für beide Seiten.
79 Klaus Fiedler, *Christianity und African Culture*, S. 146.
80 Bruno Gutmann, „*Das Wesen der Volkskirche*", in: *Allgemeine Evangelisch-Lutherische Kirchenzeitung*, 1938, S. 721ff und S. 738ff, Neudruck in: *Afrikaner - Europäer*, S. 133-150 [141].
81 Die anderen Missionare, die zuvor ähnliche Ideen geäußert hatten, distanzierten sich von diesen extremen nationalistischen Gedanken.
82 Siehe Klaus Fiedler, *Christianity und African Culture*, S. 155-157.

Was sich unter den Herrnhuter Missionaren abspielte, zeigt zu einem kleinen Teil Gutmanns Einfluss und zum großen Teil den Missbrauch seiner Ideen.

7.3 Gutmann und die Missiologen

In den 1930er Jahren wurde Gutmann als einer der führenden Missiologen gesehen, oft zusammen mit Christian Keysser, Neuendettelsauer Missionar in Neu Guinea. Ich habe die Rezeption Gutmanns in der Missionswissenschaft nicht gründlich studiert, deswegen ist das, was ich hier schreibe, vorläufig.

Gutmann und die Missiologie in den 1930er Jahren

Hier bin ich noch unzureichend informiert. Ich erinnere mich, dass es etwa ein halbes Dutzend Dissertationen über Gutmann gab, die vor 1945 geschrieben wurden, eine davon in Afrikaans, die ich auch gelesen habe, die mir aber nicht mehr vorliegt. Für diesen Abschnitt folge ich deswegen erst einmal Hoekendijk. Der erste, der eine Kritik der Theologie Gutmanns schrieb, war Walter Holsten, der feststellte, dass Gutmanns Theologie gefährlich stark zur Immanenz neige,[83] wozu Karl Berger hinzufügte, dass Gutmann einen Teil der menschlichen Wirklichkeit als göttliche Schöpfung qualifiziere.[84] Nach ihm stellte Hellmut Weist fest, dass Gutmann in fast allem falsch liege,[85] und Alfred de Quervain und van t'Hof fügten hinzu, dass Gutmann den menschlichen Strukturen zu großes Gewicht beimesse.[86]

Ich bin nicht sicher, aber mir sieht es so aus, dass der missiologische Diskurs jener Zeit von diesen Dissertationen wenig Notiz nahm.[87] Das beste Verständnis für Gutmann scheint mir Werner Pollmar in seiner Dissertation zu zeigen.[88] Außerdem kannte natürlich keiner Gutmanns Arbeit oder hatte Old Moshi besucht.[89]

---

83 W. Holsten, „B. Gutmanns Exegeses", in: *Das Evangelium und die Völker*, Berlin 1939, S. 89-125.

84 K. Berger, *Gottes Wille und geschichtliche Wirklichkeit. Die Lehre von den Ordnungen in der evangelischen Theologie der Gegenwart*, PhD, Basel 1936, S. 46; Hoekendijk, *Kerk en Volk in de Duitse Zendingswetenschap*, S. 151.

85 H. Weist, *Die Theologie des Missionars B. Gutmann in kritischer Beurteilung*, PhD, Halle, 1941; Hoekendijk, *Kerk en Volk*, S. 157.

86 A. de Quervain, *Kirche, Volk, Staat*, Zürich, 1945, S. 72; I. van t'Hof, *Karl Barth*, S. 110; Hoekendijk, *Kerk en Volk*, S. 157.

87 Im missiologischen Diskurs der 1930er Jahre habe ich keinen Hinweis auf diese Dissertationen gefunden. Sie waren nur in wenigen Exemplaren veröffentlicht und nicht leicht zugänglich.

88 W. Pollmar, *Die missionarischen Grundsätze B. Gutmanns*, Leipzig 1942. – Ich las die Dissertation vor vielen Jahren. Hoekendijk erwähnt, dass er keine Kopie dieser Doktorarbeit einsehen konnte (Hoekendijk, *Kerk en Volk*, S. 153).

89 Das kann man ihnen nicht vorwerfen, die Umstände erlaubten es nicht. Als diese sich änderten, wurde eine andere Vorgehensweise möglich, die Winter und ich verwendeten.

Missiologische Veröffentlichungen

Hinsichtlich der Missiologen, die keine praktizierenden Missionare (mehr) waren, verlasse ich mich wieder auf Hoekendijk und füge, wo es möglich ist, meine Perspektive hinzu. Hoekendijk sieht Martin Schlunk als einen eifrigen Verehrer Gutmanns, aber als einen, der nicht sehr viel von ihm verstanden habe.[90]

Von den missiologischen Autoren, die auf Gutmann eingehen, nimmt Hoekendijk Siegfried Knak ernst, der zuerst Inspektor und dann Direktor der Berliner Mission war. Knak war einer der führenden deutschen Missiologen und er formulierte seine Missionstheologie in der Zeit des wachsenden deutschen Nationalismus, der Volk und Volkstum betonte, aber von primären Bindungen keine Ahnung hatte. Knak war überzeugt, dass die Mission ein Kind ihrer Zeit werden müsse,[91] und anfangs folgte er wohl dem Zug der Zeit, wobei er Gutmanns Vorstellungen zu einem eher diffusen Programm machte.[92] Hoekendijk argumentiert, dass Knak kein Schüler Gutmanns war und ich bin mir nicht bewusst, dass Gutmann je auf Knak Bezug nahm.

1933 besuchte Knak die Berliner Mission in Tansania als Inspektor. Das größte Problem war, dass Schüler, der alt gewordene Superintendent des Berliner Missionsgebietes im Süden, unwillig oder unfähig war, ordentliche Schulen zu haben, afrikanische Pastoren zu ordinieren und überhaupt die Kirche dort vorwärtszubringen. Bei einem früheren Besuch hatte Knak Gutmanns Prinzipien als (Aller-)Heilmittel für die vielen Probleme der Mission vorgeschlagen mit dem Ergebnis, dass sich nichts besserte. Diesmal ersetzte er die Gutmann-Medizin durch seine eigenen Ideen. Diese sind in Knaks Buch *Zwischen Nil und Tafelbai*[93] zu finden und basieren auf Gutmanns Ideen. Allerdings führten sie zu keinem Erfolg, weder dort noch in der Konde-Synode.[94] Rudlaff, der einzige Missionar, der dort etwas bewegte, war weniger ein Schüler Bruno Gutmanns als Karl Barths.

---

90 Hoekendijk, *Kerk en Volk in de Duitse Zendingswetenschap*, 158. Mir scheint diese Einschätzung richtig.

91 Hoekendijk, *Kerk en Volk in de Duitse Zendingswetenschap*, 163.

92 Hoekendijk, *Kerk en Volk in de Duitse Zendingswetenschap*, 169.

93 Siegfried Knak, *Zwischen Nil und Tafelbai. Eine Studie über Evangelium, Volk und Zivilisation, am Beispiel der Missionsprobleme unter den Bantu*, Berlin, 1931.

94 Um Schülers Unfähigkeit zu kompensieren, trennte Knak die Konde- und Bena-Hehe-Synoden wieder. Julius Oelke, der Leiter der Bena-Hehe-Synode, schaffte es, das Evangelium mit der lokalen Kultur zu verbinden und die ersten acht afrikanischen Pastoren zu ordinieren (Klaus Fiedler, *Christianity und African Culture*, S. 157-163; Marcia Wright, *German Missions in Tanganyika 1891-1941. Lutherans und Moravians in the Southern Highlands*, Oxford: Clarendon, 1971., S. 189f, 201).

8. Schluss
8.1 Zusammenfassung

Gutmann war kein systematischer Missiologe, obwohl vieles, was er schrieb, diesen Eindruck vermittelt. Seine Anhänger wie seine Kritiker pickten das heraus, was ihnen gefiel oder eben nicht, ohne viel von dem zu verstehen, was Gutmann wirklich wollte: eine Gemeinde aufzubauen, die tief in den primären Bindungen verwurzelt war. Nicht alles gelang ihm, aber als er 1938 seine Gemeinde von 4000 Christen an seinen Nachfolger Ernst Jäschke übergab, war sie nicht nur gut organisiert, sie hatte auch viele Qualitäten eines lebendigen Organismus. Seine Anhänger und Kritiker verstanden davon nicht viel, wenn sie sich auf Sitten und Gebräuche konzentrierten statt auf den Grundstand des Menschen, und sich mit Volk und Volkstum beschäftigten, zwei weitere Größen, für die Gutmann wenig Sympathie hatte.

Der verlorene Krieg veränderte die Tagesordnung der deutschen Missiologen, so dass das Bemühen um die Selbständigkeit und Gleichwertigkeit der jungen Kirchen in den Mittelpunkt rückte. Damit kam der Diskurs um Gutmanns Ideen zu einem abrupten Ende, und Bruno Gutmann, zu alt, um ins Chaggaland zurückzukehren, tat das, was zu seiner Theologie und seinem Leben am besten passte: Er bemühte sich, die primären Bindungen, die für ihn nicht afrikanisch sondern allgemein menschlich waren, in seiner neuen Umgebung liebevoll zu verwirklichen.

In Deutschland sammelte er keine Jünger um sich. Zum einen war sein Thema nicht länger akut, und zum anderen vermute ich, dass er auch gar nicht daran interessiert war. Als Baptist kam ich zu dem Lutheraner Gutmann irgendwie als Außenseiter, und dabei habe ich ihn sehr schätzen gelernt. Als ich einmal ein Kapitel meiner Doktorarbeit mit Professor Kimambo, meinem Doktorvater besprach, sagte er zu mir: „Dies war wirklich ein bemerkenswerter Mensch", und dem stimme ich voll und ganz zu.

8.2 Bruno Gutmanns konservative Modernität

1938 ging Gutmann für ein Jahr nach Deutschland, und da er nicht nach Old Moshi, sondern nach Marangu zurückkehren sollte, übergab er seine Gemeinde an Ernst Jäschke, der sie auch als junger Missionar leiten konnte. Ob Gutmann konservativ war oder nicht, soll nicht aufgrund von Gutmanns Schriften entschieden werden, sondern aufgrund dessen, was er in seiner Gemeinde tat.

1. Nach 1926 gab Gutmann seiner Gemeinde eine eher konservative Ausrichtung.[95]

---

95 Der Schlüssel dazu war die Entscheidung, dass Lehrer nicht Gemeindeälteste werden konnten.

2. Verschiedene Bemühungen Gutmannns trafen auf den Widerstand der Ältesten, die es in bestimmten Situationen vorzogen, reaktionär statt konservativ zu sein.[96]

3. Gutmann verstand sehr gut den Wunsch der Christen in Moshi, afrikanische Pastoren zu bekommen, und er gab ihnen beträchtliche Verantwortung und Unabhängigkeit und schrieb ein gutes und verständnisvolles Handbuch für sie. Damit war die Gemeinde Moshi/Mbokomu weiterentwickelt („moderner") als die meisten Leipziger Gemeinden am Kilimanjaro. Wohl niemand erwartete, dass die afrikanischen Pastoren schon 20 Jahre später die volle Verantwortung übernehmen würden, aber Gutmann hatte seine Gemeinde und ihre Leiter gut vorbereitet.

4. Afrika, auf dem Wege zur Unabhängigkeit, entwickelte sich weder auf organische noch auf konservative Weise, sondern auf progressive Weise, wozu Ausbildung die Grundlage war. Ich weiß nicht, wann Gutmann merkte, wohin die Entwicklung ging, aber durch seine volle Unterstützung des modernen Schulsystems hatte er alles getan, was möglich war, um seine Gemeinde auf die Moderne vorzubereiten.

5. In Hinsicht auf die wirtschaftliche Entwicklung stand er der Kaffeegenossenschaft negativ gegenüber, aber er tat auch nichts, um ihren Fortschritt zu hindern.

6. Da er sich immer aus der Politik herausgehalten hatte, scheint er keine Probleme mit dem Übergang zur Unabhängigkeit gehabt zu haben.

Als Gutmann 1938 seine Gemeinde verließ, konnte er weder den Zweiten Weltkrieg noch die bald darauffolgende Unabhängigkeit voraussehen. Die Missionen hatten (natürlich nicht alleine) die Chagga (und die Kirche) in einen dramatischen Modernisierungsprozess hineingenommen, und in diesem Prozess hatte Gutmann seine Gemeinde drei Jahrzehnte geleitet. Als er sie verließ, war sie gut vorbereitet auf die nächsten, ziemlich dramatischen Schritte im Modernisierungsprozess. Ich zweifle daher nicht an seiner Modernität.

Gutmann war kein Modernist. Er war ein echter Konservativer, der sich des Wandels bewusst war, ihn akzeptierte und der sich bemühte, dass die grundlegenden Werte der Gemeinschaft bei dem fröhlichen Bemühen um Modernität nicht verachtet wurden. Dreißig Jahre später nahm ich an demselben Modernisierungsprozess teil, und ich bin überzeugt, dass Gutmanns Arbeit und seine Schriften noch heute für Kirche und Gesellschaft manchen Nutzen haben können, und das nicht nur in Afrika.

---

96 Zum Beispiel die Frage der Sonntagnachmittag-Tänze und der zunehmende Bierkonsum.

Karolin Wetjen – Eine Gemeindetheologie aus der Mission für die heimatliche Kirche. Bruno Gutmann als Missionswissenschaftler

149

Karolin Wetjen – Eine Gemeindetheologie aus der Mission für die heimatliche Kirche. Bruno Gutmann als Missionswissenschaftler[*]

Ethnologische und religionswissenschaftliche Forschungen der Missionare, methodische Überlegungen zur Predigtweise und nicht zuletzt der Gemeindeaufbau waren eng verknüpft mit Aushandlungen vom Christentum im Missionsgebiet selbst, aber auch stets verwoben mit theologischen, insbesondere missionswissenschaftlichen Debatten im Kaiserreich vor dem Hintergrund einer als krisenhaft wahrgenommenen Moderne. Während häufig der Rückgriff auf die Erfahrungen in der Mission in praktisch-theologischen Abhandlungen losgelöst von konkreten Beispielen funktionierte und allgemein gehalten wurde – insbesondere wenn die missionarischen Erfahrungen von Theologen ins Feld geführt wurden, die sich nicht explizit mit nur einer Missionsgesellschaft auseinandersetzten – gab es einzelne Missionare, die sehr explizit und mit Rückgriff auf ihre konkreten Erfahrungen im Missionsgebiet und ihre eigene ethnographische Forschung für eine Umgestaltung von Kirche und Gemeinde in der Heimat plädierten. An der Gemeindetheologie Bruno Gutmanns, der nicht nur besonders lange im Missionsgebiet tätig war, sondern auch als Autor zahlreiche Beiträge und Monographien veröffentlichte,[1] lässt sich zeigen, wie Aushandlungen des Christentums im Missionsgebiet und religionswissenschaftliche Forschungen der Missionare auf die heimatliche deutsche Kirche zurückwirkten.

Bruno Gutmann als Missionswissenschaftler im Sinne der Kirche

Bruno Gutmann ist bis heute einer der bekanntesten Missionare der Leipziger Missionsgesellschaft.[2] Geboren in Dresden, hatte er sich relativ früh für den Missionsdienst entschieden. Während seines Studiums in Leipzig hatte er bei Friedrich Ratzel ebenso wie bei Wilhelm Wund Vorlesungen gehört und sich mit den Schriften Friedrich Naumanns und Ferdinand Tönnies' vertraut gemacht.[3] Theologisch orientierte sich Gutmann an der Erlanger Schule; auch Karl Grauls

---

[*] Bei dem Text handelt es sich um einen etwas gekürzten und leicht veränderten Abdruck eines Kapitels aus: *Karolin Wetjen*, Mission als theologisches Labor. Koloniale Aushandlungen des Religiösen in Ostafrika um 1900 (Missionsgeschichtliches Archiv 31), Stuttgart 2020, S. 334–351. Für die freundliche Genehmigung des Abdrucks sei dem Franz Steiner Verlag, Stuttgart gedankt.

[1] Gutmann war von 1902 bis 1920 und von 1925 bis 1938 am Kilimanjaro tätig. Siehe zu Gutmanns Biographie auch *Streck*, Bruno Gutmann, 449; *Bochinger*, Ganzheit und Gemeinschaft. Zu Gutmanns Forschungen siehe auch die Arbeiten von *Fiedler*, Christentum und afrikanische Kultur, und *Falk Moore*, Social Facts.

[2] So hat auch der Reisebericht des Urenkels Gutmanns *Prüfer*, Der heilige Bruno, für einiges Echo in den Medien gesorgt. Wie sehr Gutmanns Arbeiten bei den Chagga bekannt und geschätzt worden, zeigt auch die Masterarbeit: *Lyimo*, Contextualizing Rituals.

Schriften, die die Gedanken der deutschen Romantik in der Mission zu verwurzeln suchten, blieben für ihn prägend.[4] 1901 legte er sein erstes theologisches Examen am Missionsseminar ab.[5] Nach einer einjährigen Vikariatszeit in Vohenstrauß wurde er kurz vor seiner Abreise nach Indien doch nach Deutsch-Ostafrika abgeordnet,[6] wo er zunächst in Mamba unter dem Senior Gerhard Althaus arbeitete. Nach seiner Heirat und seinem Heimaturlaub 1909 wurde er dazu angewiesen, die Station Moshi zu übernehmen, die er bis zu seiner Deportation 1920 und auch nach seiner Rückkehr nach Afrika von 1924 bis 1934 leitete.

Gutmann veröffentlichte zahlreiche Bücher und Artikel während seiner Zeit als aktiver Missionar, während des Krieges beziehungsweise in seinem Ruhestand.[7] Seine Artikel erschienen in populären Zeitschriften der sich etablierenden kolonialen Wissenschaften[8] und der Psychologie, aber auch in Zeitschriften, die sich eindeutig theologischen Anliegen verschrieben hatten[9] oder einen religionswissenschaftlichen Schwerpunkt verfolgten.[10] Erste Beobachtungen zu den

---

3   Insbesondere die von Tönnies eingeführte Unterscheidung von Gemeinschaft und Gesellschaft war für Gutmann wichtig, der ebenfalls die Gemeinschaft, als die seit alters her bestehende Verbindung zwischen Menschen, betonte; auch die modernekritische Haltung Gutmanns und Tönnies korrespondierten miteinander. Für Gutmann, der im Übrigen i.d.R. auf Quellenangaben in seinen Werken verzichtete, war aber vermutlich das bereits zu Lebzeiten Tönnies in acht Auflagen erschienene Werk *Tönnies*, Gemeinschaft und Gesellschaft, wegweisend. Tönnies, dessen Werk ab der 2. Aufl. einen politisch unverfänglicheren Titel trug und das vermutlich von Gutmann auch erst in dieser 2. Aufl. zur Kenntnis genommen wurde, unterscheidet die Gemeinschaft (Eltern-Kind-Beziehung, Beziehung zu Nachbarn, Beziehung zu Freunden), die auf einer Bejahung beruht und eine echte Verbindung hervorbringt, von der Gesellschaft, die auf einem Zusammenschluss Einzelner beruht und instrumentellen Charakter hat. Siehe zur Rezeption Tönnies' insbesondere in der Ekklesiologiedebatte der 1920er Jahre, in die auch Gutmanns Texte teilweise einzuordnen sind: *Pfleiderer*, Die Gemeinschaft der Gesellschaft.
4   Siehe dazu v. a. die teils hagiographisch anmutende Einführung von *Jäschke*, Bruno Gutmann, S. 8–9. Die Verehrung Gutmanns setzte schon zu Lebzeiten ein. So erschien 1951 anlässlich Gutmanns 75. Geburtstages eine Würdigung durch den damaligen Missionsinspektor Küchler: *Küchler*, D. Dr. Bruno Gutmann. Siehe auch *Ludwig*, Der deutsche „missionstheologische Sonderweg", 99. *Fiedler*, Christentum und afrikanische Kultur, S. 20–30.
5   Zur Geschichte des Seminars, ALMW II.11.21.
6   *Jäschke*, Bruno Gutmann, 11. Der kurzfristigen Entscheidung der Missionsgesellschaft, Gutmann nach Afrika auszusenden, scheint eine Streitigkeit voran gegangen zu sein. *Winter*, Bruno Gutmann, S. 42.
7   Eine Bibliographie mit über 500 Titeln findet sich in *Gutmann* (Hg.), Afrikaner – Europäer. Die Entstehung seiner wissenschaftlichen Arbeiten verdankte sich offenbar einer feststehenden Tagesroutine. Der Missionsdirektor Ihmels berichtet davon, dass bereits um sechs Uhr morgens einer der „Lehralten des Stammes" zu Gutmann käme. *Moritzen* (Hg.), Rückblicke, S. 61.
8   Z.B. *Gutmann*, Die Frau. *Ders.*, Lieder der Dschagga.
9   Hier sind zuvorderst die *Dorfkirche* und die *Zeitenwende* zu nennen, für die Gutmann regelmäßig Beiträge lieferte.
10 Z.B. *Gutmann*, Opferstätten oder *Ders.*, Volkspsychologie.

Chagga noch mit dem Ziel, Anknüpfungspunkte für Predigten aufzuzeigen, waren bereits während seines ersten Heimaturlaubes 1909 veröffentlicht worden.[11] Nach dem Ersten Weltkrieg setzte er diese Beschreibungen[12] fort und etablierte sich als Missionswissenschaftler mit dem Werk „Gemeindeaufbau aus dem Evangelium". 1924 erhielt er für seine theologischen und missionswissenschaftlichen Arbeiten die Ehrendoktorwürde in Theologie verliehen.[13] Nach einer Abhandlung über „Das Recht der Dschagga"[14], die im Beck-Verlag in München erschienen war und in der er sämtliche „Stammesrechte" minutiös wiederzugeben suchte, wurde er außerdem durch die Universität Würzburg in den Rechtswissenschaften ehrenhalber promoviert.[15] Seine Bücher erschienen in einer von Felix Krueger herausgegebenen Reihe zu entwicklungspsychologischen Arbeiten.[16] Gutmann entwickelte einen archaischen Schreibstil, der mitunter als „expressionistisch" bezeichnet wurde und durch verklausulierte Formulierungen und Wiederholungen gekennzeichnet war. Er vermied es, Fremdworte zu verwenden, und schuf stattdessen zahlreiche Neologismen, mit dem Ziel, dass seine Repräsentationssprache das Kichagga soweit wie möglich imitierte.[17] Seine Arbeiten galten dadurch jedoch als schwer verständlich.[18]

In der zeitgenössischen Wissenschaft war Gutmann umstritten. In der Ethnologie hatte seine Kritik an der Fragebogenmethode,[19] mit der in einem groß angelegten Projekt das „Recht der Eingeborenen"[20] hatte erforscht werden sollen, dazu geführt, dass sein Werk zu den „Stammeslehren" der Chagga in keiner ethnologischen Zeitschrift besprochen wurde.[21] Dennoch gilt er bis heute als einer

---

11 Ders., Dichten und Denken.
12 Ders., Dschaggaland.
13 Winter, Bruno Gutmann, S. 65.
14 Gutmann, Recht der Dschagga.
15 Zum Lebenslauf Gutmanns siehe u. a. Jäschke, Bruno Gutmann, S. 7–20.
16 Zur Verbindung von Gutmann und der Leipziger Schule der Völkerpsychologie siehe Wolfradt, Ethnologie, v.a. S. 95.
17 Streck, Bruno Gutmann.
18 Raum, Einiges über urtümliche Bindungen, S. 189.
19 Die Fragebogenmethode war die herrschende Methode der zeitgenössischen Ethnologie. In dieser Frage wie auch in anderen grundsätzlichen Fragen hatte Gutmann mit der deutschsprachigen Ethnologie wenig gemein. Winter, Bruno Gutmann, S. 61–64; Jones, Ethnographie als „Nebenprodukt", S. 97–98. Siehe dazu auch Rössler, Deutschsprachige Ethnologie, S. 17.
20 Siehe zu diesem Projekt Habermas, Die Genese der Rechtsethnologie; Dies., Die deutschen Großforschungsprojekte zum „Eingeborenenrecht".
21 Winter, Bruno Gutmann, S. 62; Streck, Bruno Gutmann, S. 453. Gutmanns Kritik an der Fragebogenmethode wurde jedoch nicht von allen Missionaren geteilt. So rief bereits Gustav Warneck in der Allgemeinen Missionszeitschrift dazu auf, sich eifrig an den Fragebogenstudien zu beteiligen, um die Bedeutung der Missionen für den Wissenserwerb über die Kolonien zu illustrieren. Warneck, Ein neues ethnologisches Unternehmen.

der wichtigsten Ethnographen zu den Chagga und wird auch in Einführungswerken zur Geschichte der Ethnologie häufig genannt.[22]

Durch die Umbrüche nach dem Ersten Weltkrieg und das Aufkommen der Dialektischen Theologie[23] geriet Gutmann zwar ins Abseits des theologischen Mainstreams,[24] die Betonung der völkischen Elemente in seiner Theologie und Anthropologie, die zunehmende Verschränkung von Volk und Rasse, die Krisenwahrnehmung und die romantisierende Deutung des Ursprünglichen trafen aber durchaus den Nerv der späten zwanziger und beginnenden dreißiger Jahre des 20. Jahrhunderts. Fest steht, dass Gutmann als Missionar im Vergleich zu seinen Kollegen, bei denen seine Arbeiten im Übrigen nicht unumstritten waren,[25] relativ viel Aufmerksamkeit für seine theologischen Arbeiten erhielt. Nicht nur bekam er auch noch nach dem Zweiten Weltkrieg immer wieder die Möglichkeit, seine Ansichten zu publizieren; Gutmanns Arbeiten wurden sogar schon in der Mitte der 1930er Jahre zum Gegenstand theologischer Abschlussarbeiten.[26]

4.4.2 Gemeindeaufbau aus dem Evangelium

Gutmanns Ansatz war es – und hier spiegelte sich sein Studium an der Leipziger Universität wider – das Volk (der Chagga), seine Bräuche und Rituale, seine Sprache und seine Märchen umfassend zu erforschen, um zu dessen „Volksseele" vorzudringen.[27] Nach gängiger Meinung der Missionswissenschaft um 1900 sollten diese ethnologischen Studien vor allem dazu dienen, schnellere und vor allem dauerhaftere Missionserfolge zu erzielen. Gutmann arbeitete dafür mit

---

22 Arbeiten, die zu den Chaggga seit spätestens 1950 entstanden sind, zitieren Gutmann als wichtigste Quelle. Z.B. *Falk Moore*, Past in the Present, S. 52, und *Dies.*, Social Facts, S. 16. Stahl bezeichnet ihn als „great doyen of Chagga history", *Stahl*, History of the Chagga People, S. 14. *Lema*, Chaga Religion, S. 55, nimmt ihn von der Kritik an den Leipziger Missionaren aus.

23 Der Ausdruck „dialektische Theologie" beschreibt eine theologische Bewegung der Zwischenkriegszeit, die maßgeblich von Karl Barth oder Friedrich Gogarten geprägt wurde und die ihr wesentliches Publikationsorgan in der Zeitschrift *Zwischen den Zeiten* hatte. Die Bewegung grenzte sich aus einem Krisengefühl nach dem Ersten Weltkrieg und der damit verbundenen Empfindung eines völligen Zusammenbruchs der alten Ordnung und der Ideale des deutschen Bürgertums heraus insbesondere von der liberalen Theologie ab. *Härle*, Dialektische Theologie.

24 Vgl. *Bochinger*, Ganzheit und Gemeinschaft, S. 34.

25 Missionar Johannes Raum, zu der Zeit Senior der Leipziger Missionare in D.O.A., setzte sich in mindestens zwei Aufsätzen mit den theologischen Konzepten Gutmanns äußerst kritisch auseinander. Raum veröffentlichte seine Gegenposition im Übrigen anonym, „damit in dem Streit der Meinungen Persönliches und Sachliches auseinandergehalten werden." [Raum], Rundschau, S. 93.

26 Siehe z. B. *Holsten*, Bruno Gutmanns Exegese, der Gutmann attestiert, das Alte Testament zu wenig in Betracht gezogen zu haben. Eine wenn auch insgesamt schwächere Kritik an der Textexegese nimmt auch *Weist*, Die Theologie des Missionars Bruno Gutmann.

27 *Gutmann*, Einwurzelung, S. 12.

mehreren Informanten und Sprachlehrern zusammen. Er gab umfassende Forschungen in Auftrag. So liegen zum Beispiel Notizbücher von Nathaniel Mtui
vor, der als Sprachlehrer für die Mission arbeitete und in Gutmanns Auftrag die
Geschichte der Chagga zu rekonstruieren versuchte.[28] Gutmanns Hauptinfor-
manten waren, soweit man dies ermitteln kann, sehr alte Männer, die ihn aus ihrer Sicht über die sogenannte Stammesordnung informierten.[29] Die Greisen
Malan Malisa, Mlasany Njau und Kyencha Mshiwu aus Moshi und Ndelishoyo
Mboro aus Madschame fungierten als Informanten und Sprachlehrer.[30] Sie berichteten Gutmann beispielsweise von den Initiationsriten, die im Zusammenhang mit der Beschneidung an Jungen vollzogen wurden, mit dem expliziten
Wunsch, dass Gutmann diese vor dem Vergessen bewahren sollte. Die Greisen
fungierten hier eindeutig als Intermediaries, als lokale Akteure, die als Informanten nicht nur sprachliche Fähigkeiten vermittelten, sondern europäische
Akteure im außereuropäischen, zumeist kolonialen Kontext über kulturelle Be-
sonderheiten informierten, als Übersetzer und Führer tätig waren und so als
eine „Brücke zwischen europäischen Missionaren und der lokalen Bevölkerung"
fungierten, wie es Gabriele Richter ausgedrückt hat.[31] Nicht zuletzt hatten diese
Intermediaries häufig eine eigene Agenda und so beeinflussten auch Gutmanns
Informanten dessen Vorstellungen und Arbeiten über die Initiationsriten und
die in ihnen enthaltene Gesellschaftsordnung in ihrem Sinne. Die von Gutmann
schließlich als vermeintliche Idealvorstellung vorgelegte Definition einer Ge-
meinde- und Gesellschaftsordnung, die maßgeblich von der Macht der Alten geprägt war und in der die Gemeinschaft über dem Individuum stand, war das
Ergebnis dieser Berichte und Gutmanns eigener Wahrnehmungen. Konkret entwickelte Gutmann ein komplexes System, das die Gesellschaft der Chagga in Sippen – eine Art Großfamilienverband, Nachbarschaften und Altersklassen, die
sich aus einzelnen Schildschaften zusammensetzten – gliederte. All diese Gruppen würden zusammengehalten, so Gutmann, durch „urtümliche Bindungen".
Diese Bindungen erachtete Gutmann in jeder Gesellschaft als gottgegeben, sie
waren mithin nichts Spezifisches der Chagga,[32] sondern Teil der Gottesebenbild-
lichkeit des Menschen. Das von ihm entwickelte soziologische System der Chagga-Gesellschaft konnte er dementsprechend positiv bewerten und zur Grundlage
seiner Ekklesiologie machen. In seinem Gemeindesystem, das dementsprechend
auf „gliedhafter Verbundenheit" basierte, übertrug Gutmann den Chagga seel-

---

28 *Mtui*, Nine Note-Books on Chagga History.
29 *Streck*, Bruno Gutmann, S. 459.
30 Zur Bedeutung von Intermediaries siehe insbesondere *Yigbe*, Gewährsleute; *Levine*, An Inter-
    preter will Arise. Siehe außerdem *Wetjen*, Mission, Kap. 3.
31 *Richter*, Flexibles Wissen, S. 332.
32 *Fiedler*, Christentum und afrikanische Kultur, S. 34.

sorgerische Kompetenzen. Das Bekenntnis zum Christentum war für Gutmann mit der Verpflichtung, sich um seine Nächsten zu kümmern, untrennbar verbunden; er wollte die Bindung des Volkes untereinander durch das Christentum so stärken und nicht – wie es in anderen Fällen zu beobachten sei – abschwächen.[33] Gutmann formalisierte damit eine Gesellschaftsordnung, die sich bereits aufgelöst hatte und nur noch rudimentär in den Erinnerungen der Alten bestand, und entzog sie der Veränderung. Indem Gutmann die urtümlichen Bindungen als von Gott gegeben und als „wahres Evangelium" bezeichnete, wurde die von ihm rekonstruierte/erfundene Gesellschaftsordnung der Chagga in seinen Lehren, Predigten und Büchern zum „wahren christlichen Leben" und mit theologischer Bedeutung aufgeladen. Gutmanns Motivation, eine vermeintlich althergebrachte und auf die Alten gestützte Gemeindeordnung durchzusetzen, hing dabei gleichzeitig mit veränderten Dynamiken innerhalb der Missionsgemeinden zusammen. Nicht nur hatte sich durch die zunehmende Anzahl (deutscher) Siedler am Kilimanjaro und den Bau der Eisenbahn die ökonomische Situation am Kilimanjaro gewandelt, auch innerhalb der Gemeinden hatten die Entwicklung der einheimischen christlichen Lehrer zu mächtigen und einflussreichen Akteuren im Prozess der Vermittlung und Gestaltung des Christentums ebenso wie die stetig steigende Akzeptanz und Autorität der Gemeindeältesten die Position der Missionare verändert. So waren es beispielsweise die Lehrer, die Gutmanns Vorstellungen der Chagga-Gemeindeordnung und insbesondere die Idee des Missionars, vermeintlich althergebrachte Chagga-Bräuche zu christianisieren, mit Verweis auf die christliche Erziehung ablehnten. Nicht nur wehrten sie sich gegen die von Gutmann angestrebte Verchristlichung von Kinderspielen und Tänzen mit dem Verweis darauf, dass die Kinder lieber arbeiten sollten, sie erklärten insbesondere die Beschneidung von Jungen als nicht mit dem Christentum vereinbar. Die Moshi-Lehrer nahmen dabei einen rigoroseren Standpunkt ein, als die europäischen Missionare selbst, die seit dem Beginn der Mission nach einer Lösung in der Frage nach dem Umgang mit der Beschneidung bei den Chagga suchten.[34] Gutmanns Definition, wie ein Chagga-Christentum aussehen könnte, wurde also von einigen Vertretern der Chagga selbst infrage gestellt, die sich an der Aushandlung der Frage, wie das Christentum in ihrer Gemeinde definiert wurde, beteiligten.[35] Gutmann selbst rechtfertigte sein Vorgehen später mit dem Kampf gegen das Vordringen der Moderne mit all ihren Missständen in einem Brief an einen englischen Missionar:

---

33 Ebd., S. 33.
34 Siehe dazu ausführlich *Wetjen*, Mission, Kap. 2.1.2.
35 Siehe dazu einführend *Fiedler*, Christentum und afrikanische Kultur, und *Wetjen*, Mission.

> *„Doubtless you agree that the youths of Africa is more and more going out of control ev-*
> *erywhere under the destructive economical-social and judical influene of our civilisation.*
> *To fight this dissolving factors we cannot depend exclusively on admonishing and shep-*
> *herding upon the ecclesiatical lines we are acquainted with in our home churches, but*
> *have to go as deep as possible down to the foundation of human society and build up from*
> *there a real organic body of Christ's fellowship, where every body is linked up with his*
> *neighbours and fellow creatures by bonds of mutual responsibility and selfgovernment in*
> *the lines of the law of Christ."* [36]

Gutmann legte dazu auch eine umfassende theologische[37] Monografie vor, die sich aus den ethnologischen Beobachtungen und einer politisch motivierten Zivilisationskritik speiste. Das Buch „Gemeindeaufbau aus dem Evangelium. Grundsätzliches für Mission und Heimatkirche" teilt sich in neun Kapitel auf: „Der Einzelne und das Ganze", „die Kindschaft", die „religiös-sittlichen Eigenwerte der noch natürlich gebundenen Völker", „Sitte und Brauch", „Hüttenweihe der Dschagganeger", „Dschaggagemeinde als Gliederverband", „das Gewissen", „der Aufbau aus den urtümlichen Bindungen" und zum Schluss „die Erneuerung der Heimatgemeinde".[38]

Bereits im ersten Kapitel werden die drei Grundlinien seines Ansatzes vorgestellt. Erstens ging Gutmann davon aus, dass sich der Eigenwert eines Menschen sich nicht durch seine Individualität, sondern aus der Gemeinschaft, in die der Mensch eingebunden ist, ergibt.[39] Zweitens bewertete er die „gliedhafte Verbundenheit des Menschen" als gottgegeben und als „wahres Evangelium", drittens wandte sich Gutmann in einer vehementen Zeitkritik gegen die moderne Zivilisation:

> *„Das menschheitsgeschichtliche Unglück in solcher Hingabe an die Außenwelt, aus dem*
> *Glauben an eine neue Gestalt der Menschheit unter der Herrschaft der Zivilisation, liegt*
> *darin beschlossen, daß man das Leben zu einem Mittel macht und ihm seinen Selbstwert*
> *nimmt, daß man den Einzelnen umformt für die volle Anpassung an die Herrschaft der*
> *Sachwerte, und, als Einflußträger selbst schon ein Masseteilchen, alle Wesenszüge über-*
> *sieht, die ihn in der gliedlichen Verbundenheit mit anderen noch als ein Gotteswesen*
> *kennzeichnen."* [40]

---

36   Bruno Gutmann an Missionar Hugo, 23.3.1937, ALMW II.32.341a II.
37   Zu Gutmanns theologischen Positionen liegen einige Überblickswerke vor. Siehe v. a. *Jäschke*, Bruno Gutmann, *Ders.*, Gemeindeaufbau in Afrika, aber auch *Winter*, Bruno Gutmann, und *Bochinger*, Ganzheit und Gemeinschaft.
38   *Gutmann*, Gemeindeaufbau, Inhaltsverzeichnis.
39   Ebd., S. 7. „was du bist, du bist es nur durch den Zusammenhang. D e i n e   g l i e d l i c h e   B e d e u-
      t u n g   g i b t   d i r   E i g e n w e r t." [Hervorhebung i.O., K.W.].
40   Ebd., S. 11.

Gutmann stellte hier eine Kritik an der modernen Zivilisation, die er mit der Betonung von Geld und Maschinen ebenso wie mit dem Fokus auf Individualität[41] verband, einer Ordnung gegenüber, nach der die kirchliche, christliche Gemeinschaft durch „urtümliche Bindungen" nach Gottes Willen lebe:

> *„Zu zeigen, daß die urtümlichen Bindungen zwischen den Menschen die von Gott vorerschaffenen Zellkörper für den Aufbau des Leibes Christi sind und daß die Kirche die weltumfassende Aufgabe hat, sie in eine selbstmächtige und selbststätige Leiblichkeit zu verzellen, die Christi Gegenwart auf Erden ist, wird die Aufgabe dieses Buches sein. Beides – Kirche und urtümliche Bindungen – sind göttliche Schöpfungen und aufeinander unmittelbar bezogen und stellen in solcher Bezogenheit aufeinander die Fülle der Einwohnung Gottes in der Menschenwelt dar. An ihre Einheit gebunden, gewönne die Menschheit sich selber zurück und überwände die selbstentmannte Illusion der unabhängigen Einzelseele in der Vorstellung von Gliedlichkeit des Menschen, die sein Denken und Wirken wieder organisch sicher machte und gegen Vermassung instinktiv schützte."[42]*

Als Lösung schlug Gutmann eine absolute und endgültige Absonderung von allen Kräften der Zivilisation und eine Betonung der „gliedlichen Bindungen" gegenüber dem Individuum vor.[43]

Die Grundlage seiner Theologie und der Anschlusspunkt für andere lutherische Theologen der Erlanger Schule bildet bei Gutmann der Begriff der „Gotteskindschaft", den er als „des Evangeliums Inbegriff" aus der Bibel und den Schriften Luthers ableitete. Luther sei es zu verdanken, dass der Gedanke der „Gotteskindschaft" zu einer „Erlösung der Deutschen aus dem religiösen Massedasein zu einem so ungestört heilvollen Vorgange"[44] habe werden können. Diesen Gedanken entwickelte er dann weiter, dass die „größte Schöpfertat Gottes" ein ganzer „Gliederverband" sei.[45] Durch die „Bindungen", die Gutmann im Übrigen bewusst „urtümlich" und nicht „primitiv" nannte,[46] könne, so sein Ansatz, ein Volk erst in die Lage versetzt werden, das Christentum aufzunehmen,[47] durch sie würde der Mensch erst zum Menschen.[48] „Gott ist aber in Christo Wirklichkeit für uns und darum nur im Mitbruder zu erkennen, und wird in uns mit seinem innersten Wesen gleichsam verdichtet und voll erfaßbar und erkennbar

---

41 Er sprach sich deswegen auch gegen die Erziehung zur „gesteigerten Individualität" aus. Siehe ebd., S. 44–45 bzw. S. 154–155. In Anlehnung an Wundt sprach er vom „egoistischen Utilitarismus", ebd., S. 171.

42 Ebd., S. 15.

43 Ebd., S. 183, 193.

44 Ebd., S. 17.

45 Ebd., S. 18. Ähnlich auch *Ders.*, Freies Menschentum aus ewigen Bindungen, Kassel 1928, S. 7.

46 Der Begriff der „Urverbundenheit" fand über Georg Koch und Viktor von Geramb in den 1930er Jahren sogar Eingang in die Volkskunde. *Treiber*, Volkskunde, S. 389.

47 *Gutmann*, Gemeindeaufbau, S. 21.

48 Ebd., S. 40.

im Gliederdienste und Ergänzungsverhältnis, in das wir zueinander treten."[49] Die „Gotteskindschaft" verstand Gutmann deswegen als unmittelbar, gliedlich und unbedingt,[50] und diese „Gotteskindschaft" sei es, die das Christentum über alle anderen Religionen erhebe[51] und diesen unvergleichlich mache.[52] Um den Charakter der Gotteskindschaft auch in der Mission besser zu verstehen, gelte es, sich auf „das echt Organische in den menschlichen Bindungen, also auf Abstammungsgemeinschaft, Nachbarschaft und Altersklassengenossenschaft"[53] zu beschränken.

Aus den urtümlichen Bindungen leitete Gutmann auch den Missionsauftrag ab. Der Missionar sei gesendet von einer Gemeinde. Die in ihm wirkenden „Wachstums- und Eingliederungskräfte" regten zur Gemeinschaftsbildung an:

> „Wer die göttliche Kindschaft bringt, sucht den einzelnen Menschen immer als Gliedwesen und ist sich bewußt, daß er die Gliedlichkeit des Menschen mit dem Geiste der ewigen Kindschaft erfüllen soll, der aus den urtümlichen Bindungen des fremden Volkes Christo einen neuen, selbstmächtigen Gliederverband einverleibt."[54]

Der Missionar müsse deswegen hauptsächlich gemeindebildend wirken. Gutmann verstand die von ihm identifizierten „urtümlichen Bindungen" nämlich als eine anthropologische Konstante, die jeder Missionar als „Anbauboden für das Evangelium"[55] nutzen müsse. Er ging dabei so weit, dass er in der sozialen Gliederung der Chagga, aus der er die „urtümlichen Bindungen" erschlossen hatte, als Urform der menschlichen Gemeinschaft erblickte. Folgerichtig plädierte Gutmann für eine Nutzung der „religiös-sittlichen Eigenwerte der Primitiven als Aufbaustoffe"[56]. Hierunter fasste Gutmann das Gottesbewusstsein[57], das Opfer[58], das Gebet[59], und die „Ehrfurcht vor der Umwelt"[60], die er alle vier aus seinen For-

---

49 Ebd., S. 27.
50 Ebd., S. 36.
51 Ebd., S. 37. Gutmann argumentiert, dass im Wettkampf der Religionen der Erde, das Christentum zwangsläufig nachgeahmt würde und sich durch die Vorstellungen der einzelnen Völker immer mehr von seinem Wesen abbringen ließe. Einzig die Lehre vom Reich Gottes vermittelt durch die Kindschaft in Christo könne dem entgegenstehen.
52 Ebd., S. 64.
53 Ebd., S. 54.
54 Ebd.
55 Ebd., S. 60.
56 Ebd., S. 64.
57 „Unter allen Umständen darf man annehmen, daß die Eigenart des Gottesbewußtseins, wie es sich in den Grundzellen des Menschentums entwickelt, so rein und umfassend ist, wie es die Bildungskräfte in den künstlichen Schichtungsformen nicht mehr festhalten konnten.". Ebd., S. 67.
58 Ebd., S. 69 f.
59 Ebd., S. 71 f.
60 Ebd., S. 75–76.

schungen zu den Chagga abgeleitet hatte beziehungsweise für deren Vorhanden-
sein er die Chagga als Beispiele anführte. Gleichzeitig leitete er aus diesen vier
Aufbaustoffen eine „Gefühlsempfänglichkeit" beziehungsweise „Gefühlsbe-
stimmtheit" ab, die bei der Ausgestaltung christlicher Sitte zu beachten sei –
weswegen die lückenlose „Erfassung von Gemeinschaftsgütern" unerlässlich sei
für den Aufbau eben dieser christlichen Sitte.[61] Dem Aufbau dieser christlichen
Sitte respektive deren Ausgestaltung widmete Gutmann ein ganzes Kapitel seiner Abhandlung, in dem er immer wieder auf die Zustände in Moshi verwies und
resümierte:

> „Unsitte wächst von selber, gute Sitte will geschaffen sein. Dreierlei aber ist Vorausset-
> zung dafür: innigste Kenntnis des Volksbodens, starke Gestaltungskraft und ein demütiger
> und doch harter Schaffenswille, der mit Lettow sagt: neunundneunzigmal muß man eine
> Sache versuchen, zum hundertsten Male wird sie glücken."[62]

Deutlich wird, wie sehr Gutmann in seiner Theologie vor allem dem Missionar
gestalterische Kraft zuwies, und zwar trotz der von ihm immer wieder geforderten Hochachtung und Ehrfurcht vor dem „Volk". In der zeitgenössischen (kirch-
lich-konservativen) Theologie gab es einen Trend – rekurrierend auf Herder und
Wilhelm Wundt –, den Begriff des Volkes in den Mittelpunkt zu stellen.[63] In Herders Geschichtsphilosophie kommt dem Volk, ähnlich wie dem Individuum, eine
Art eigener Charakter, „ein Volksgeist" zu. Jedes Volk hatte seine eigene Geschichte und Kultur. Für Gutmann besonders prägend wirkte die Weiterführung
dieses Begriffs durch Wilhelm Wundt, der das Zusammenspiel von Individuum
und Gemeinschaft zu bestimmen und in seiner Völkerpsychologie zu erforschen
versuchte.[64]

Gutmann sah daran anschließend den Missionar im Spannungsfeld zwischen
Einzelseele, „angestammten Volkstume" und dem „Fremdtume", womit er die
(europäische, von den Auswüchsen der Moderne gekennzeichnete) „Zivilisation"
meinte. Daher sei es die Aufgabe des Missionars, in diesem Spannungsfeld aus
einzelnen Bekehrten sofort eine „gliedlich" gebundene Gemeinde zu formen.[65]
Dieses Bedürfnis leitete er auch aus den Erfahrungen im Kaiserreich ab:

> „Wie auch unsere Kirche ohne Zweifel am Untergange der deutschen Gemeinfreiheit mit-
> schuldig geworden ist, weil sie es unterließ, ihre organischen Bindungen dem christlichen
> Gemeindeleben dienstbar zu machen, und weil sie ihre Lebensäußerungen selbst mit be-

---

61 *Gutmann*, Gemeindeaufbau, S. 75–78.
62 Ebd., S. 100.
63 Auch bei Herder lässt sich schon die auch für Gutmann zu beobachtende Perspektive auf das
    Gemeinwesen des Christentums als eben gerade nicht rückwärtsgewandte Vision einer christ-
    lichen Kultur interpretieren. *Herms*, Bildung des Gemeinwesens.
64 Siehe dazu einführend *Graumann*, Die Verbindung.
65 *Gutmann*, Gemeindeaufbau, S. 120.

*kämpfen half, so geht sie jetzt unbefangen daran, durch ihre Sendlinge die Gemeinverbin-
dungen der Primitiven aufzulösen, damit sie das Individuum frei bekomme und es modeln
könne nach den ihr gewohnten Formen. Sie wird wieder zu spät erkennen, daß es damit
auch frei zugänglich geworden ist für alle Zersetzungskeime unserer seelenlosen Zivilisation.*"[66]

Für Gutmann sollten die Bindungen nicht ausgelöscht, sondern in das Christentum mit hineingenommen und „von Geiste Christi durchwalten" werden, um
der Gefahr der „Vermassung" entgegenzutreten.[67] Durch die Berücksichtigung
der „urtümlichen Bindungen", insbesondere der Sippen, im christlichen Ge-
meindebau ergebe sich dann von selbst ein sozialer Ausgleich, gegenseitige
Rücksichtnahme und, in der Folge, „Volksgesundheit und christliche Sittlichkeit".[68] Schließlich befördere dies im Einzelnen Selbsttätigkeit und Selbstverantwortung, die es dementsprechend ebenfalls vom Missionar zu fördern gelte.[69]

Gutmanns Vorstellung von einer „gliedlichen" Ordnung der Chagga-Gesellschaft stand auf tönernen Füßen: Gutmann rekurrierte hier nämlich auf ein Ge-
sellschaftssystem, das zwar in einigen Liedern bruchstückhaft überliefert war,
aber für das tägliche Zusammenleben der Chagga vermutlich im Verlauf der Zeit
in der Bedeutungslosigkeit versunken war. Gutmann selbst war sich dieses Wandels bewusst, auch wenn er ihn zumeist verschwieg. Die Forderung nach einer
„Erneuerung der Sippe auf christlicher Grundlage" als „Sonderaufgabe lutherischer Kirche in Afrika" kann dabei als Teil eines Prozesses gesehen werden, in
dem Gutmann mit den „urtümlichen Bindungen" insgesamt eine Tradition er-
fand, sie in den Mittelpunkt seiner Theologie stellte und transzendierte. Eine
solche „invention of tradition"[70] im kolonialen Kontext war keine Seltenheit und
hing mit unterschiedlichen Konzepten von Sitte, Brauch und Tradition zusammen. So beschreibt Terence Ranger, wie nicht nur Kolonialisten dieses Verfah-
ren zur Herrschaftssicherung und Legitimierung nutzten, sondern auch ältere
Menschen unter den Kolonialisierten häufig Traditionen als althergebracht be-
zeichneten, um ihre eigene Position gegenüber jüngeren Mitgliedern ihrer Gesellschaft weiterhin zu behaupten.[71] Bruno Gutmanns „invention of tradition"
bewegte sich in diesen Grenzen. Sie wurde gestützt durch ethnologische Forschungen[72] und mit theologischem Gehalt aufgeladen – und sie wurde noch dadurch überhöht, dass sie keineswegs nur in Afrika gelten sollte. Die von

---

66 Ebd., S. 136.
67 Ebd., S. 137.
68 Ebd., S. 142. Gutmann schrieb den Bindungen sogar zu, gewissensbildend zu wirken, sofern ih-
    nen größerer Glaube und Ehrfurcht entgegengebracht würden, ebd., S. 168.
69 Ebd., S. 142–144.
70 *Hobsbawn*, Introduction, bzw. *Ranger*, The Invention of Tradition in Colonial Africa.
71 Ebd..

Gutmann postulierte, der Zeit enthobene „Ursprünglichkeit" und „Natürlich-keit" der Bindungen muss im Kontext einer von ihm wahrgenommenen entwur-zelten Gegenwart im Kaiserreich gesehen werden.[73] Seine Zeitdiagnose, die innerhalb des kirchlichen Milieus bereits seit der Mitte des 19. Jahrhunderts vor-herrschte, prangerte die zunehmende Industrialisierung, Verstädterung und so-ziale Not breiter Teile der Bevölkerung an. Durch die mangelnde pastorale Versorgung in den Städten hatte die kirchliche Entwurzelung aus Sicht der Kir-che dramatische Zustände angenommen. Der Neu- beziehungsweise Wiederauf-bau der volksorganischen Bindungen sollte eine Lösung dieser Problematik sein und verwies auf die „Stadt als Missionsraum".[74]

„Volksorganische Bindungen" würden, so Gutmanns Argument, in den deut-schen Gemeinden zu denselben kirchlichen Ausdrucksformen wie in den Missi-onsgemeinden führen.[75] Der von Gutmann erarbeitete Vorschlag der Gemeinde-gestaltung entspräche somit der göttlichen Ordnung[76] und sollte folgerichtig in Afrika wie in Europa zur Grundlage lutherischen Gemeindelebens gemacht wer-den.

> *„Die Überzeugung drängt sich auf, daß die Kirche als Übermittlerin des Geistes Jesu Orga-ne braucht, seinen Willen zu betätigen, und ihre höchste Aufgabe die Versichtbarung der Lebensgemeinschaft Gottes mit den Menschen ist und daß die wichtigsten Gliedschaften dafür ihr vorerschaffen sind in den urtümlichen Gemeinschaftsgruppen der Blut- und Bo-deneinheit. Also nicht darnach darf sie streben, sich selbst überflüssig zu machen, noch auch sich weiterhin zu verflüchtigen, d.h. sich noch mehr zu vergeistigen in der Anpas-sung an die noch möglichen Kunstformen der menschlichen Gesellschaft, sondern sie muß alle Kräfte zusammenfassen und die erstorbenen wiedererwecken zur Selbstbehauptung in der sichtbaren Eigengestalt, die durch den Geist des Evangeliums aus den Urzellen aller Menschengemeinschaften entstehen soll."[77]*

Gutmann ging davon aus, dass Heimatkirche und Missionskirche in einem in-neren Zusammenhang stünden. So werde einerseits die Mission durch die zu ihr gesandten Missionare geprägt. Andererseits sei die Mission „Rückweiserin in das

---

72 So verwies er bspw. darauf, dass noch in der „vorigen Generation" jeder „Einheitenverband" einen „Sippenführer" gehabt habe, und sprach explizit von einer „Wiedererweckung des Sip-penamtes". *Gutmann*, Gemeindeaufbau, S. 147.

73 Zu Zeitkonzepten in der Anthropologie, siehe *Johannes Fabian.*, Time and the Other. Raum wandte sich explizit gegen eine solche „Verhimmelung des Primitiven" *Raum*, Einiges über ur-tümliche Bindungen, S. 186.

74 *Wietschorke*, Die Stadt als Missionsraum. Bei Gutmann lässt sich also deutlich ein Überschrei-ten der Grenzen des Dörflichen feststellen. Anders: *Altena*, Ein Häuflein Christen, S. 272.

75 *Gutmann*, Gemeindeaufbau, S. 149, am Beispiel des Patenamtes bei der Taufe.

76 Z.B. bezeichnet Gutmann die „organische Verbindung" als ein „göttliches Werden", ebd., S. 157.

77 Ebd., S. 178.

erste Leben Christi"[78] und könne als solches der aussendenden Gemeinde die Möglichkeit geben, sich zu prüfen, inwieweit bei ihr „Wurzelechtheit aus dem Evangelium" noch vorhanden sei.[79] Dieses Argument, dass die Mission Vorbild und Korrektiv für die sendende Gemeinde sein könne, findet sich in Gutmanns Schriften häufig und ist wesentliche Legitimation für ihn, sich den theologischen Fragen in der Heimat zuzuwenden.

Die Wirkung von Gutmanns Schriften in der Weimarer Republik

Gutmanns Arbeiten erhielten im Kaiserreich bzw. der Weimarer Republik einige Aufmerksamkeit; sie fanden einigen Zuspruch, wurden aber auch häufig kritisiert. Führender Kritiker Gutmanns war dabei kein geringerer als sein Kollege Johannes Raum, der von 1895 bis 1917 und dann wieder nach dem Ersten Weltkrieg gemeinsam mit Gutmann als Missionar unter den Chagga arbeitete. Raum griff Gutmann in verschiedenen 1932 publizierten Aufsätzen jeweils mit einer ähnlichen Argumentation an.[80]

Wie Gutmann auch, nutzte Raum seine ethnologischen Forschungen als Ausgangspunkt. In Rekurs auf Gutmanns Ansatzpunkt, das „in der sozialen Gliederung der Bantu [...] sich die schöpfungsmäßigen Urformen der menschlichen Gemeinschaft"[81] darstellten, stellt er die Ergebnisse seiner eigenen Forschung vor, nachdem die Bantu ein Mischvolk[82] seien und daher keine Einheit bilden. Zwar seien die Sippen die zentrale Vergesellschaftungsform der Chagga,[83] sie hätten sich jedoch aus sozialen und wirtschaftlichen Notwendigkeiten heraus entwickelt; sie seien ebenso wie die Altersklassen „Zweckverbände mit egoistischer Tendenz"[84], nicht „urtümlich"[85] und deswegen nicht für die Gemeindeführung zu gebrauchen. Die Behandlung der Frauen, deren völlige Rechtlosigkeit und die Polygamie[86] verkehrten die Sozialordnung ebenfalls, sodass diese „keine

---

78 Ebd., S. 214.

79 Ebd., S. 56.

80 *Raum*, Ostafrikanisches Bantu-Volkstum; *Raum*, Einiges über urtümliche Bindungen. Während er in der *Basler Zeitschrift* anonym bleiben wollte, „damit in dem Streit der Meinungen Persönliches und Sachliches auseinandergehalten werden kann" (Rundschau, S. 93–94), veröffentliche er den Aufsatz in der *Neuen Allgemeinen Missionszeitschrift* unter seinem Klarnamen.

81 *Raum*, Ostafrikanisches Bantu-Volkstum, S. 77.

82 Ebd., S. 78 f.

83 *Raum*, Einiges über urtümliche Bindungen, S. 187–188.

84 *Raum*, Ostafrikanisches Bantu-Volkstum, S. 109. Die Altersklassen waren von der Kolonialherrschaft abgeschafft worden. Gutmann wollte sie aber – mit veränderter Bedeutung – wiedereinführen. *Hasu*, Desire and Death, S. 66.

85 *Raum*, Einiges über urtümliche Bindungen, S. 188.

86 Auch Gutmann wandte sich gegen die Polygamie. *Fiedler*, Christentum und afrikanische Kultur, S. 49.

Welt freier, innermenschlicher Beziehungen" sei, sondern „eine Welt voll Unfriede und Unbarmherzigkeit, eine echt heidnische Welt"[87], so stelle Raum fest. Zwar ginge mit der Betonung der Sippe eine Ethik einher, diese ziele aber, so Raum, nur auf die äußere Erfüllung des Gehorsams und beruhe auf dem Gedanken der Gegenseitigkeit.[88] Sie sei damit „ein der Sittlichkeit des Evangeliums ganz ungleichartiges Ethos".[89] Raum resümierte daher, dass die ethnologischen „Tatsachen"[90] nur erklärt werden könnten, wenn die eigentlich „urtümliche Bindung" des Menschen nicht zwischen den Menschen bestünde, sondern zwischen Mensch und Gott, die ihren Ausdruck im Gewissen finde.[91]

Raum stellte aber nicht bloß Gutmanns ethnologische Ergebnisse auf der Sachebene infrage, sondern brachte sie mit dessen Hang zum „Zivilisationspessimismus" in Verbindung, der seit der Niederlage im Weltkrieg in der deutschen Gesellschaft um sich greife.[92] Die damit einhergehende Überbetonung und Romantisierung des vermeintlich „Natürlichen" und „Primitiven" gegenüber der an Fortschritt orientierten Moderne gäbe solchen Ansätzen Aufwind. Raum selbst zog sich nun aber nicht in der Gegnerschaft Gutmanns auf eine zivilisationsoptimistische Position zurück, sondern nahm eine dritte Position ein:

> „Wir Missionsleute haben das Problem nicht kulturphilosophisch, sondern theologisch zu betrachten. Es löst sich uns nur, wenn wir es in das Licht unseres Gotts- und Christusglaubens rücken. Dann sehen wir, daß jeder der beiden Standpunkte, sowohl der, der in der Zivilisation das Heil, als der, der in ihr das Unheil in Afrika sieht, auf einer Linie liegen: Beide sind diesseitige Betrachtungsweisen, Erscheinungsformen des Säkularismus, weil sie die Gottesfrage außer Acht lassen. Die europäische Kultur ist ja doch deswegen und insoweit zur bloßen Zivilisation entartet, als sie sich aus der Gottesbezogenheit gelöst hat. [...] Die evangelische Mission hat die Zivilisation weder zu bekämpfen, noch zu befördern: Sie hat ihren Sendungsauftrag auszurichten mit aller Treue, damit der neue Tag, der über Afrika angebrochen ist, ein Tag des Heils werde."[93]

Er griff damit nicht nur Gutmanns ethnologische Forschungen an und zog direkt seine theologische Argumentation in Zweifel, die er als „nachträgliche Hilfskonstruktionen" bezeichnete, sondern auch die Definition vom Missionsauftrag und der Methode der Missionierung.[94]

---

87 *Raum*, Ostafrikanisches Bantu-Volkstum, S. 106–108.
88 *Raum*, Einiges über urtümliche Bindungen, S. 192.
89 Ebd., S. 193. Und weiter: „Die Ethik der Bantu ist eine heidnisch entstellte und verdunkelte Ethik. Die Grundsünde ist ihr Abfall von Gott, ihre Verunehrung Gottes." Ebd., S. 194.
90 Ebd., S. 238.
91 Ebd., S. 238.
92 Ebd., S. 185 f.; *Raum*, Ostafrikanisches Bantu-Volkstum, S. 71–73.
93 *Ders.*, Ostafrikanisches Bantu-Volkstum, S. 73–75.
94 Tatsächlich führten die Auseinandersetzungen zwischen Gutmann und Raum auch zu zahlreichen persönlichen Spannungen, die über den Ersten Weltkrieg bis in ihre zweite Amtszeit als

Während der Missionar Raum den Missionsauftrag lediglich als von allem weltlichen losgelöst betrachtete, verstand Gutmann den Missionsauftrag als ganzheitlichen Erziehungsauftrag und setzte sich für eine alle Bereiche des Lebens durchdringende „Einwurzelung" des Evangeliums ein. Für Gutmann, der vor allem kulturpädagogische Interessen vertrat, meinte das Christentum vor allem die christliche Gemeinde und das in ihr zum Ausdruck kommende Gemeinschaftsgefühl. Deswegen setzte er sich für eine Volkskirchenkonzeption ein, in der die christliche Sitte und Brauch insofern eingeführt würden, dass sie das Volkstum der zu Missionierenden stärkten und Kräfte der „Zivilisation", vor allem wirtschaftsliberale Kräfte, zurückdrängten.[95] Die Debatte zwischen Raum und Gutmann, die ja nicht zuletzt weniger im Missionsgebiet als vielmehr in Europa geführt wurde, macht damit einmal mehr auf die stetige Verwobenheit von Mission, Kirche und theologischer Debatte aufmerksam und zeigt, in welchen unterschiedlichen Räumen Missionare agierten und einen Deutungsanspruch erhoben; gleichzeitig ist sie ein weiteres Beispiel dafür, dass die Auslegung des Missionsbefehls und Abgrenzungen zwischen dem Säkularen und Religiösen einer stetigen und andauernden Aushandlung bedurften, in der Missionare nicht immer einheitlich agierten und die überdies nicht losgelöst von Debatten und Vorgängen in der „Heimat" zu sehen sind.

So war Gutmann schon vor dem Weltkrieg eine wichtige Figur in der Dorfkirchenbewegung gewesen, die sich im frühen 20. Jahrhundert für eine größere Berücksichtigung von Kirche und Gemeinschaft in der Moderne einsetzte und sich zunehmend an völkischen Idealen orientierte. Ähnlich wie es Gutmann für die Chagga getan hatte, sollten hier alte Sitten wiederentdeckt und vermeintlich alte Traditionen zum Leben erweckt werden. Es galt, das vermeintlich „Alte" als das „Natürliche" zu bewahren und sich auf diese Weise der Moderne entgegenzustemmen. Die Gemeindeordnung, die Gutmann für Moshi entworfen hatte, wurde in diesem Diskurs zum Vorbild. Sie wurde fast vollständig als Anregung für Gemeindepastoren und Kirchenleitung in der Zeitschrift *Die Dorfkirche* abgedruckt und mit ihr die Hoffnung auf eine „gründliche Neugestaltung" der deut-

---

Missionare in Ostafrika hineinreichten. 1933 beschuldigte Gutmann seinen Kollegen Johannes Raum, der zu dieser Zeit Senior war, sogar, das Abendmahl entwürdigt zu haben. Raum habe bei einem öffentlichen Gottesdienst in Arusha das Abendmahl ausgeteilt, ohne entsprechende Kleidung getragen zu haben. Brief an den Missionsrat, 29.12.1933, S. 2–3, ALMW II.32.341 a II. Während Konflikte mit der Kolonialmacht besonders häufig Gegenstand der historischen Forschung waren, sind gerade die Konflikte der Missionare untereinander noch weitestgehend unerforscht. Zur Missionsgeschichte als Konfliktgeschichte, siehe *Weichlein*, Mission und Konflikt.

95 *Gutmann*, Einwurzelung, mit einem umfassenden Plädoyer für die Einführung christlicher Sitte und Brauch als eine Tradition, die aus der lutherischen Kirche stamme, aber an das Volkstum der Chagga angepasst würde.

schen Volkskirche verbunden.[96] Bereits der zweite Artikel der Ordnung führte
die ethnologischen Ansätze, die Gutmann'schen theologischen Implikationen
und die Taufe zusammen:

> *„Die in den dreieinigen Gott getauften und zu einem Leben verbunden. Dieses eine Leben
> ist ein Sein in Christo Jesu und als solches ein Innenleben, dessen Vollendung zur allum-
> fassenden Gestalt erst am Jüngsten Tage geschieht. Es umfasst die einzelnen Gemeinde-
> glieder in ihren Beziehungen zu einander. Aus dem Auftrage, eines des anderen Christus
> im gliedlichen Stande zu sein, entstehen feste Verantwortungen füreinander, die von der
> volksgliedlichen Seite her vorbestimmt sind, aber vom Evangelium her für das neue kinds-
> chaftliche Sein in Gott aufgeschlossen werden."*[97]

Auch das Magazin die *Zeitenwende*, das bei C.H. Beck in München erschien und
Beiträge zu Religion und Kultur versammelte, brachte mehrere Beiträge Gutmanns, in denen dieser nicht nur für eine Relektüre des Dekalogs im Sinne seiner auf Gemeinschaft ausgerichteten Theologie plädierte,[98] sondern in dem er
den deutschen Wiederaufbau explizit mit seiner auf nachbarschaftlichen Bindungen fußenden Ekklesiologie verband:

> *„Der erste Schritt zu einem wirklichen Wideraufbau unsres Volkes ist die entschiedene
> Abkehr von der Anschauung, der Einzelne sei ein Massenteilchen und die entschlossene
> Aneignung der Auffassung von der gliedlichen Bestimmtheit eines jeden Volksgenossen in
> volksorganischen Einheiten, durch deren Pflege und Förderung allein man den Einzelnen
> in der rechten Bindefähigkeit für eine gesunde, und mittelbare und umfassende Volksge-
> meinschaft erhalten und entwickeln kann."*

Hier werden jeweils die sich noch direkt aus dem Evangelium speisenden Missionsgemeinden einer „Bastardisierung des Christentums" entgegengesetzt, die
durch die Ausbildung von „Kunstformen menschlicher Gesellschaft" unter dem
Mantel des Christentums entstanden seien. Solche „Bastardisierungen" würden
in dem mit „Erziehung" gekennzeichneten und von der Zivilisation geforderten
„Missionsauftrag" auch auf evangelischer Seite sichtbar werden.[99] Die missionarischen Anliegen Gutmanns mit seinen ethnographischen Werken über die Chag-

---

96 *Ders.*, Gemeindeordnung.
97 Ebd. Zwar war Gutmanns Gemeindeordnung vornehmlich für die afrikanischen Gemeinden be-
    stimmt, er schrieb aber später darauf aufbauende Anleitungen für Pastoren, in denen er auch
    die deutschen Gemeinden im Blick hatte. Gutmann, Einweisung in den Hirtendienst einer
    christlichen Gemeinde, 31.3.1940, ALMW II.32.341 B. Diese Ausführungen wurden ebenfalls in
    der Dorfkirche veröffentlicht. *Ders.*, Einweisung in den Hirtendienst; *Ders.*, Gemeinde als Bezie-
    hungspflege.
98 *Ders.*, Modernisierung der zehn Gebote.
99 *Ders.*, Gemeindeaufbau, S. 57: „Die Stellung der evangelischen Mission zur Sippe, Kaste, Groß-
    familie und Stamm, zu Beschneidung und Morgengabe hat schon jetzt ganz deutlich erkennen
    lassen, wieviel Bastardisierung des Christentums mit der Zivilisation auch auf der evangeli-
    schen Seite vorhanden sein muß."

ga und seine durch dieses Wissen entwickelte Theologie sollten die Grundlage für eine umfassende Umgestaltung der deutschen christlichen Kirchen bilden – und er traf mit seiner völkischen Theologie und Ideologie den Nerv der Zeit, als kirchlich-konservative Kreise Wege aus der Krise suchten. Auf Basis von und in Rückgriff auf Mission sollte eine alternative konservative Moderne gestaltet werden, die Kirche und christlicher Religion als Gestalterinnen von Kultur einen wichtigen Platz in der Gesellschaft einräumte.

Vermutlich fand gerade auch deswegen noch in den 1930er und 1040er Jahren Gutmanns Theologie einen Resonanzraum. Nicht nur waren Gutmanns Arbeiten im *International Review of Mission* wohlwollend international besprochen worden,[100] auch innerhalb der Mission konnte sich Gutmann nach Raums Tod durchsetzen; er wurde von Missionsdirektor Ihmels,[101] dem Nachfolger Carl Pauls, nicht zuletzt aufgrund seines Engagements und seinen Ausführungen zur Gemeindegestaltung zum Senior ernannt.[102] Und auch innerhalb des Netzwerks der Missionsgesellschaft und der *Dorfkirche* wurden seine theologischen Ansätze trotz anhaltender Kritik immer wieder verteidigt.[103] Seine Arbeiten beeinflussten nicht nur die Deutschen Christen, die das Konzept des Gemeindeaufbaus wesentlich für ihre volksmissionarische Arbeit nutzten, sondern sie beeinflussten auch früh die theologische Diskussion um die Schöpfungsordnung und vermeintlich „natürliche Bindungen".[104]

Gutmanns Arbeiten verbanden eine dem Missionar eigene Auffassung von der sozialen und religiösen Lebensweise der Chagga, theologische Einsichten und Zeitkritik in einzigartiger Weise miteinander. Auf der Grundlage von Chagga-Erzählungen, die sich vielfach als erfundene Tradition bezeichnen lassen, entwi-

---

100 Z. B. die Rezensionen von „Gemeindeaufbau aus dem Evangelium" und „Das Dschaggaland und seine Christen" im International Review of Missions 15 (1926). Martin Schlunk nannte Gutmann in einer Diskussion „most distinguished" und „one of the best authorities on the Life of African people." *Schlunk*, The Relations, S. 350.

101 Der Sohn des sächsischen Landesbischofs und Kollegiumsmitglieds Ludwig Ihmels, Carl Ihmels, war nach einem Studium der Philosophie und Evangelischen Theologie und einer Promotion (Dr. phil) in Erlangen 1923 zum Missionsdirektor ernannt worden. Während des Zweiten Weltkriegs engagierte er sich in der Bekennenden Kirche. Er stand bis 1960 dem Missionswerk vor und hielt während dieser Zeit auch Vorlesungen in Missionswissenschaft. *Plasger*, Ihmels.

102 Missionsdirektor an Karl Schaper, 4.12.1939, ALMW II.32.341 B. Schaper war an einer intensiven Kritik der Gutmann'schen Theologie interessiert und hatte den Missionsdirektor deswegen in einem vorherigen Brief explizit nach dessen Meinung zu Gutmann gefragt, 29.11.1939, ALMW II.32.341 B.

103 *Holtz*, Wider und für Bruno Gutmann, der Gutmann gegen die vehemente Kritik bei *Holsten*, Bruno Gutmanns Exegese, verteidigte. Deutlich positiver und nur mit geringem Widerspruch wird Gutmann von *Weist*, Theologie des Missionars Bruno Gutmann, bewertet.

104 *Jäschke*, Bruno Gutmann's Legacy; *Möller*, Lutherische Spiritualität.

ckelte Gutmann ein viel beachtetes – wenn auch nicht unumstrittenes – Modell für eine Umgestaltung der heimatlichen Kirche als Ausweg aus der Krise.

Literatur

ALMW II.11.21.

ALMW II.32.341 a II

ALMW II.32.341 B

Altena, Thorsten, »*Ein Häuflein Christen mitten in der Heidenwelt des dunklen Erdteils*«. *Zum Selbst- und Fremdverständnis protestantischer Missionare im kolonialen Afrika 1884–1918*, Münster u. a. 2003.

Bochinger, Christoph, *Ganzheit und Gemeinschaft. Zum Verhältnis von theologischer und anthropologischer Fragestellung im Werk Bruno Gutmanns*, Frankfurt a. M. 1987.

Fabian, Johannes, *Time and the Other. How Anthropology Makes Its Object*, New York 1983.

Falk Moore, Sally, *Social Facts and Fabrications. "Customary" Law on Kilimanjaro, 1880–1980*, Cambridge 1986.

--, *Past in the Present. Tradition, Land and ›Customary‹ Law on Kilimanjaro 1880–1980*, in: Timothy A. R. Clack (Hg.), Culture, *History and Identity. Landscapes of Inhabitaton in the Mount Kilimanjaro Area, Tanzania. Essays in Honour of Paramount Chief Thomas Lenana Mlanga Marealle II (1915–2007)*, Oxford 2009, S. 39–76.

Fiedler, Klaus, *Christentum und afrikanische Kultur. Konservative deutsche Missionare in Tanzania 1900–1940*, Gütersloh 1983.

Graumann, Carl F., *Die Verbindung und Wechselwirkung der Individuen im Gemeinschaftsleben*, in: Gerd Jüttemann (Hg.), *Wilhelm Wundts anderes Erbe. Ein Missverständnis löst sich auf*, Göttingen 2006, S. 52–68.

Gutmann, Bruno, *Volkspsychologie am Kilimandscharo*, in: Deutsches Kolonialblatt. Amtsblatt für die Schutzgebiete des Deutschen Reiches 17 (1906), S. 295–297.

--, *Die Frau bei den Wadschagga*, in: Globus. Illustrierte Zeitschrift für Länder- und Völkerkunde 92 (1907), S. 1–4, 29–32, 49–51.

--, *Dichten und Denken der Dschagganeger. Beiträge zur ostafrikanischen Volkskunde*, Leipzig 1909.

--, *Die Opferstätten der Wadschagga*, in: Archiv für Religionswissenschaft 12 (1909), S. 83–100.

--, *Einwurzelung von Sitte und Brauch in unseren afrikanischen Gemeinden*, in: Allgemeine Missionszeitschrift 42 (1915), S. 11–19; 40–47.

--, *Gemeindeaufbau aus dem Evangelium. Grundsätzliches für Mission und Heimatkirche*, Leipzig 1925.

--, *Das Dschaggaland und seine Christen*, Leipzig 1925.

--, *Das Recht der Dschagga*, München 1926.

--, *Lieder der Dschagga*, in: Zeitschrift für Eingeborenen-Sprachen 18 (1927), S. 161–195.

--, *Freies Menschentum aus ewigen Bindungen*, Kassel 1928.

--, *Modernisierung der zehn Gebote?*, in: Zeitwende 6 (1930), S. 306–316.

--, *Gemeinde als Beziehungspflege*, in: Die Dorfkirche. Monatsschrift für Kirche und Volkstum (1941), S. 69.

--, *Einweisung in den Hirtendienst*, in: Die Dorfkirche. Monatsschrift für Kirche und Volkstum (1941), S. 85–94.

--, *Afrikaner – Europäer in nächstenschaftlicher Entsprechung. Gesammelte Aufsätze. Anläßlich des 90. Geburtstags von Bruno Gutmann*, hg. von Ernst Jäschke, Stuttgart 1966.

Habermas, Rebekka, *Die Genese der Rechtsethnologie, der Kolonialskandal von Atakpame und die Mission. Ein Kapitel globaler Wissensgeschichte*, in: Ulrich van der Heyden/Andreas Feldtkeller (Hg.), *Missionsgeschichte als Geschichte der Globalisierung von Wissen. Transkulturelle Wissensaneignung und -vermittlung durch christliche Missionare in Afrika und Asien im 17., 18. und 19. Jahrhundert*, Stuttgart 2012, S. 127–140.

--, *Die deutschen Großforschungsprojekte zum „Eingeborenenrecht" um 1900 und ihre Folgen*, in: Zeitschrift der Savigny-Stiftung für Rechtsgeschichte 129 (2012), S. 150–182.

Herms, Eilert, *Bildung des Gemeinwesens aus dem Christentum. Beobachtungen zum Grundmotiv von Herders literarischem Schaffen*, in: Martin Keßler/Volker Leppin (Hg.), *Johann Gottfried Herder. Aspekte seines Lebenswerkes*, Berlin/New York 2005, S. 309–326.

Hobsbawn, Eric, *Introduction. Inventing Traditions*, in: Ders./Terence O. Ranger (Hg.), *The Invention of Tradition*, Cambridge 1992, S. 1–14.

Holsten, Walter, *Bruno Gutmanns Exegese*, in: Theologische Studien und Kritiken 108 (1937), S. 282–331.

Holtz, Gottfried, *Wider und für Bruno Gutmann*, in: Die Dorfkirche. Monatsschrift für Kirche und Volkstum 32/33 (1939/40), S. 105–106.

Jaeschke, Ernst, *Bruno Gutmann's Legacy*, in: Occasional Bulletin of Missionary Research 4 (1980), S. 165–169.

--, *Gemeindeaufbau in Afrika. Die Bedeutung Bruno Gutmanns für das afrikanische Christentum*, Stuttgart 1981.

--, *Bruno Gutmann – His Life, his Thoughts and His Work. An Early Attempt at a Theology in an African Context*, Erlangen 1985.

Jones, Adam, *Ethnographie als »Nebenprodukt« der Arbeit der Leipziger Mission in Ostafrika*, in: Claus Deimel/Sebastian Lentz/Bernhard Streck (Hg.), *Auf der Suche nach Vielfalt. Ethnographie und Geographie in Leipzig*, Leipzig 2009, S. 95–102.

Küchler, *D. Dr. Bruno Gutmann. Lebenslauf und Würdigung der Lebensarbeit D. Dr. Bruno Gutmanns*, Erlangen 1951.

Ludwig, Friedrich, *Der deutsche „missionstheologische Sonderweg" und der deutsche Kolonialismus*, in: Richard Bonney u. a. (Hg.), *Religion und Politik in Deutschland und Großbritannien. Religion and Politics in Britain and Germany*, München 2001, S. 95–109

Lema, Anza A., *Chaga Religion and Missionary Christianity on Kilimanjaro. The Initial Phase, 1893-1916*, in: Thomas Spear/Isaria N. Kimambo (Hg.), *East African Expressions of Christianity*, Oxford 1999, S. 39–62.

Levine, Robert, *An Interpreter will Arise. Resurrecting Jan Tzatzoe's Diplomatic and Evangelical Contributions as a Cultural Intermediary on South Africa's Eastern Cape Frontier, 1816-1818*, in: Benjamin N. Lawrance u. a. (Hg.), *Intermediaries, Interpreters, and Clerks. African Employees in the Making of Colonial Africa*, Madison 2006, S. 37–55.

Lyimo, Happiness Elinami, *Contextualizing Rituals in the Christian Mission to the Chagga People. The Reception in the Northern Diocese of the Evangelical Lutheran Church in Tanzania of the Apporach to Contextualizaion as Developed by the Rev. Dr. Bruni Gutmann (1876-1966) During the First Four Decades of the 20th Century School of Mission and Theology*, Stavanger, https://brage.bibsys.no/xmlui/bitstream/handle/11250/162037/2012_happiness%20lyomo.pdf?sequence=1 2012 (zuletzt eingesehen: 27.11.2018).

Möller, Christian, *Lutherische Spiritualität – Reformatorische Wurzeln und geschichtliche Ausprägungen*, in: Hans Krech/Udo Hahn (Hg.), Lutherische Spiritualität – lebendiger Glaube im Alltag, Hannover 2005, S. 15–38.

Mtui, Nathaniel, *Nine Note-Books on Chagga History, übersetzt von J. A. Z. Mneney*, Mikrofilm, Universitätsbibliothek Leipzig.

Moritzen, Niels-Peter (Hg.), *Rückblicke auf zwei Menschenalter Leipziger Mission. Aus Manuskripten der Direktoren*, Erlangen/Hildesheim 1985.

Pfleiderer, Georg, *Die Gemeinschaft der Gesellschaft*, in: Albrecht Grözinger u. a. (Hg.), Protestantische Kirche und moderne Gesellschaft, Zürich 2003, S. 207–239.

Plasger, Georg, *Ihmels, Carl Heinrich*, in: BBKL 14 (1998), Sp. 1099–1101.

Prüfer, Tillmann, *Der heilige Bruno. Die unglaubliche Geschichte meines Urgroßvaters am Kilimandscharo*, Reinbek bei Hamburg 2015.

Ranger, Terence O., *The Invention of Tradition in Colonial Africa*, in: Ders./Eric Hobsbawn (Hg.), *The Invention of Tradition*, 1992, S. 211–262.

Raum, Johannes, *Einiges über urtümliche Bindungen bei den Bantu Ostafrikas*, in: Neue allgemeine Missionszeitschrift 9 (1932), S. 185–195, 234-243.

--, *Rundschau*, in: Evangelisches Missionsmagazin 76 (1932), S. 93–96.

--, *Ostafrikanisches Bantu-Volkstum und das Evangelium*, in: Evangelisches Missionsmagazin 76 (1932), S. 70–82, 106–113.

Richter, Gabriele, *Flexibles Wissen in Beziehungen. Wissenstransfer zwischen Menschen in Ozeanien und kontinentalen Missionaren*, in: Ulrich van der Heyden/Andreas Feldtkeller (Hg.), *Missionsgeschichte als Geschichte der Globalisierung von Wissen. Transkulturelle Wissensaneignung und -vermittlung durch christliche Missionare in Afrika und Asien im 17., 18. und 19. Jahrhundert*, Stuttgart 2012, S. 329–338.

Rössler, Martin, *Die deutschsprachige Ethnologie bis ca. 1960. Ein historischer Abriss*, in: Kölner Arbeitspapiere zur Ethnologie 1 (2007).

Schlunk, Martin, *The Relations of Missions to Native Society*, in: International Review of Missions 16 (1927), S. 350–363.

Stahl, Kathleen M., *History of the Chagga People of Kilimanjaro*, London/Paris 1964.

Streck, Bernhard, *Bruno Gutmann (1876-1966) als ethnographischer Expressionist*, in: Geert Castryck u. a. (Hg.), *Sources and Methods for African History and Culture. Essays in Honour of Adam Jones*, Leipzig 2016, S. 449–465.

Treiber, Angela, *Volkskunde und evangelische Theologie. Die Dorfkirchenbewegung 1907-1945*, Köln/Weimar/Wien 2004.

Tönnies, Ferdinand, *Gemeinschaft und Gesellschaft. Abhandlung des Communismus und des Socialismus als empirischer Culturformen*, Leipzig 1887.

--, *Gemeinschaft und Gesellschaft. Grundbegriffe der reinen Soziologie*, Berlin 1912.

Warneck, Gustav, *Ein neues ethnologisches Unternehmen. Eine Bitte an die Missionare unter unsern Lesern*, in: Allgemeine Missionszeitschrift 5 (1878), S. 477–481.

Weichlein, Siegfried, *Mission und Konflikt. Weiterführende Fragestellungen*, in: Linda Ratschiller/Karolin Wetjen (Hg.), *Verflochtene Mission. Perspektiven auf eine neue Missionsgeschichte*, Köln/Weimar/Wien 2018, S. 239–245.

Weist, Hellmut, *Die Theologie des Missionars Bruno Gutmann in kritischer Beurteilung*. Univ.-Diss. Theol. Halle-Wittenberg, Halle-Wittenberg 1941.

Wetjen, Karolin, *Mission als theologisches Labor. Koloniale Aushandlungen des Religiösen in Ostafrika um 1900*, Stuttgart 2020.

Wietschorke, Jens, *Die Stadt als Missionsraum. Zur kulturellen Logik sozialer Mission in der klassischen Moderne*, in: Österreichische Zeitschrift für Geschichtswissenschaft 24 (2013), S. 21–46.

Winter, J. C., *Bruno Gutmann 1876-1966. A German Approach to Social Anthropology*, Oxford 1979

Wolfradt, Uwe, *Ethnologie und Psychologie. Die Leipziger Schule der Völkerpsychologie*, Berlin 2011.

Yigbe, Gilbert Dotsé, *Von Gewährsleuten zu Gehilfen und Gelehrigen. Der Beitrag afrikanischer Mitarbeiter zur Entstehung einer verschrifteten Kultur in Deutsch-Togo*, in: Rebekka Habermas/Richard Hölzl (Hg.), *Mission Global. Eine Verflechtungsgeschichte seit dem 19. Jahrhundert*, Köln/Weimar/Wien 2014, S. 159–175.

Christel und Arnold Kiel – Offene Fragen, die in die Zukunft weisen

Sieben Jahre nach dem Symposium hat die Postkolonialismus-Debatte an Fahrt aufgenommen, und darum kann auch eine heutige Beschäftigung mit Bruno Gutmann diesen Kontext nicht aus dem Blick verlieren. In die folgenden Überlegungen sind auch Kommentare von Teilnehmer*innen aus der Schlussrunde des Symposiums eingeflossen; ganz besonders sind wörtliche Zitate aus der Audio-Abschrift *kursiv* gekennzeichnet.

Ein Rückblick auf Leben und Werk von Bruno Gutmann und besonders seine eigenen Äußerungen führt zu sehr unterschiedlichen, zwiespältigen und auch kontroversen Reaktionen. Schon das Symposium zeigte die Bandbreite der Einschätzungen – noch viel mehr nun auch die zusätzlichen Beiträge. *Was ist auch heute noch gültig oder könnte gültig gemacht werden, warum ist Manches unter den Tisch gefallen, was muss auch kritisiert werden, wo müssen wir sagen: Das ist unmöglich?* **(Arnold Kiel)**

Reinhard Veller: *Früher hatte ich nicht zu den Gutmann-Büchern gegriffen: das war mir einfach zu abseitig, zu schwierig. Aber später habe ich die Faszination gespürt, die Gutmann für seine Gemeinde, seine Leute gehabt hat. Über Anaeli Macha und Saria kam ich zu Gutmann und entdeckte den Schatz der missionarischen Tradition.*

Unbestritten bleibt das große **Verdienst Gutmanns**, wie intensiv und einfühlsam er sich um das Erfassen der Chagga-Lebenswelt und -Traditionen bemüht und ein beachtliches Werk hinterlassen hat, das schon seit der 1930er Jahre in Dissertationen und in einer wachsenden Zahl von missiologischen und juristischen Fachbeiträgen diskutiert wurde.[1] Er wurde darum mit einem theologischen und juristischen Ehrendoktor gewürdigt. Auch wenn viele von Gutmanns Ideen und Prinzipien heute nicht mehr praktiziert werden, bleibt er doch am Kilimanjaro präsent, als Altvater, als „living dead" (John Mbiti).

Wir erinnern an dieser Stelle noch einmal an **Godson Maangas** Forderungen zur Weiterbeschäftigung mit dem *Erbe Gutmanns*: „There is an urgent need for revisiting his numerous publications on the Chagga. It is also very necessary to initiate a joint project by Chagga and German scholars to translate, interpret and propagate in a clearer language the valuable and relevant documents left behind by Gutmann [...] The project called for here should start as soon as possible, to revitalize the socio-theological and cultural-anthropological heritage from Gutmann."

Anders sieht es aus deutscher Sicht aus. 1938 kam Gutmann zurück nach Deutschland, hoffte aber, bald nach Tanganyika zurückkehren zu können. Er

---

1 „Alichoandika Gutmann, mbwa haruki" (engl.: „the fan asserted, intending to say that what was written by Gutmann would form a hill so big that even the most agile dog cannot jump over it." (so Maanga, vgl. den Beitrag in diesem Band).

kam in ein verändertes Land, das dem nationalsozialistischen Denken verfallen war. Trotz seiner konservativen deutsch nationalen Prägung konnte er sich darin nicht wiederfinden. Er zieht sich zunehmend zurück, findet keine Worte zur politischen Entwicklung und Katastrophe, schreibt aber weiterhin Aufsätze, die nur in obskuren Zeitschriften erscheinen, z.B. „Die Dorfkirche" oder „Familienbote"; er darf nicht zurück in seine Gemeinde am Kilimanjaro, die Nachrichten von dort klingen nicht ermutigend, ein letztes Buch zu seinem Lieblingsthema Weihnachten wird von mehreren Verlagen abgelehnt.

Eine Schwierigkeit ist zweifellos Gutmanns *Sprache*. Das merkte nicht nur **Ilona Drivdal** bei ihrer Übersetzungsarbeit: *Ich habe noch Wörterbücher gebraucht und 2 Kollegen haben geholfen, geeignete Wörter im heutigen Englisch zu finden, es war nicht einfach.*

Ernst Jäschke war der erste, der die Gedanken Gutmanns auf Englisch in Makumira vortrug und sie dann publizierte. *There is not a single book of Gutmann's translated into English and as far as I know not a single article has been published in Kiswahili.*[2] Das stimmte bis zur Arbeit von I. Drivdal bis heute.

Auch Deutsche haben Schwierigkeiten mit seiner Wortwahl, z.B.: *die sogenannten urtümlichen Bindungen, oder organische, artgemäße, grundständige Bindungen.* Oder: *volkartlich, volkartig, volklich.* Andere Begriffe sind zwar verständlich wie Führerschaft, germanische/nordische Rasse, aber durch die politische Entwicklung im Nazi-Deutschland sehr belastet. *Very often technical terms are used in different modulations and in rich variety. So, to a certain degree, Gutmann himself caused misinterpretations and misunderstandings of his ideas.*[3] *It became a tragedy that Gutmann's ideas which were born out of an African social anthropology and structure, were vehemently rejected because they were understood as a radical Germanic idolization.*[4] ... *daß man altertümliche und durch die Vergangenheit belastete Ausdrücke des volkhaften Denkens durch heute gebräuchliche ersetzen müsste.*[5] Ob das wirklich ausreicht?

Im Schlussbeitrag von **William Obaga** löste das Stichwort *Musik* eine lebhafte Diskussion aus. *Bruno Gutmann hat alles wahrgenommen, was in der Gemeinschaft vor sich ging. Und anders als andere Missionare, die die traditionelle Musik verboten haben, mochte er sie. Aber ich sehe nicht, dass er versucht hätte, die afrikanische Musik in den Gottesdienst oder das kirchliche Leben zu integrieren. Ich denke nicht, dass er dagegen war. Vermutlich wusste er einfach nicht, wie er es machen sollte.*

---

2   E. Jaeschke: *Bruno Gutmann. His Life, His Thoughts and His Work.* Page VII f., Erlangen 1985. Einziger englischer Titel von Gutmann: „*The African Standpoint*", in: Afr. Journal of the Int. Institute of Afr. Languages and Cultures, vol. VIII, London 1935, S.1-17.

3   a.a.O., S.VII.

4   a.a.O., S.IXf.

5   Jäschke (hg.): *Afrikaner-Europäer*, Stuttgart 1966, S.9.

Da hat sich seitdem eine Menge getan, besonders durch die Arbeit von G. Jasper, H. Olson und deren afrikanische Kollegen in Makumira (Tumshangilie Mungu ist ein Ergebnis). Einspruch von den Zuhörern: *Heutzutage spielen doch nur das elektronische Schlagzeug und das amerikanische Lobpreiszeug eine Rolle.* – **Gerhard Richter** entgegnete: *Traditionelle Maasaimelodien waren im Outreach der Gemeindearbeit von Mto wa Mbu ein ganz wichtiges Element.*

William Obaga erwähnte in seinem Vortrag auch den afrikanischen **Baustil**, das Chagga-Rundhaus. Paul Fleisch schreibt: „*Selbst im Baustil versuchte Gutmann organisch anzuknüpfen, indem er 1911 in Sange eine Kapelle im Dschaggastil baute*"[6]. Das blieb aber die einzige Ausnahme zu den üblichen rechteckigen Kirchbauten, auch in Kidia.

Zweifellos ist für Gutmann ein zentrales Anliegen der **Gemeindeaufbau**. *Auf ihn geht der Begriff zurück, den es so nicht in der Theologie und in der Diskussion in Deutschland gab,* wie **Petra Albert** in ihrer hier nur auszugsweise wiedergegebenen Arbeit schreibt. *Er findet bei den Chagga eine patriarchalisch-hierarchische Struktur vor und verkündigt dort hinein das Evangelium. Wenn Gutmann heute leben würde, würde er vielleicht eine andere soziale Struktur vorfinden und das dort hinein verkünden.*

Gutmann würde sich wundern, was sich heute zu seinem Stichwort Gemeindeaufbau alles entwickelt hat bis hin zu Schwerpunkten in der Praktischen Theologie durch Christian Möller in Heidelberg, Vater und Sohn Schwarz in Deutschland: Überschaubare Gemeinde; B. Hopkins in der anglikanischen Kirche; Gemeinde pflanzen; Willow Creek, Church Growth Movement in den USA. Aber haben die **heutigen Überlegungen und Programme** noch etwas zu tun mit dem Anliegen von Gutmann? Die Unterscheidung von Möller zwischen volkskirchlichem und missionarischem Gemeindeaufbau zeigt, dass sich die Entwicklung von Gutmann (Volkskirche der Chagga) eindeutig zum missionarischem Gemeindeaufbau hin entwickelt hat.

Und wie sieht es in den Gemeinden am Kilimanjaro, speziell Kidia heute aus? Es wird zwar mehrfach betont, dass Gutmann nicht vergessen ist, hochverehrt wird, aber spielen seine Pläne für die Gemeinde heute noch eine wichtige Rolle? Wenn Jäschke und Prüfer schreiben, *dass der letzte Lehralte des Dschagga-Stammes, der Gutmann Wort für Wort diktierte [...], der einzige war, der diese Lehren noch kannte*[7], was bedeutet das für die Relevanz und Gültigkeit dieser Lehren?

---

6 P. Fleisch: *Hundert Jahre lutherische Mission*, Leipzig 1936, S. 305. Jäschke, *Afrikaner-Europäer*, S.21.

7 T. Prüfer: *Der Heilige Bruno*, Reinbek, 2015, S.152, und: E. Jäschke, *Afrikaner-Europäer*, S.21.

Eine grundsätzliche Frage bleibt offen. Ist Gutmanns oft eigenwillige Wort-wahl nur ein Sprachproblem, oder erscheint da eine *fragwürdige Weltsicht, ein geschlossenes rückwärtsgewandtes Weltbild*? Da setzt **Petra Albert** zu Recht ihre Fragezeichen und hier schieden sich schon früh die Geister in der Rezeptionsde-batte um Gutmann. Kann man wirklich in dem heutigen postkolonialen Diskurs zu Rassismus, Interkulturalität und afrikanischer Theologie[8] noch an Gutmann anknüpfen, oder wie man heute zu sagen pflegt: Ist er noch anschlussfähig? Nach der gegenwärtigen Debatte um die entsprechenden Stichworte erscheint das eher unwahrscheinlich. Andererseits: Wenn Kulturbeobachtung und -be-schreibung den Autor im Vollzug verändert, könnte das nicht auch auf Bruno Gutmann zutreffen?[9] Also: wer weiß?

---

8   Einen glänzenden Überblick bietet Claudia Jahnel, *Interkulturelle Theologie und Kulturwissen-schaft. Untersucht am Beispiel afrikanischer Theologie*, Kohlhammer, 2015.

9   „Wesentlich war und ist, dass die Abhandlungsprozesse nicht nur die ‚portraitierte' Kultur verändern, sondern auch die portraitierende", a.a.O., S.307.

Anhang

Chronologische Biografie

4.7.1876	Geburt in Dresden
1883	Tod der Mutter, Beginn der Volksschule
ab 11 Jahren	Arbeit in Fabrik
1890-94	Volontär im Gemeindedienst in Pieschen
1895-1901	Ausbildung am Missionsseminar der Evangelisch Lutherischen Mission Leipzig
1901	Ordination in Trachau bei Dresden
	Pfarrvikar bei Pfarrer Sperl in Vohenstrauß
21.05.1902	Entsendung in die Chaggamission
23.07.1902	Ankunft in Mombasa
09.08.1902	Ankunft in Mamba
Januar 1904	Versetzung nach Madschane
Ostern 1908	Heimaturlaub
07.09.1909	Heirat mit Emmy Förster
September 1909-Herbst 1920	Dienst in Moshi
1920-25	Zwangsunterbrechung des Missionsaufenthaltes nach Beschluss des Versailler Vertrages
	Vorträge und Berichte aus der Mission, besonders in Bayern
1924	Ehrendoktor (theol.) der Theologischen Fakultät Erlangen
1926	Ehrendoktor (jur.) der Universität Würzburg
06.01.1925	zusammen mit Senior Raum nach Ostafrika entsandt; Übernahme der Station in Masama,
ab 1926	Moshi
Februar 1930	Heimaturlaub
18.10.1931	Rückkehr nach Moshi
1936	Nach Tod von Senior Raum wird Gutmann Leiter und Senior der ostafrikanischen Mission
1938	Heimaturlaub; der Ausbruch des Krieges verhindert seine Rückkehr
17.12.1966	Tod in Ehingen

Bibliografie

Ein fast vollständiges Verzeichnis von gut 500 Titeln Bruno Gutmanns findet sich in dem von Ernst Jäschke herausgegebenen Buch Bruno Gutmann, (1966): Afrikaner-Europäer in nächstenschaftlicher Entsprechung. Gesammelte Aufsätze anläßlich des 90. Geburtstages von Bruno Gutmann. Stuttgart 1966. *Deshalb ist in der folgenden Aufstellung nur eine Auswahl von Bruno Gutmanns Hauptwerken genannt.*

Primärliteratur (Auswahl)

Gutmann, Bruno (1909): Dichten und Denken der Dschagganeger. Beiträge zur ostafrikanischen Volkskunde, Leipzig.

Engl. Übersetzung: Gutmann, Bruno (2017): Poetry and Thinking of the Chagga: Contributions to East African Ethnology (Übersetzt von: Ilona Gruber Drivdal & Shelby Tucker), Oxford.

Gutmann, Bruno (1914): Volksbuch der Wadschagga. Sagen, Märchen, Fabeln u. Schwänke den Dschagganegern nacherzählt, Leipzig.

Gutmann, Bruno (1923): Amulette und Talismane bei den Dschagganegern, Leipzig.

Gutmann, Bruno (1925): Das Dschaggaland und seine Christen, Leipzig.

Gutmann, Bruno (1925): Gemeindeaufbau aus dem Evangelium. Grundsätzliches f. Mission u. Heimatkirche, Leipzig.

Gutmann, Bruno (1926): Das Recht der Dschagga. Mit e. Nachworte des Herausgebers: Zur Entwicklungspsychologie des Rechts. Unter Mitarbeit von Felix Krueger, München.

Gutmann, Bruno (1931): Christusleib und Nächstenschaft, Feuchtwangen.

Gutmann, Bruno (1932): Die Stammeslehren der Dschagga. 3 Bände. München.

Gutmann, Bruno (1935): Zwischen uns ist Gott. Bruno Gutmann, Feuchtwangen.

Gutmann, Bruno (1938): Unter dem Trutzbaum. Eine Einkehr in Moschi am Kilimandjaro, Leipzig.

Gutmann, Bruno / Jäschke Ernst (1966): Afrikaner-Europäer in nächstenschaftlicher Entsprechung. Gesammelte Aufsätze; anläßlich des 90. Geburtstages von Bruno Gutmann, Stuttgart.

Sekundärliteratur *(in Auswahl, weitere Titel in den einzelnen Beiträgen)*

Bammann, Heinrich (1990): Die Vorstellung der Koinonia bei Bruno Gutmann mit einem Versuch der theologischen Begründung und einem Vergleich der Hermannsburger Mission unter den „Batswana" im südlichen Afrika, Bad Liebenzell.

Bochinger, Christoph (1987): Ganzheit und Gemeinschaft. zum Verhältnis von theol. u. anthropolog. Fragestellung im Werk Bruno Gutmanns, Frankfurt a.M.

Damman, Ernst (1976): Vorläufer einer afrikanischen Theologie, in: ZMR, 60 Jg., H.2, 1976, Münster, S. 138-148.

Fiedler, Klaus (1983): Christentum und afrikanische Kultur. konservative deutsche Missionare in Tanzania, 1900-1949, Gütersloh.

Fiedler, Klaus (1996): Christianity and African culture. conservative German Protestant missionaries in Tanzania, 1900-1940, Leiden.

Hoekendijk, Johannes Chr. (1967): Kirche und Volk in der deutschen Missionswissenschaft, München.

Holsten, Walter (1939): Bruno Gutmanns Exegese, in: *ders.*, Das Evangelium und die Völker: Beiträge zur Geschichte der und Theorie der Mission, Berlin-Friedenau, 1939, S. 89-124.

Jäschke, Ernst (1981): Gemeindeaufbau in Afrika. D. Bedeutung Bruno Gutmanns für d. afrikan. Christentum (Calwer theologische Monographien: Reihe C, Prakt. Theologie u. Missionswiss, Bd. 8), Stuttgart.

Jäschke, Ernst (1985): Bruno Gutmann: his life – his thoughts – and his work. An early attempt at a Theology in an African Context. Erlangen.

Küchler, Martin (1951): D. Dr. Bruno Gutmann. Lebenslauf u. Würdigung d. Lebensarbeit D. Dr. Bruno Gutmanns, Erlangen.

Lyimo, Happiness Elinami (2012): Contextualizing Rituals in the Christian Mission to the Chagga People: The Reception in the Northern Diocese of the ELCT of the Approach to Contextualization as Developed by the Rev. Dr. Bruno Gutmann (1876-1966) During the First Four Decades of the 20th Century, Stavanger.

Möller, Christian (1991): Lehre vom Gemeindeaufbau, Bd. 1: Konzepte-Programme-Wege. Göttingen, besonders S. 159-171.

Prüfer, Tillmann (2015): Der heilige Bruno. Die unglaubliche Geschichte meines Urgroßvaters am Kilimandscharo. Reinbek bei Hamburg.

Prüfer, Tillmann (2018): BRUNO „Mtakatifu": Historia ya kushangaza juu ya Baba wa Mama yangu na kazi yake Kilimandscharo (Übersetzt von Gabriele Mayer & Biniel Mallya), Moshi.

Raum, Johannes (1932): Ostafrikanisches Bantu-Volkstum und das Evangelium, in: Ev. Missionsmagazin 76, 1932, s. 70-82.

Shao, Martin F. (1990): Bruno Gutman's missionary method and its influence on the Evangelical Lutheran Church in Tanzania, Northern Diocese. Erlangen.

Weist, Hellmut (1941): Die Theologie des Missionars Bruno Gutmann in kritischer Beurteilung. Theol. Diss., Halle 1941, Halle (Saale).

Wetjen, Karolin (2020): Mission als theologisches Labor. Aushandlungen des Religiösen um 1900. Stuttgart.

Winter, J.C. (1979): Bruno Gutmann 1876-1966: A German Approach to Social Anthropology, Oxford.

„Als Sachse zu den Chagga" –
Symposium zum 50. Todestag von Bruno Gutmann

Die 10 Referent*innen und 31 Teilnehmer*innen kamen während des 24stündigen Symposiums in ein reges Gespräch über das (Fort)Wirken Bruno Gutmanns. Erfreut hat uns auch die intensive Teilnahme mehrerer Mitglieder der Familie Gutmann. Allen ist der Veranstalter, das Ev.-Luth. Missionswerk Leipzig, in herzlicher Dankbarkeit verbunden.

Freitag, 16. Dezember 2016

15.30 Uhr Begrüßung und Einführung –
Pfarrer Ravinder Salooja, Direktor des LMW

16.00 Uhr Briefe aus Ostafrika –
Pfarrer Gerhard Richter, Tansania-Referent des LMW

Gutmann am fränkischen Kilimanjaro –
Pfarrer Matthias Ahnert

Entdeckungen bei Bruno Gutmann –
Gespräch mit Pfarrerin Petra Albert und Daniel Uphaus

anschließend Film von Daniel Uphaus: „Die Chagga-Mission am Kilimanjaro" (D 2011; 20 min)

19.30 Uhr Der heilige Bruno. Die unglaubliche Geschichte meines Urgroßvaters am Kilimanjaro –
Lesung und Gespräch mit Tillmann Prüfer

Sonnabend, 17. Dezember 2016

9.00 Uhr Hersbruck mission, Leipzig mission, and Bruno Gutmann –
Dr. William O. Obaga, Kirchenmusiker und -historiker, Neuendettelsau

Gutmann als Protokollant: Die Ältestenratsprotokolle von Kidia, Masama und Mwika, 1905-1909 und 1927-1928 –
Prof. em. Dr. Adam Jones, Afrikanist, Leipzig

Bruno Gutmann's Conservative Modernity -
Prof. em. Dr. Klaus Fiedler, Missionswissenschaftler, Malawi

14.00 Uhr Warum Bruno Gutmann heute noch interessant ist.
Schlussgespräch mit Ilona Gruber Drivdal und weiteren Teilnehmer*innen des Symposiums

15.00 Uhr Abschluss

Verzeichnis der Autor*innen

Matthias Ahnert, Pfarrer, Ev.-Luth. Kirche Bayern, 2002-2018 im Dekanat Wassertrüdingen am Hesselberg, dort auch Ehingen, der letzte Wohnort Bruno Gutmanns. Drei seiner Geschwister lebten und arbeiten z.T. noch heute in Tansania. Jetzt Pfarrer in Edelsfeld/Oberpfalz. Matthias.Ahnert@elkb.de

Petra Albert, Pfarrerin, Evangelische Kirche in Mitteldeutschland, seit 2002 Beauftragte für Migration und Interreligiösen Dialog am Lothar-Kreyssig – Ökumenezentrum. Petra.Albert@ekmd.de

Ilona Gruber Drivdal, Studium der Chagga und Gutmann, Anthropologie-Dozentin an der Hedmark Universität in Norwegen, pflegt langjährige Tansania Kontakte. ilonadrivdal@yahoo.no

Prof. em. **Dr. Klaus Fiedler**, Studium Theologie am Theologischen Seminar Hamburg sowie an der Universität Hamburg und Makerere Universität Kampala, Bochum und Wuppertal, Promotion Universität von Dar es Salaam, Promotion Universität Heidelberg, Gemeindepfarrer, Missionar in Südtansania, Dozent an verschiedenen Universitäten in Europa und Afrika. fiedler42@gmail.com

Dr. hc. Bruno Gutmann (juristisch und theologisch), geb. 1876 in Dresden, 1895 Eintritt in das Missionsseminar in Leipzig, 1902-1906, 1909-1920, 1926-1930,1931-1938 als Chaggamissionar in DOA/Tanganyika, gest. 1966 in Ehingen.

Prof. em. **Dr. Adam Jones**, Studium Deutsche und Neuere Geschichte (Oxford), Lehrer in Sierra Leone, Promotion am Centre of West African Studies, Universität Birmingham, Habilitation Wolfgang Goethe-Universität Frankfurt (Main), 1995-2016 Professor Geschichte und Kultur Afrikas an der Universität Leipzig. jones@uni-leipzig.de

Dr. Christel Kiel, geb. Pfriem, und **Arnold Kiel**, beide Pfarrer*in in verschiedenen Gemeinden der Ev.-luth. Landeskirche Braunschweig sowie 14 Jahre in Tansania, vor allem in der Maasai-Mission. Seit 2003 im Ruhestand. ar_kiel@t-online.de

Dr. Godson Maanga, zunächst Dean, dann Principal des Theologischen College in Mwika, Verfasser mehrerer Bücher, jetzt wissenschaftlicher Mitarbeiter in der ELCT-Norddiözese. godsonmaanga@gmail.com

Dr. William O. Obaga, Studium von Musik, Kirchenmusik und Kirchengeschichte, Master (Kirchenmusik) und Promotion (PhD) am Luther Seminar in St. Paul, Minnesota, Dozent an der Fachhochschule für Interkulturelle Theologie in Hermannsburg (FIT).

Prof. **Dr. Joseph W. Parsalaw**, 1973-1974 College of National Education in Ilonga/Morogoro,, 1975-1980 Lehrer, 1982-1986 Makumira BD, 1992-1997 Erlangen PhD, seit 1997 Dozent für Kirchengeschichte, seit 2007 Vizekanzler (Provost) der Tumaini University Makumira. vc@makumira.ac.tz

Tillmann Prüfer, Journalist, Urenkel von Bruno Gutmann, Kolumnist Financial Times Deutschland. DIE ZEIT und ZEITmagazin, Mitglied der Chefredaktion, Vater von vier Töchtern. Tillmann.Pruefer@Zeit.de

Gerhard Richter, Pfarrer, Evangelische Kirche in Mitteldeutschland, Gemeindepfarrer, Missionar des Leipziger Missionswerks in der Arusha-Diözese der Ev.-Luth. Kirche in Tansania 1997-2004, Tansania-Referent des Ev.-Luth. Missionswerkes Leipzig 2015-2019. Gerhard-Richter@uni.de

Ravinder Salooja, Pfarrer in verschiedenen Gemeinden in Anhalt und Württemberg, Prälaturpfarrer Heilbronn im Dienst für Mission, Ökumene und Entwicklung, von 2016 bis 2022 Direktor des Ev.-Luth. Missionswerk Leipzig. Ravinder@Salooja.de

Daniel Uphaus, Daniel Uphaus ist seit 2007 mit Tansania verbunden. Er hat dort als Theologiestudent ein Auslandsjahr am Makumira University College verbracht und in dieser Zeit Suaheli gelernt. 2010 hat er seine Abschlussarbeit über die Wirkungsgeschichte von Bruno Gutmanns Chagga-Mission am Kilimanjaro geschrieben. danieluphaus@gmx.de

Dr. Karolin Wetjen, Historikerin, Studium Geschichte und Latein, M.A., M.Edu. und Promotion in Göttingen, Wissenschaftliche Mitarbeiterin an den Universitäten Göttingen und Kassel, Habilitationsprojekt zu Zukunftsentwürfen des Globalen in Umweltdebatten. Karolin.Wetjen@uni-kassel.de